Peter Hoogh
Zeppelin und die Eroberung des Luftmeeres

SEVERUS Verlag

Hoogh, Peter: Zeppelin und die Eroberung des Luftmeeres. Zur Erinnerung an die Begeisterung
der großen Tage des Jahres 1908.p Hamburg, SEVERUS Verlag 2014
Neuauflage der Ausgabe von 1908
ISBN: 978-3-95801-149-6

Umschlaggestaltung: SEVERUS Verlag

Bibliografische Information der Deutschen Nationalbibliothek: Die Deutsche Nationalbibliothek
verzeichnet diese Publikation in der Deutschen Nationalbibliografie; detaillierte bibliografische
Daten sind im Internet über https://dnb.de abrufbar.

Der SEVERUS Verlag ist ein Imprint der Bedey & Thoms Media GmbH,
Hermannstal 119k, 22119 Hamburg

SEVERUS Verlag, 2014
http://www.severus-verlag.de
Gedruckt in Deutschland
Der SEVERUS Verlag übernimmt keine juristische Verantwortung oder irgendeine Haftung für
evtl. fehlerhafte Angaben und deren Folgen.

Peter Hoogh

Zeppelin und die Eroberung des Luftmeeres

Zur Erinnerung an die Begeisterung der großen Tage des Jahres 1908

Eine internationale Ballonwettfahrt

Die Erfindung des Luftballons

Ja, wäre nur ein Zaubermantel mein,
Und trüg er mich in ferne Länder,
Mir sollt' er um die köstlichsten Gewänder,
Nicht feil um einen Königsmantel sein ...

Ach, zu des Geistes Flügeln wird so leicht
Kein körperlicher Flügel sich gesellen,
Doch ist es jedem eingeboren,
Daß sein Gefühl hinauf und vorwärts dringt.

Wenn über uns, im blauen Raum verloren,
Ihr schmetternd Lied die Lerche singt;
Wenn über schroffen Fichtenhöhen
Der Adler ausgebreitet schwebt,
Und über Flächen, über Seen
Der Kranich nach der Heimat strebt.

Mit diesen Worten hat Goethe die Sehnsucht aller Zeiten ausgesprochen. Der Wunsch des Menschen, sich in den Äther zu erheben und ungehindert von Bergen und Tälern, unabhängig von schlechten Straßen und Gewässern gleich einem Schwan in den Lüften zu segeln, ist schon so alt wie das Menschengeschlecht selbst. Die altnordische Mythe von Wieland, welcher in einem selbstgefertigten Flügelkleide vom Hofe des Königs Midung flog und die Sage von Dädalus geben davon Zeugnis.

Den kunstfertigen Dädalus ergriff ein unwiderstehliches Heimweh nach der Vaterstadt Athen, die er seit einer Reihe von Jahren nicht mehr gesehen hatte. Aber sein kretischer König Minos wollte i hn nicht ziehen lassen, da er den berühmten Bildhauer und Baumeister nicht missen wollte; und als Dädalus den Versuch machte, mit seinem Sohn Ikarus übers

Meer zu entfliehen, ließ ihn Minos von seinen schnellsegelnden Schiffen einholen und streng bewachen. Aber nun zeigte sich erst die Kunst des Dädalus: für sich und seinen Sohn verfertigte er künstliche Flügel und mit ihnen gelangte er glücklich über das Meer nach Sizilien. Aber die Strafe für einen Mord, den er begangen, erreichte den Dädalus doch: sein Sohn Ikarus hatte sich beim Flug durch die Luft trotz der väterlichen Warnung zu sehr der Sonne genähert; das Wachs, durch das die Federn der Flügel zusammengehalten wurden, schmolz und ehe der Vater helfen konnte, war Ikarus in dem Meer versunken, das nach ihm das Ikarische genannt wurde.

Uralt sind auch die ersten Versuche, es den Vögeln gleichzutun. Aulus Gellius erzählt, daß der berühmte Mathematiker Archytas von Tarent, der 400 Jahre vor Christi Geburt lebte, eine hölzerne Taube, welche fliegen konnte, angefertigt habe; und da er hinzufügt, daß diese Taube eine besondere Luftart enthalten habe, kann man diesen Bericht nicht ohne weiteres für eine Fabel erklären. Simon, der Magier soll im Jahre 66 zu Rom von einem Gebäude aufs andere geflogen sein, und geschichtlich recht gut verbürgt sind die Nachrichten von ähnlichen Versuchen aus der Zeit des Kaisers Emanuel Eomnenus; ein Sarazene soll sich z. B. von dem Turme des Hippodroms zu Konstantinopel herabgeschwungen haben.

Auch der Franziskaner Roger Baron, dieser geniale Visionär des dreizehnten Jahrhunderts, dem Erfindungen und Entdeckungen späterer Geschlechter durch die Seele blitzten, sann dem alten Probleme nach und fertigte eine geflügelte Maschine, welche ein darin stehender Mensch mit Hilfe einer Kurbel in Bewegung setzte.

Andere Versuche folgten.

Zu Ende des fünfzehnten Jahrhunderts soll Giovanni Battista Danti, ein Mathematiker zu Perugia, mittels Künstlicher, an seinem Körper angebrachter Flügel zu mehreren Malen über den Trafimenischen See gelangt sein, bis er eines Tages stürzte. Er kam mit einem zerbrochenen Bein davon, weil er zu seinem Glück auf die Galerie eines Turmes gefallen war, während ein ähnliches Wagnis später dem gelehrten englischen Benediktiner Olivier von Malmesbury den Tod brachte. Damit auch das Lächerliche im Stile Münchhausens nicht fehle, schlug im Jahre 1638 Goldwin vor, wilde Gänse zu zähmen, und so eine Art atmosphärischer Post zu errichten. Dagegen sprach Wilkins, wenn auch nur im halben Ernst, den Gedanken aus, Schiffe zu bauen, die mit einer „ätherischen Luft wie Feuer" gestillt wären und in der Atmosphäre schwimmen würden, wie Schiffe auf dem

Wasser; und in ähnlicher Weise meinte Eyrano von Bergerac sich mittels eines von der Sonne erwärmten Glasballons erheben zu können. Sollte man glauben, daß selbst der burleske Einfall sich vernehmen ließ, abwechselnd Magnetkugeln in die Luft zu werfen, welche, bevor sie noch wieder herunterfielen, den eisernen Nacken des Aeronauten anziehen sollten!

Da das Eigengewicht des menschlichen Leibes zu demjenigen der atmosphärischen Luft in einem fast hundertfach größerem Verhältnis steht, als die Schwere des Eisens zu der des Wassers, so legte sich inzwischen der Gedanke nahe, die soeben gemachte Erfindung der Luftpumpe in Dienst zu nehmen. Lana in Brescia und Sturm in Altdorf (bei Nürnberg) forderten 1670 und 1678 zur Herstellung kupferner, schiffsartiger Ballons auf, in welchen sich ein luftleerer Raum befände. Würden sie dünn und leicht genug sein, so würden sie von selbst in die Luft emporsteigen. Ein an dem Ballon angebrachtes Segel könne dazu dienen, ihn zu lenken.

Allein, woraus sollte eine solche luftleere Hohlkugel gefertigt werden, wenn sie fest genug sein sollte, um dem ungeheuren Drucke der Atmosphäre zu widerstehen? Dieser Druck beträgt auf jeden Punkt soviel wie eine Wassersäule von 10 Meter Höhe; ein dünnes Metallblech wird von ihm zusammengepreßt, die dichteste Blase, über einen luftleeren Raum gespannt, wird zersprengt. Daher behauptete nicht mit Unrecht im Jahre 1755 der Pater Galien zu Avignon, derartige Hohlkugeln müßten nicht leer, sondern vielmehr mit einer leichteren Luftart gefüllt sein, deren Dehnkraft dem Drucke von außen das Gleichgewicht zu halten vermöge; nur daß wiederum der Vorschlag, jenes dünnere Gas aus den oberen Räumen der Atmosphäre herabzuholen, den richtigen Gedanken ins Abenteuerliche verzerrte.

Ich übergehe die Reihe weiterer Wagnisse, da sie nur eine Reihe weiterer Irrungen und Torheiten sind. Besnier, Allard, de Gusman, Desforges, de la Folie, Bacqueville – sie alle haben sich vergeblich bemüht; selbst Blanchard, welcher später durch seine Luftfahrten berühmt werden sollte, versuchte sein fliegendes Schiff ohne jeden Erfolg.

Erst als Cavendish 1766 das Wasserstoffgas entdeckte, war damit für die Geschichte der Luftschiffahrt eine neue Bahn gefunden. Dieses Gas ist bekanntlich vierzehnmal leichter als die atmosphärische Luft, und hierauf gestützt stellte nun im Jahre 1767 Professor Black zu Edinburgh das der heutigen Aeronautik zugrunde liegende wissenschaftliche Prinzip auf, indem er erklärte, daß eine mit Wasserstoff gefüllte Blase von selbst in der

Atmosphäre emporsteigen müsse. Die erste Probe dieses Satzes aber ward 1782 durch den Professor Tiberio Cavallo gemacht, welcher in der Tat mit Wasserstoff gefüllte Seifenblasen steigen ließ.

Dagegen gelang es Cavallo nicht, einen eigentlichen Ballon herzustellen. Schweineblasen, die er mit Wasserstoffgas füllte, bekam er nicht leicht genug. Ebenso erging es ihm mit den Fischblasen, die er nachher versuchte. Er kam auch auf die Idee, einen Beutel aus zusammengeleimter Goldfischlägerhaut herzustellen; doch führte er diese Idee nicht aus. Jedenfalls aber war er von der Möglichkeit, mit Hilfe des Wasserstoffgases Körper in der Luft schweben zu lassen, fest überzeugt.

Die Erfindung des Luftballons sollte zunächst auf einem andern Wege erfolgen. Der einfachste aller Gedanken, zu dem man keinerlei gelehrte oder naturwissenschaftliche Bildung brauchte, brachte die Lösung. Es war wirklich das Ei des Kolumbus: man hatte nur nötig, eine Papier- oder Leinwandhülle mit erhitzter Luft zu füllen, und diese trägt dann vermöge ihrer Leichtigkeit die schnell aufgeblähte Kugel wie im Spiele mit sich fort.

Auf diesen scheinbar so naheliegenden und in seinen Folgen so höchst wichtigen Gedanken kamen zwei Brüder, die Franzosen Montgolfier. – Schon vor ihrer Erfindung, die sie später so berühmt gemacht hat, waren sie in ihrem Vaterlande rühmlich bekannt, der eine als geschickter Naturforscher und Chemiker, der andere als Mathematiker. Schon längst hatten sie über das Aufsteigen der Dünste nachgedacht, welche sich in der Atmosphäre in Wolken vereinigen, die sich, so groß und schwer sie immer sein mögen, dennoch nicht allein in beträchtlichen Höhen schwebend erhalten, sondern sogar höchst beweglich sind und als ein Spiel der Winde herumgetrieben werden. Dies eröffnete ihnen eine Aussicht auf die Möglichkeit, die Natur in einer ihrer größten und wunderbarsten Operationen nachzuahmen.

So gerieten sie in der Folge auf die kühne Idee, vermittelst einer Hülle von ungemein großem Umfange und eines leichten Dampfes, eine Art von künstlicher Wolke zu verfertigen, welche bloß durch die Schwere der atmosphärischen Luft bis in die Region hinaufgetrieben werden sollte, in welcher der Regen und die Gewitter entstehen. Schon der Gedanke einer solchen Unternehmung setzte notwendig Genie voraus, die Ausführung aber erforderte auch Mut und einen Kopf, der aufgelegt genug und reich an Hilfsmitteln war, um den zahlreichen Hindernissen auszuweichen, die sich einer Unternehmung dieser Art notwendig entgegenstellen mußten.

Eines Tages nähten sie Taft zusammen und füllten ihn mit heißer Luft; und siehe da, das Ding entwischte unsern Naturforschern aus den Händen und stieg bis an die Decke des Zimmers.

Die Freude der Gebrüder Montgolfier über ein so unerwartetes Resultat war unbeschreiblich. Sie eilten, sich ihres Luftsacks wieder zu bemächtigen und brachten ihn, um ihm freieren Spielraum zu gewähren, in den Garten, wo er sich 12 Meter hoch erhob, aber weil die erhitzte Luft durch den porösen Taft zu bald Ausgang fand, in zwei Minuten wieder zu Boden fiel. Dieser unverhoffte Erfolg munterte die Brüder Montgolfier auf, noch mehrere Versuche zu Annonay anzustellen.

So fein und sinnreich auch ein Versuch im Zimmer sein mag, so bleibt doch noch ein ungemein großer Abstand zwischen ihm und einem solchen Versuche übrig, bei welchem der Mensch durch Verbindung mehrerer Hilfsmittel die Natur selbst auf einem bisher noch von niemand betretenen Wege nachahmen soll. Denn alles, was man bisher getan hatte, um sich in die Luft zu erheben, war nur auf falsche Berechnungen oder trügerische Veranstaltungen gegründet und hatte zu nichts weiter geführt, als diejenigen verdienterweise lächerlich zu machen, welche mit Hartnäckigkeit einen Weg verfolgten, der doch ihrem wahren Zwecke gerade entgegengesetzt war.

Die Brüder Montgolfier hielten sich an weit bessere Grundsätze, sie hatten das Projekt, mit dem sie sich beschäftigten, gründlich überlegt, sich mit ihrem großen Gedanken vertraut gemacht und endlich alle Mittel zu seiner Ausführung gehörig verbunden. Und so wagten sie ihren ersten öffentlichen Versuch in einer Stadt, wo es ihnen, dem Anscheine nach, an aller Unterstützung mangeln mußte.

Dienstag, den 5. Juni 1783, wurden die Landstände von Vivarais, welche sich eben zu Annonay versammelt hatten, von den Erfindern der aerostatischen Maschine (so nannte man die ersten Luftballons) zu dem Versuche eingeladen, den sie vor Augen des Publikums anzustellen beschlossen hatten.

Wie sehr waren die Abgeordneten der Stände und alle Zuschauer überrascht, als sie auf dem öffentlichen Marktplatz einen Ballon von 37 Meter im Umfange erblickten, der an seinem untersten Punkte an einem Rahmen von 5 Meter ins Gevierte befestigt war! Dieser große Überzug wog mit seinem Rahmen 250 Kilogramm, und konnte 800 Kubikmeter Dämpfe aufnehmen. Wie groß wurde aber das allgemeine Erstaunen, als die Erfinder dieser Maschine gar ankündigten, sobald letztere mit einem Gas gefüllt sein werde, das sie nach ihrem Gefallen durch das einfachste Verfahren hervorbringen könnten, werde sie sich von selbst bis an die Wolken erheben! Bei allem Zutrauen, das man auf die Einsicht und Klugheit der Brüder Montgolfier setzte, schien doch dieser Versuch denen, welche Zeugen desselben sein sollten, so unglaublich, daß die einsichtsvollsten Personen, selbst diejenigen, welche mit dem günstigsten Vorurteil dahin gekommen waren, alle Hoffnung eines guten Erfolges fast ohne Bedenken aufgaben.

Die beiden Brüder Montgolfier legten jedoch die Hand ans Werk und fingen an, die Dämpfe zu entbinden, welche das Phänomen bewirken sollten. Die Maschine, welche bisher nichts weiter, als einen Überzug von Leinwand, mit Papier gefüttert, einen ungeheuren 12 Meter hohen luftleeren Sack voller Falten vorgestellt hatte, blies sich auf, schwoll zusehends, nahm Festigkeit und eine schöne Form an, spannte sich nach allen Seiten, und strebte, in die Höhe zu steigen. Noch ward sie durch starke Männer zurückgehalten; kaum aber war das Signal gegeben, so stieg sie auf, und schwang sich schnell in die Luft, wo sie mit beschleunigter Bewegung in mehr als 10 Minuten eine Höhe von 500 Metern erreichte.

Sie flog nunmehr 2400 Meter weit in horizontaler Linie fort, sank in dieser Weite nieder, weil sie viel von ihrem Gas verloren hatte, und würde sich ohne Zweifel weit länger in der Luft erhalten haben, wenn es die Umstände erlaubt hätten, sie mit der gehörigen Festigkeit und Genauigkeit zu verfertigen; indessen war doch der Zweck erreicht, und dieser erste mit so glücklichem Erfolg belohnte Versuch wird den Brüdern Montgolfier auf immer die Ehre einer der erstaunlichsten Entdeckungen sichern.

Wenn man nur ein wenig über die unzählbaren Schwierigkeiten eines so kühnen Versuchs, über die bittere Kritik, welcher sich die Urheber desselben, im Fall er durch einen Zufall mißlungen wäre, aussetzten, und über den Aufwand, den er erforderte, nachdenkt, so kann man den Erfindern des Luftballons die verdiente Bewunderung nicht versagen.

Kaum war die Nachricht von dem schönen Versuche Montgolfiers in Paris bekannt geworden, als der Physiker Charles ohne Zeitverlust anfing, an der Wiederholung desselben zu arbeiten. Weder die von den Landständen der Provinz aufgesetzte Urkunde, noch die Privatbriefe aus Annonay meldeten, was für ein Gas man gebraucht habe; man wußte nur so viel, daß der Dampf, dessen sich die Brüder Montgolfier bedient hatten, halb so schwer als die atmosphärische Luft gewesen sei. Hieraus sahen nun die

Physiker leicht, daß von einem ganz anderen Gas die Rede sei, als von dem ihnen bekannten Wasserstoffgas, welches zehnmal leichter als die Luft ist; auch begriff man sehr wohl, daß die Erfinder des Luftballons das damals nur aus dem Eisen entwickelte Wasserstoffgas nicht aus Unwissenheit ungebraucht gelassen hatten, da sie als Kenner der Chemie und Naturlehre bekannt waren. Sie waren vielmehr dadurch zurückgehalten worden, daß sie es in einer Stadt, die ihnen gar keine Hilfsmittel dazu bot, höchst schwer fanden, sich genügend Wasserstoffgas zu verschaffen. Überdies hatten sie eine weit einfachere und wohlfeilere Methode erfunden; diese war aber noch zurzeit unbekannt und man mußte also in Paris auf andere Mittel denken.

Die große Leichtigkeit des Wasserstoffes schien freilich einladend; aber wie sollte man einen Versuch dieser Art im Großen wagen, in welche Materie sollte man einen so feinen Dampf einschließen? Man brauchte nicht viel Zeit, sich hierüber zu bestimmen: Der mit elastischem Harz überzogene Taffet war bekannt, und es gab ganze Niederlagen davon in Paris. Auch gab es Taffete mit Bernsteinfirnis, Kopalfirnis, Wachsmalerei u. dgl. kurz, von dieser Seite war kein Mangel an Hilfsmitteln. Charles entschied sich endlich für den mit elastischem Harz überzogenen Taffet, und schränkte den Durchmesser der Hülle ungefähr auf 4 Meter ein, teils wegen der Kostbarkeit des Überzugs und des Wasserstoffgases, teils wegen der Schwierigkeit, dieses Gas ohne großen Zeitverlust in beträchtlicher Menge zu entbinden.

Als die Sache so weit beschlossen war, eröffnete Charles eine Subskription; der Ruf dieses Vorhabens verbreitete sich von einem zum andern, erregte allgemeines Aufsehen, und jedermann drängte sich, seinen Namen einzeichnen zu lassen. In kurzer Zeit standen die erlauchtesten Namen auf dem Blatte dieser ersten Nationalsubskription; sie verdient diesen Namen; denn obgleich nicht das geringste davon gedruckt, oder in den öffentlichen Blättern bekanntgemacht worden war, drängte sich doch jedermann hinzu, um zu diesem merkwürdigen Versuche das Seinige beizutragen.

Endlich war am 23. August der Ballon fertig geworden, und hatte die Gestalt einer Kugel von 4 Meter im Durchmesser; ihre Ausführung war schön und regelmäßig. Man bemühte sich jetzt, die Kugel in einem Gestelle, welches sie festhalten sollte, aufzuhängen; hier wurde sie zusammengedrückt und nachdem die atmosphärische Luft gänzlich heraus war, ward der Hahn, durch welchen man sie ausgedrückt hatte, sogleich verschlossen.

In diesem Zustande sah die Maschine einem leeren, zusammengefalteten Sacke ähnlich.

Um 8 Uhr des Morgens fing Charles an, sie zu füllen. Er bediente sich anfänglich eines großen Kastens oder Schranks mit Schubkästen, welche mit Blei ausgefüttert waren, über denen oben ein Rohr hinausging, was sich dem an der Kugel befindlichen Hahne anpaßte. Die Schubkästen waren mit Eisenfeilen und verdünnter Vitriolsäure angefüllt, und weil man durch die Schubkästen mehr Oberfläche erhielt, sollte dadurch die entzündbare Luft in beträchtlicher Menge entbunden werden: man fand aber bei dem Gebrauche dieses Schranks tausend Unbequemlichkeiten und allzuviel Hindernisse, wodurch Zeit und Wasserstoff verloren ging. Charles ward endlich müde, mit einer so unbequemen Vorrichtung länger vergeblich zu arbeiten, gab sie daher gänzlich auf, und setzte binnen 2 Stunden eine bessere an ihre Stelle. Diese bestand aus einem bloßen senkrecht aufgestellten Fasse, in welches man durch eine in den oberen Boden gebohrte Öffnung, eine große Menge Eisenfeile geworfen und Vitriolöl darübergegossen, dann aber die Öffnung schnell wieder verstopft hatte. Auf diese Art entband sich der Wasserstoff stoßweise, und ging durch eine zweite, neben der ersten gebohrte Öffnung, welche anfänglich durch eine blecherne Röhre, nachher aber durch ein kupfernes, mit elastischem Harze überfirnißtes Rohr mit dem an der Mündung der Kugel befindlichen Hahne verbunden war.

Das Gas stieg aus der Röhre schnell in die Kugel auf. Sobald das Aufbrausen aufhörte, ward der Hahn verschlossen, und neue Eisenfeile mit Vitriolöl durch die aufgemachte Öffnung in das Faß gebracht. So entwickelte sich neues Gas, der Hahn ward wieder geöffnet und die entzündbare Luft drang in die Kugel.

Diese Operation ging nun zwar sehr geschwind vonstatten; sie war aber dennoch einigen Mängeln unterworfen, welche unvermeidliche Befugnisse erregen mußten. Die Vitriolsäure erzeugte, wenn sie das Eisen angriff, eine so heftige Hitze, daß dadurch ein Teil des Wassers, mit dem man sie verdünnt hatte, in Dämpfe verwandelt wurde, welche sich mit dem zu gleicher Zeit entbundenen schwefelsauren Gas vermischten und dadurch eine kaustische Eigenschaft annahmen. Wenn diese Dämpfe mit der entzündbaren Luft bis an die inneren Wände der Kugel gekommen waren, so wurden sie daselbst plötzlich wieder verdichtet; das daraus entstandene Wasser lief an dem Taffet herab, und würde denselben gewiß zerfressen haben, wenn er nicht mit elastischem Harze überzogen gewesen wäre.

Da sich nun dieses mit Säure imprägnierte Wasser im untern Teile der Kugel sammelte, und daselbst Erhöhungen (wie Wülste) bildete, so mußte man von Zeit zu Zeit den Taffet schütteln, und das Wasser durch den Hahn herauslaufen lassen.

Überdies war die aus dem Fasse aufsteigende Hitze so groß, daß sie sich dem kupfernen Rohre und durch dasselbe auch der Maschine mitteilte. Der Hahn wurde davon so heiß, daß man die Hand nicht daranhalten konnte. Man mußte ihn daher nicht allein mit einem feuchten Lappen umwickeln, sondern auch zur Erhaltung der Kugel den Taffet am untern Teile derselben beständig durch kleine Spritzen anfeuchten, um die Hitze zu schwächen, welche so stark war, daß ohne diese Vorsicht die Maschine in der größten Gefahr gewesen wäre.

Dieser erste Versuch war höchst mühsam; endlich aber schien er doch zu gelingen, da abends um 9 Uhr die Kugel auf ein Drittel gefüllt war. Einige Stunden darauf aber wurde aus allzu großer Vorsicht alles wieder verdorben. Man hatte den Hahn sehr sorgfältig verschlossen; einer von den Physikern aber war noch unruhig darüber, und drehte ihn unglücklicherweise so, daß er offen blieb, indem er ihn zuzumachen gedachte.

Am folgenden Tage, den 24. fand man sich voll Begierde ein, um mit Tagesanbruch die Arbeit wieder aufzunehmen. Man erstaunte aber nicht wenig, die Kugel sehr aufgeblasen und beinahe voll zu finden, da sie doch den Abend vorher kaum ein Drittel gefüllt gewesen war.

Man konnte anfänglich die Ursache dieses Aufschwellens nicht begreifen, und das Erstaunen hörte nicht eher auf, als bis man bemerkt hatte, daß der 7 Zentimeter weite Hahn offen gewesen sei. Inzwischen schien es immer noch sehr sonderbar, daß die Kugel eine so große Menge atmosphärischer Luft sollte eingezogen haben. Man stellte sogleich eine Untersuchung an und fand, daß die in der Kugel enthaltene Luft explodierte, also zweifelsohne sich bereits mit der atmosphärischen Luft vermischt hatte.

Dieser Zwischenfall schlug nun freilich den Mut ein wenig nieder, weil das Füllen der Kugel den Tag vorher so große Mühe und Arbeit verursacht hatte: aber was half dies? Der Versuch war einmal angekündigt, und man mußte wenigstens den Subskribenten zeigen, daß man nichts verabsäumt habe. Das schlimmste war noch, daß man keine gewöhnlichen Arbeitsleute zur Behandlung dieser Maschine gebrauchen konnte; weil Charles es nicht wagen durfte, sie andern als geübten und geschickten Personen anzuvertrauen. Endlich kamen noch mehr Liebhaber hinzu, welche sich gutwillig mit den vorherigen verbanden; es mischte sich Ehrbegierde und Nacheiferung ins Spiel, und die Hoffnung belebte alles von neuem.

Ehe ich in der Erzählung der Umstände weiter fortfahre, muß ich bemerken, daß eine Kugel von etwa 4 Meter im Durchmesser, so wenig auch diese Größe dem ersten Anscheine nach bedeutet, dennoch etwas ungemein Beträchtliches ausmacht, wenn sie mit Wasserstoffgas gefüllt werden soll. Denn die Entwicklung des Wasserstoffes geschah damals noch auf sehr umständliche Art. Man wird sich davon überzeugen können, wenn man bedenkt, daß man zur Entbindung des nötigen Gases (alles mit eingerechnet, was den Tag vorher verloren gegangen und was nun erforderlich war, um die Kugel von neuem zu füllen und zu unterhalten) 1000 Pfund Eisenfeile, teils in Staub, teils in Spänen, und 495 Pfund bis auf den 46. Grad konzentriertes Vitriolöl brauchte. Wer in Versuchen dieser Art geübt ist, wird wohl einsehen, daß dieser Versuch weder ohne Schwierigkeit, noch ohne Gefahr sein konnte, da man es hier mit einer sehr großen Menge konzentrierter Säure zu tun hatte und so viel Wasserstoff entbinden sollte, der beim Atemholen höchst beschwerlich fällt.

Den ganzen 24. August brauchten Charles und sein Mitarbeiter, um Wasserstoff zu entbinden, die Kugel abzukühlen, und sie vor üblen Zufällen in acht zu nehmen. Aber wie sehr wurden sie für ihre Mühe entschädigt, als sie abends um 6 Uhr bemerkten, daß sich die Kugel stark zu heben anfing, obgleich sie nur erst bis zur Hälfte gefüllt war! Nun verdoppelte sich ihr Mut, ihr Eifer stieg bis zum Enthusiasmus, und man sah bald den Versuch in der Tat gelingen, indem die Kugel um 7 Uhr die Stricke, die sie zurückhielten, zu spannen anfing. Man ergriff die sichersten Maßregeln, um sie die Nacht über gegen alle Zufälle zu beschützen, man verschloß den Hahn sorgfältig, nahm den Handgriff davon ab, und jedermann ging zufrieden nach Hause.

Am folgenden Tage, dem 25., wetteiferte ein jeder, der erste zu sein, der die Maschine besuchte. Charles fand sie in bestem Zustande, und ließ etwas Gas hinein, um den Verlust zu ersetzen, den sie die Nacht über teils wegen der kleinen unmerklichen Öffnungen, teils wegen der Nadelstiche, die vom elastischen Harze nicht ganz verstopft waren, unvermeidlich hatte erleiden müssen. Um 6 Uhr des Morgens löste man sie ab und wog sie; obgleich sie nur halb voll war, zog sie doch 21 Pfund mit sich in die Höhe. Da nun der 27. zum öffentlichen Versuche festgesetzt war, so wollte man sie nicht weiter anfüllen, aus Furcht sie allzusehr anzugreifen. Um 9 Uhr abends ward sie wieder gewogen und zog nur noch 18 Pfund auf, hatte also binnen 15 Stunden 3 Pfund an Gewicht verloren, oder, um mich richtiger auszudrücken, das Gleichgewicht zwischen ihr und der Luft fand sich um 3 Pfund weniger gestört.

Am 26. ward die Kugel mit Anbruch des Tages besichtigt und in sehr gutem Zustande gefunden. Sie hatte fast in eben der Proportion wie am vorigen Tage einen Teil ihres Wasserstoffes verloren. Man arbeitete also, diesen Verlust wieder zu ersetzen. Um 8 Uhr des Morgens nahm man die Kugel aus dem Gestelle, befestigte sie an dünne Seile, und hatte das Vergnügen sie über 30 Meter hoch steigen zu sehen.

Sogleich versammelte sich von allen Seiten her eine zahlreiche Menge, die Place des Victoires wurde mit Zuschauern erfüllt, deren Erstaunen sich nicht ausdrücken läßt, da sie, ohne etwas vorher davon zu wissen, eine Maschine von solcher Größe in der Luft fliegen sahen. Da sich aber der Wind erhob, der sie leicht beschädigen konnte, so zog man sie herab, und stellte sie an ihren bisherigen Platz in dem Hofe, wo sich das dazu gehörige Gestell befand. Hier ward sie den Tag über so stark besucht, daß der an der Tür aufgestellte Posten zu Pferd und zu Fuß nicht vermögend war, die hinzuströmende Menge abzuhalten, und man sich endlich entschließen mußte, den Torweg offen zu lassen, um der Neugierde und dem Wunsche des Publikums Genüge zu leisten.

Da die Kugel durch die Durchfahrt des Hauses herausgebracht werden mußte, so hatte man sie absichtlich an diesem Tage noch nicht ganz füllen wollen, weil der Transport durch das Haus allerdings in keine geringe Verlegenheit versetzte. Charles hatte anfänglich den Vorschlag gemacht, sie von selbst in die Höhe steigen, und über das Haus hinwegzugehen zu lassen, wobei man sie an einem Seile halten, und hernach auf die Place des Victoires herabziehen wollte. Da man aber dies in der Nacht vornehmen mußte, um nicht durch das ungestüme Publikum gestört zu werden, und es doch ebenso schwer als gefährlich war, eine Maschine von dieser Art im Finstern zu regieren, so mußte Charles sich entschließen, sie durch die Durchfahrt des Hauses zu führen, und sie dabei geschickten Händen anvertrauen, die sie mit Vorsicht und Klugheit regieren mußten.

Man brachte anfänglich die ganze Zurüstung und alle zum Versuche nötigen Dinge auf das Marsfeld. Früh um 2 Uhr wurde die Kugel losgebunden; einige verständige Personen brachten sie bis an den Torweg, und da sie nicht ganz voll war, so hatte man den Vorteil, sie zusammendrücken und ihr eine längliche Gestalt geben zu können, durch welches Mittel sie dann ohne den geringsten Schaden durch das Haus bis auf die Place des Victoires gebracht ward. Hier setzte man sie auf eine Tragbahre, die dazu gebaut und vorher aufgestellt war. Eben die darum gebundenen Schnüre, an welchen man sie im Hofe aufgehängt hatte, dienten jetzt, sie zu befestigen, und so trat sie ihre Reise an.

Nichts kann sonderbarer sein, als der Anblick dieser so fortgetragenen Kugel, mit brennenden Fackeln voraus, und einer Menge Menschen nebst einer Begleitung von Militär zu Roß und zu Fuß an der Seite. Dieser nächtliche Zug, die Gestalt und Größe des Körpers, den man mit so vielem Pomp und so vorsichtig einhertrug, das tiefe Stillschweigen, die ungewöhnliche Stunde der Nacht, alles dies vereinigte sich, um über den ganzen Vorgang etwas Sonderbares und eine geheimnisvolle Feierlichkeit zu verbreiten, die in der Tat für alle, welche nicht um die Sache wußten, höchst täuschend sein mußte. Auch machte dies auf die Kutscher der schon auf den Straßen fahrenden Droschken einen so starken Eindruck, daß sie beim ersten Anblick ihre Wagen anhielten, und mit dem Hute in der Hand nicht abließen, sich tief zu bücken, bis die Prozession bei ihnen vorüber war.

Endlich kam die Kugel durch die Straßen an die Militärschule, wo sie mitten auf dem Marsfeld auf einem dazu eingerichteten eingeschlossenen Platze niedergesetzt wurde.

Sie wurde an den um sie gebundenen Schnüren durch kleine Seile gehalten, welche an eisernen in die Erde gesteckten Ringen befestigt waren.

Sobald der Tag anbrach, arbeitete man an der Herstellung des Wasserstoffgases zur Füllung der Kugel. Man betrieb diese Arbeit so lebhaft, daß die Kugel mittags schon in eine sehr schöne Form aufgespannt und nur noch wenig Zeit erforderlich war, um sie ganz zu füllen; aber man behielt den noch übrigen Teil der Operation dem Publikum vor, um ihm von der Entbindung des Gases einen Begriff zu geben.

Das Marsfeld war mit Soldaten umstellt, welche auch die Zugänge von allen Seiten besetzten; desgleichen waren alle nötigen Befehle gegeben, um das Anfahren der Kutschen zu erleichtern und alles Unglück zu verhüten. Um 3 Uhr sah man den Platz sich nach und nach mit Menschen bedecken; die Kutschen kamen von allen Seiten herbei, und konnten bald nicht mehr anders als eine nach der andern fahren. Um 5 Uhr gab ein Kanonenschuß das Signal zum Anfange des Versuchs; zugleich diente er zum Zeichen für die Gelehrten, welche sich auf den Türmen der Kirche Notre Dame und der Militärschule aufgestellt hatten, um durch Instrumente zu beobachten und ihre Aufzeichnungen und Notizen zu machen. Die Kugel wurde von den Banden, die sie zurückhielten, befreit, und hob sich zum großen Erstaunen der Zuschauer mit solcher Geschwindigkeit, daß sie in zwei Minuten eine Höhe von 440 Meter erreichte; hier verlor sie sich in einer finstern Wolke, und ein zweiter Kanonenschuß kündigte ihr Verschwinden an; man sah sie aber bald durch die Wolke dringen, in einer ungemeinen Höhe auf einen Augenblick wieder hervorkommen und sich in andern Wolken verbergen.

Der starke Regen, der mit dem Augenblicke des Aufsteigens der Kugel anfing, hinderte sie nicht, mit der äußersten Geschwindigkeit zu steigen. Der Versuch hatte den glücklichsten Erfolg und setzte jedermann in Erstaunen. Der Gedanke, daß ein fester Körper von der Erde aufgestiegen sei und in dem Himmelsraum schwebe, hatte etwas so Erhabenes und zur Bewunderung Hinreißendes und schien sich so weit von den gewöhnlichen Gesetzen der Natur zu entfernen, daß fast alle Zuschauer von dem lebhaften Eindrucke gebannt waren. Die Bewunderung war so groß, daß die vornehmsten Damen der Kugel mit unverwandten Augen nachsahen und sich durch den stärksten Regenguß nicht stören ließen, und weit mehr mit dem Anblicke eines so außerordentlichen Gegenstandes beschäftigt waren, als mit der Sorge, sich vor dem Platzregen zu schützen.

Charles hatte bei diesem Versuche darin gefehlt, daß er die atmosphärische Luft in die Kugel gelassen, um sie vollends auszufüllen und ihr eine rundliche Gestalt zu geben; diese Luft mußte notwendig einen dem Überzuge schädlichen Druck veranlassen. Noch mehr aber war es verfehlt, daß man zu viel Wasserstoff hineingelassen hatte, wodurch der Grad der Elastizität ungemein verstärkt worden war. Diese Luft mußte notwendig mit großer Gewalt gegen die Wände der Kugel drücken, sobald diese in eine Region der Atmosphäre kam, in welcher sich Luft von geringerer Dichtigkeit befand. Es ist jedoch sehr begreiflich, daß man bei einem ersten Versuche dieser Art nicht alles vorhersehen konnte. Dem sei nun wie ihm wolle, es hielt sich doch die Kugel nicht länger als höchstens drei Viertelstunden in der Luft und fiel um drei Viertel auf sechs Uhr seitwärts von Ecuen mit einem Loch an ihrem obern Teile herab.

Sie ward durch Bauern von Gonesse aufgehoben, auf eine Meile weit über die Felder fortgeschleppt und aufs übelste zugerichtet.

Sie waren in neugierigen Scharen herbeigeströmt; aber als ein paar

Der Aufstieg der Montgolfiere in Gegenwart des Königs zu Versailles am 19.09.1783. Nach einem gleichzeitigen Kupferstich

Mönche ihnen erklärten, es sei ein Riesentier aus einer andern Welt herabgestürzt, ergriff sie Furcht und Schrecken. Sie murmelten Gebete und Beschwörungsformeln und wichen zurück bis auf einige Beherztere, die alsbald zu Steinen, Heugabeln und Dreschflegeln griffen, um den Kampf zu wagen. Ein glücklich abgefeuerter Schuß zerriß die Hülle vollends, das noch darin befindliche Gas strömte aus und das Ungeheuer sank in sich selbst zusammen.

Jeder wollte ihm nun den Gnadenstoß geben, aber der giftige Dunst des Gases betäubte die allzu kühnen Helden. Man band daher die Überreste des Opfers an den Schweif eines Pferdes und schleifte sie eine Stunde lang über Felder und Wiesen.

Am nächstfolgenden Tage veröffentlichte die Regierung eine Bekanntmachung des Inhalts, daß die Ballons keine wilden Tiere, sondern hohle Taffetkugeln seien, die man mit leichter Luft gefüllt, und deren Aufstieg man beobachte, um diese Erfindung vielleicht in Zukunft für die menschliche Gesellschaft nutzbar zu machen.

Schon bei diesem ersten Versuche hatte der Ballon von Charles seine ungeheure Überlegenheit über den von Montgolfier bewiesen. Es war ein gewaltiger Fortschritt, den die neue Sache durch Charles gewonnen hatte. Das fühlte auch sofort ein großer Teil der Zeitgenossen, und schon in den damals erfundenen Bezeichnungen prägt es sich aus, daß man den Unterschied wohl begriff. Da Montgolfier sich der erhitzten Luft zur Füllung bedient hatte, nannte man die so eingerichteten Ballons Feuerballons oder Montgolfieren und sonderte sie eben damit von den Gasballons, die man allgemeiner „Aerostaten" oder „aerostatische Maschinen" nannte.

Noch vor dem Versuche des Physikers Charles auf dem Marsfelde war der jüngere Montgolfier nach Paris gekommen und von der königlichen Akademie der Wissenschaften eingeladen worden, den zu Annonay angestellten Versuch zu wiederholen. Er ließ daher einen Ballon von 22 Meter Höhe und 13 Meter Durchmesser verfertigen; allein es erforderte einige Zeit, ehe man einen Ballon von dieser Größe zustande bringen konnte.

Die aerostatische Maschine, welche der eine der Brüder Montgolfier in der Vorstadt St. Antoine verfertigen ließ, war von roher, starker Leinwand (wie man sie gebrauchte, um Papiertapeten darauf zu ziehen) und sowohl in- als auswendig mit starkem Papier überzogen.

Diese Maschine war lasurblau angestrichen und die Verzierungen goldgelb, sie stellte ein Zelt mit seinem Dache vor. Ihre ganze Höhe betrug 22

Meter und ihr Gewicht 500 Kilo. Die Luft, die sie aus ihrer Stelle trieb, konnte man ungefähr auf 2250 Kilos rechnen; der Dampf, mit dem sie gefüllt werden sollte und welcher nur halb so schwer ist als die Luft, wog daher nur 1125 Kilo, es blieb also noch ein Überschuß von 1125 Kilo für die Kraft, mit welcher sie aufwärts getrieben werden mußte, und ebensoviel Last konnte sie daher mit sich in die Höhe ziehen.

Da die Nachtgleiche herannahte und die Herbstregen eintraten, so war die Arbeit an dieser Maschine unaufhörlichen Störungen ausgesetzt. Ihr großer Umfang erlaubte nicht, sie anderswo als unter freiem Himmel und in dem geräumigen Garten, in welchem sie gefüllt werden sollte, zu verbinden und zusammenzunähen. Es machte viel Umstände, alle Abend einen Teppich von so ungeheurer Größe, der noch überdies wegen des starken Papiers so leicht Brüche bekam, zusammenzulegen, auch waren gewöhnlich wenigstens 20 Leute nötig, um ihn wieder auseinanderzubreiten, und diese mußten, um nichts zu beschädigen, mit der größten Vorsicht und Geschicklichkeit zu Werke gehen. Nie hat wohl eine Maschine so viel Unruhe und Verlegenheit verursacht!

Ohne Zweifel hätte der Ballon auf eine weit festere und der Beschädigung weniger unterworfene Art gebaut werden können. Dies gestand Herr von Montgolfier selbst; aber verschiedene Gründe hatten ihn bewogen, sie so und nicht anders einzurichten. Der erste Grund bezog sich auf den Versuch zu Annonay, wo man mit einem ähnlichen Überzuge vollkommen glücklich gewesen war, daher es klug schien, aufs strengste bei eben derselben Methode zu bleiben, um sich eben desselben Erfolgs zu versichern. Überdies mußte man darauf denken, die Durchlässigkeit möglichst herabzusetzen, und zu diesem Zweck war ein doppelter Überzug von Papier allerdings das schicklichste.

Der zweite Grund macht der Denkungsart des Herrn von Montgolfier viel Ehre. Die Mitglieder der königlichen Akademie der Wissenschaften – Männer, welche vor allen anderen imstande waren, den Wert dieser Entdeckung zu schätzen, und welche auch die ganze Wichtigkeit derselben einsahen – hatten sich erboten, die Kosten dieser Maschine ohne Einschränkung zu tragen, und dies war genug, um den Erfinder derselben zur Auswahl der mit dem geringsten Aufwande verknüpften Mittel zu bestimmen.

Da sich endlich am 11. September der Himmel aufzuklären schien, wurde der nunmehr ganz fertige Ballon an seinen Platz gestellt und zu den ersten Versuchen vorbereitet. Man machte noch denselben Abend die erste Probe, sah diesen schönen Körper sich in 9 Minuten füllen, auseinanderfalten, nach allen Seiten spannen und die schönste Form annehmen. Acht Männer, die ihn zurückhielten, wurden einige Meter hoch von ihm mit ausgezogen, und er würde sich bis auf eine große Höhe geschwungen haben, wenn man ihn nicht durch noch mehrere Personen hätte zurückhalten lassen. Die Gelehrten der Akademie der Wissenschaften wurden auf den folgenden Tag früh um 8 Uhr zu dem für sie anzustellenden Versuch eingeladen.

Am folgenden Tage, Freitag den 12. September, hatten sich berühmte Gelehrte eingefunden. Nicht ohne Besorgnis sah man, daß dicke Wolken vom Horizonte aufzogen und Sturm und Regen drohten. Indessen war die Witterung nicht entschieden, es konnte sein, daß alles ohne Regen vorüberging.

Die Vorbereitungen waren gemacht und eine zahlreiche und angesehene Versammlung brannte vor Verlangen, diesen schönen Versuch zu sehen. Überdies fürchtete man durch längeres Warten, den Versuch allzusehr zu verspäten. Die ganze Zurüstung war einmal fertiggestellt; man hätte viel Zeit nötig gehabt, sie wieder auseinanderzunehmen. Man entschloß sich also, den Ball zu füllen. 50 Pfund trockenes Stroh wurden bundweise angezündet und 10 Pfund klein zerhackte Wolle verschiedenemal darauf geworfen. Dadurch entstand binnen 10 Minuten ein so elastischer und so heftig wirkender Dampf, daß sich die Maschine bei all ihrer Schwere und obgleich sie völlig ausgedrückt und zusammengelegt war, nach und nach gleichsam mit einer wellenförmigen Bewegung ausdehnte und aufschwoll. Ihr Umfang und ihre Größe setzten die Zuschauer in Erstaunen; als sie sich aber ganz auseinandergespannt hatte und nun in die Höhe strebte, verdoppelten sich Erstaunen und Bewunderung.

Die Maschine stieg nunmehr vom Boden auf und hielt sich einige Meter hoch mit einer Belastung von 500 Pfund. Hätte man in diesem Augenblicke die Stricke, die sie noch zurückhielten, abgeschnitten, so würde sie auf eine sehr große Höhe gestiegen sein. Plötzlich aber fing es an zu regnen und der Sturm erhob sich mit dem größten Ungestüm. Hierbei wäre das sicherste Mittel zur Erhaltung der Maschine das gewesen, daß man sie hätte in die Luft steigen lassen. Da sie aber zu Versuchen vor dem König und der königlichen Familie zu Versailles bestimmt war, so wollte man sie nicht fahren lassen und wendete alles an, um sie wieder herunterzuziehen.

Durch das Zerren und Reißen, die Stöße des bebenden Windes und den Regen wurde sie aber an mehreren Stellen zerrissen. Da der Sturm immer heftiger ward und sehr lange anhielt, so war es schlechterdings unmöglich, sie in diesem Zustande weiter zu behandeln. Sie mußte daher in dem Regen 24 Stunden lang aushalten: dadurch ward das Papier erweicht, trennte sich von der Leinwand und fiel in Stücken herab, so daß also dieser schöne und prächtige Ballon, welcher soviel Mühe gekostet hatte, in sehr kurzer Zeit gänzlich zerstört war.

Der zu Versailles vor dem König anzustellende Versuch war auf den 19. September angesetzt, allein der Ballon, welcher dazu hatte dienen sollen, befand sich, wie eben gesagt, hierzu gänzlich außerstande. Montgolfier berechnete die Stunden, welche ihm noch übrig waren; seine Freunde vereinigten sich, ihm beizustehen, und Sonntags den 14. fingen sie an, an einem neuen Ballon zu arbeiten, den man ganz aus einem tüchtigen, halb leinenen und halb baumwollenen Zeuge zu verfertigen beschloß. Es ward hier bei nichts gespart, man arbeitete Tag und Nacht; und Donnerstag den 18. war die Maschine vollkommen fertig, gemalt und verziert. Noch denselben Abend wurde in Gegenwart der Gelehrten von der Akademie, welche man dazu eingeladen hatte, eine Probe damit gemacht, welche sehr glücklich ablief.

Am folgenden Tage, dem 19., ward sie in den großen Schloßhof zu Versailles auf eine achteckige Bühne gebracht.

Diese von allen Seiten mit Leinwand bedeckte und umzogene Bühne hatte in der Mitte eine Öffnung von mehr als 5 Meter im Durchschnitt, um welche diejenigen, welche die Maschine besorgen sollten, auf einer dazu erbauten Erhöhung herumgehen konnten. Eine starke Wache schloß einen doppelten Kreis um den großen Schauplatz.

Die obere Wölbung der Maschine war niedergedrückt und lag horizontal über der großen Öffnung der Bühne, über welche sie gleichsam eine flach gewölbte Decke zog; der übrige Teil des Zeuges war zusammengefaltet und ringsherum über die Erhöhung gelegt, so daß die Maschine in diesem Zustande gar nicht ihre Größe zeigte und vielmehr einer Menge unordentlich übereinandergelegter bunter Teppiche glich.

Der Raum unter dieser Bühne war zu den Operationen bestimmt, welche zur Entbindung der Dämpfe nötig waren. Diese Arbeit sollte unter der großen, vom oberen Teile der Maschine bedeckten Öffnung vorgenommen werden. Mitten unter dieser Öffnung stand auf der Erde eine 1

⅓ Meter hohe und 1 Meter breite, gegitterte, eiserne Kohlenpfanne, um die brennbaren Materien fassen zu können. Der untere Teil der Kugel endigte in einem zirkelrunden, gemalten Zylinder von starker Leinwand, der durch das Loch der Bühne bis auf den Boden reichte, und als ein großer Trichter oder als eine Art von Schlauch oder Schornstein anzusehen war, um die Dämpfe zusammenzuhalten und ins Innere der Maschine zu führen, so daß die Personen, welche das Feuer regierten, auf diese Art unter oder vielmehr in dem Ballon selbst standen. Diese Personen hatten einen Vorrat von Stroh und klein gehackter Wolle zur Hand, um die Dämpfe daraus zu entbinden, weiter einen von Ruten geflochtenen Käfig mit einem Schafe, einem Hahn und einer Ente, nebst allen anderen zum Versuche nötigen Nebensachen.

Vielleicht wird die Anführung aller dieser Umstände vielen überflüssig scheinen; dennoch sind sie zu lehrreich, um ganz übergangen zu werden. Überdies zeigen sie, wie viel Überlegung und Erfindungsgeist der Versuch erfordert hat. Allein Montgolfier fand auch hierbei allen Vorschub und alle Hilfsmittel, die er nur wünschen konnte.

Vormittags um 10 Uhr war der Weg von Paris nach Versailles ganz mit Kutschen bedeckt; von allen Seiten her versammelte man sich in zahlreicher Menge, und um 12 Uhr waren alle Zugänge, die Schloßhöfe, die Fenster, ja sogar die Dächer mit Zuschauern besetzt. Der größte, erhabenste und gelehrteste Teil der Nation schien sich hier gleichsam auf Abrede versammelt zu haben, um den Wissenschaften unter den Augen eines Hofs, der sie aufmunterte und beschützte, ein glänzendes und feierliches Opfer zu bringen.

In diesem Augenblick und unter einem unglaublichen Zulaufe von Personen jedes Standes traten Seine Majestät der König nebst der königlichen Familie in den Kreis und geruhten bis unter die Maschine zu gehen, um sie genauer zu untersuchen und sich von allen Vorbereitungen dieses schönen Versuchs Rechenschaft geben zu lassen.

4 Minuten vor 1 Uhr wurde aus einem Mörser das Signal zur Füllung der Maschine gegeben; fast augenblicklich sah man, daß sich der Deckel hob, die Maschine aufschwoll und sich aus den Falten, in die sie gelegt war, ausspannte; endlich entwickelte sie sich ganz, ihre Gestalt fesselte das Auge und ihre unerwartete Größe setzte in Erstaunen: sie reichte schon bis an die höchste Spitze der aufgerichteten Masten. Ein zweites Signal kündigte an, daß sie zum Aufsteigen bereit sei, auf ein drittes wurden die

Seile abgeschnitten und die Maschine erhob sich nebst dem angehängten Käfig und den darin verschlossenen Tieren prachtvoll in die Luft.

Sie stieg anfänglich in einer gegen den Horizont schief geneigten Richtung, nach welcher sie der Südwind trieb, bis auf eine große Höhe; schien alsdann einige Sekunden still zu stehen, wobei sie für das Auge die schönste Wirkung hatte, und sank endlich langsam in dem Gehölz bei Vaucresson, 850 Meter weit von der Stelle, wo sie aufgestiegen war, nieder.

Nur 11 Minuten hatte man mit dem Füllen zugebracht, und 8 Minuten lang blieb die Kugel in der Luft.

Bei dem Versuche zu Annonay war die Maschine der Brüder Montgolfier weit höher gestiegen, und hatte zum wenigsten eine Höhe von 500 Meter erreicht. Dennoch war sie bei weitem nicht so regelmäßig gebaut, als die letztere; es mußte also das Aufsteigen dieser letzteren durch irgend eine Ursache gehindert worden sein. Denn ein so mächtiges Schauspiel sie auch darstellte, so kam sie doch nicht höher als 120 Meter.

Diese Ursache, welche von den Zuschauern niemand außer einigen sehr nahe dabeistehenden Personen bemerkt hatte, war gleichwohl denjenigen, welche die Maschine regiert hatten, sehr wohl bekannt. Ein starker Windstoß, der die Kugel gerade zu der Zeit getroffen hatte, da ihre so große Oberfläche der Luft frei ausgesetzt war, hatte diejenigen, welche sie halten sollten, genötigt, alle ihre Kräfte anzustrengen; durch diese gewaltsame Anstrengung und die dagegen wirkende Kraft des Windes und der aufwärtsstrebenden Maschine, waren in dem oberen Teil der Kugel, wo die Leinwand nach einer nicht ganz regelmäßigen Richtung aneinander genäht war, zwei 3 Meter lange Löcher gerissen worden. Da der Versuch den Umständen nach keinen Aufschub leiden konnte, war es nicht mehr Zeit, diesem Unfalle abzuhelfen: doch faßte man noch in der Geschwindigkeit den Entschluß, eine viel größere Masse von Dämpfen zu entbinden, und so hob sich die Maschine nichtsdestoweniger mit der größten Geschwindigkeit, ohne durch die daranhängende Last im geringsten gehindert zu sein.

Da aber durch die beiden Risse im oberen Teile der Kugel die erhitzte Luft herausging und an deren Stelle atmosphärische Luft eintrat, mußte dies notwendig das weitere Aufsteigen hindern. Hieraus entstand auf einige Augenblicke ein völliges Gleichgewicht; die Maschine, welche diese kurze Zeit über weder stieg noch sank, war daher sehr schön zu sehen, und machte durch diesen Stillstand den Zuschauern das größte Vergnügen; sobald aber noch mehr Dämpfe verloren gingen, sank die Kugel so langsam und ruhig nieder, daß man sogleich urteilen konnte, sie würde, wenn sich Menschen auf ihr befunden hätten, dieselben nicht im geringsten in Gefahr gesetzt haben.

Zwei Jäger, welche nur zehn Schritte weit von dem Orte gestanden hatten, wo der Ballon niedergefallen war, versicherten, er sei äußerst langsam herabgesunken, und habe sich sehr sanft zusammengelegt. Sie sagten, einen Augenblick vorher, ehe er die Erde berührt habe, sei er über einen großen Holzstoß, den sie auch zeigten, hinweggegangen; hier sei der lange Strick, an welchem der Käfig hing, am Holze hängen geblieben und zerrissen, ohne daß jedoch das Schaf und die übrigen Tiere die geringste Beschädigung erlitten hätten.

So vollkommen auch der Versuch zu Versailles jedermann zufriedengestellt hatte, so war doch die Hülle durch die Elastizität der erhitzten Luft an ihrem oberen Teile zerrissen und dadurch verhindert worden, so hoch, als sie sollte, zu steigen. Montgolfier entschloß sich daher, eine zweite noch größere und viel festere Hülle anzufertigen.

Man nahm sich bei Verfertigung dieses Ballons alle nötige Zeit und gebrauchte alle Vorsicht. Am 10. Oktober war er fertig. Seine Gestalt war eirund; die Höhe betrug 22, der Durchmesser 15 Meter. Sein oberer Teil war mit einem Kranze von französischen Lilien umgeben, und darunter mit den zwölf Zeichen des Tierkreises in Goldfarbe verziert; den mittleren Teil nahm der Namenszug des Königs mit Sonnen abwechselnd, ein; unten waren Larven, Kränze und Adler mit ausgebreiteten Flügeln angebracht, welche diese mächtige lasurblau angestrichene Hülle in ihrem Fluge zu tragen schienen.

An den unteren Teil der Maschine war mit vielen Stricken eine kreisrunde von Weidenruten geflochtene Galerie angehängt und mit Leinwand überkleidet, auf welche man Draperie und andere Verzierungen gemalt hatte. Diese Galerie war ungefähr 1 Meter breit, und hatte zur Rechten und Linken eine meterhohe Brustlehne; sie unterbrach oder hinderte nicht im geringsten die ungefähr 5 Meter weite Öffnung im unteren Teile der Hülle, welcher sie vielmehr zur Verlängerung diente. Mitten in dieser Öffnung hing an Ketten eine große Kohlenpfanne aus starkem Eisendraht, in welcher die auf der Galerie befindlichen Personen mit ihren Vorräten von Stroh usw. leicht so viel erhitzte Luft, als sie wollten, entbinden konnten.

Dieser Ballon wog so, wie ich ihn beschrieben habe, wenigstens 1600 Pfund. Man hatte die Vorsicht gebraucht, das Publikum im Journal de

Paris vom 11. Oktober zu benachrichtigen, daß die bevorstehenden Versuche ganz eigentlich die Wissenschaft betrafen und daher zwar höchst wichtig für die Naturlehre, aber keineswegs belustigend und unterhaltend für Zuschauer sein würden, welche die bloße Neugier anlockte.

Diese Vorsicht hatte man für nötig gehalten, um sich nicht der allgemeinen Neugier auszusetzen, noch ehe man den Erfolg mit Zuverlässigkeit bestimmen konnte. Bei einer solchen Gelegenheit erforderte die Klugheit sowohl als das Interesse der Sache selbst, daß man ganz ruhig und ohne Störung, mit Leuten, die im Experimentieren geübt waren, zu Werke gehen konnte; denn bei diesem Versuche mußten sich natürlicherweise Schwierigkeiten finden. Man weiß, daß man mit weit größerer Zuversicht arbeitet, wenn man über den Erfolg, der oft von dem geringfügigsten Umstande abhängt, ganz ruhig sein kann; wenn aber jedermann Ratgeber sein will und alle Welt mit arbeiten hilft, so wird die Erregung stärker; man ist außerstande, ein ruhiges Urteil über die Operationen zu fällen, und setzt eine Art von beunruhigendem Stolz darauf, die Sache gelingen zu sehen.

Dennoch konnte dieser kluge Vorsatz nur bis zu einem gewissen Grad ausgeführt werden. In einer Stadt, wie Paris, gibt es mancherlei Umstände, welche nicht allezeit gestatten, dasjenige auszuführen, was man beschlossen hat. Sobald man von Versuchen hörte, lief alles zu; und da man im ersten Anfange einigen Personen von hohem Range, welche dahin kamen, den Zutritt nicht versagen konnte, so machten sich andere dies zunutze und gebrauchten allerhand Mittel, um zugelassen zu werden; und endlich wurden aus den Proben, die man nur vor einer gewissen Anzahl ausgewählter Freunde hatte anstellen wollen, feierliche Versuche vor den Augen des ganzen Publikums.

Mittwoch den 15. Oktober äußerte Pilatre de Rozier, der schon bei mehreren Veranlassungen Proben seiner Einsicht und seines Muts bei gefährlichen Versuchen abgelegt und schon sein Leben deswegen in Gefahr gesetzt hatte, den lebhaften Wunsch, sich wo möglich auf eine größere Höhe erheben zu lassen und stellte sich in dieser Absicht auf die Galerie. Der Ballon wurde fertig gemacht: er ging mit völlig ungestörtem Gleichgewicht seiner Teile in die Höhe und stieg so hoch, als die Seile reichten, mit denen man ihn zurückhielt, d. i. ungefähr 25 Meter. In dieser Höhe blieb er 4 Minuten 5 Sekunden lang, ohne daß Pilatre de Rozier die geringste Unbequemlichkeit empfunden hätte.

Das wichtigste bei diesem Versuche war, daß er alle über einen Umstand beruhigte, der sonst jedermann in Besorgnis gesetzt hatte, nämlich über die Art des Herabfallens der Maschine bei verminderter Füllung. - Man sah deutlich, daß sie nicht fiel, sondern langsam herabsank, dabei immer gespannt blieb, auch, nachdem sie die Erde berührt hatte und durch das Absteigen Pilatre de Rozier erleichtert worden war, sich von neuem wieder auf eine gewisse Höhe erhob.

Freitag den 17. Oktober wiederholte man dieselben Versuche; die Begierde, sie zu sehen, war so groß, daß der Zulauf aufs äußerste stieg; schwerlich kann man sich eine glänzendere Versammlung denken. Aber ein widriger Wind hinderte den guten Erfolg der Versuche, und obgleich Pilatre de Rozier fast ebenso hoch als am Mittwoch gehoben wurde, so wurde doch die Maschine durch den Wind und den Widerstand der Seile, die sie zurückhielten, angegriffen, hielt sich nicht so gut, und brachte keine so schöne Wirkung hervor, als beim vorhergehenden Versuche. Hierbei sah man, wie sehr es zu wünschen gewesen wäre, daß man der Neugier des Publikums widerstanden hätte. Wenn ein Versuch von Personen gesehen wird, welche mehr aus Neugier als aus Verlangen nach Belehrung dazukommen und welche fordern, daß alles zu ihrem Vergnügen und zu ihrer völligen Befriedigung ausschlagen soll, so ist er oft dem Fortgange einer Entdeckung mehr schädlich als nützlich, denn das Publikum berechnet niemals die Mühe und die vielfältigen Sorgen, die ein solcher Versuch einem Erfinder gekostet hat. Zum Glück hatte Montgolfier den Sonntag darauf einen sehr heiteren Tag gewählt, um neue Versuche anzustellen, welche die allmählichen, aber doch schnellen Fortschritte dieser Maschine unter den Händen ihres Erfinders auf die zuverlässigste Weise bestätigten.

Der Ballon stieg nochmals mit Pilatre de Rozier und einem neuen Reisegefährten, Giroud de Vilette, in die Höhe. Da man längere Seile genommen hatte, so erreichte er jetzt eine Höhe von 108 Meter und blieb in derselben wenigstens neun Minuten lang im vollkommensten Gleichgewichte stehen. Es war ein sehr sonderbares und großartiges Schauspiel, Menschen zum erstenmal in einer solchen Höhe ohne Gefahr und Unruhe schweben zu sehen!

Der Ballon rief in dieser Stellung eine erhabene und überraschende Wirkung hervor; er stand über Paris, und konnte von allen umliegenden Gegenden her gesehen werden; seine Größe schien den Zuschauern in dem Garten, wo der Versuch angestellt ward, nicht vermindert, aber die Menschen waren kaum mehr zu erkennen. Nur durch Fernrohre entdeckte man Rozier, der mit ebensoviel Einsicht als Eifer beschäftigt war, aufs neue erhitzte Luft zu erzeugen.

Als die Kugel wieder herabgekommen war, versicherten beide, daß sie nicht die geringste Beschwerlichkeit dabei empfunden hätten, und erhielten von allen Zuschauern den lauten Beifall, den ihr Eifer und ihr Mut verdienten. Der Marquis d'Arlandes, ein Infanterieoffizier, nahm nunmehr den Platz von Giroud de Villette ein und stieg von neuem mit Pilatre de Rozier in die Höhe. Dieser letzte Versuch ging ebenso glücklich von statten, als der vorhergehende; und hätte man den Ballon nicht zurückgehalten, so würde er eine Höhe von wenigstens 400 Meter erreicht haben.

Pilatre de Rozier hatte bei diesen verschiedenen Versuchen eine Geistesgegenwart und eine Geschicklichkeit in den Handgriffen, welche die Montgolfiere erforderte, gezeigt, die ihn zu der Ehre berechtigten, den öffentlichen Versuch zu wagen, den man am 21. November, 8 Minuten nach Mittag, auf dem Hofe des Schlosses La Muette (wo der Dauphin erzogen wurde) anstellte. Der Himmel war um diese Zeit hier und da mit Wolken bedeckt und der Wind blies von Nordwest. In 8 Minuten nach dem ersten gegebenen Zeichen war die Maschine in reisefertigem Zustande; der Marquis d'Arlandes und Pilatre de Rozier bestiegen die für sie bestimmte Galerie; die Maschine erhob sich ein wenig, wurde aber vom Winde auf eine Allee des Gartens getrieben; und, weil die Stricke, woran sie befestigt war, bei diesem Zufalle zu stark wirkten, bekam sie einige große Risse und mußte zurückgebracht und ausgebessert werden. Um 1 Uhr 54 Minuten war alles wieder in Ordnung. Die Maschine erhob sich von neuem mit den nämlichen Personen und diesmal auf eine sehr majestätische Art; sie entschwand bald den Augen der Zuschauer, die ihr mit ängstlicher Bewunderung nachsahen, stieg bis zu einer Höhe von wenigstens 1000 Meter, ging über die Seine und konnte, da sie zwischen der Ecole Militaire und dem Hotel des Invalides durchging, von ganz Paris gesehen werden. Die beiden Luftschiffer, befriedigt von diesem Versuch und gesonnen nicht weiter zu gehen, machten Anstalt zum Herabsteigen. Wie sie aber gewahr wurden, daß der Wind sie auf die Häuser der Rue de Seve in der Vorstadt St. Germain treibe, entwickelten sie mit aller möglichen Kaltblütigkeit von frischem erhitzte Luft, entgingen dadurch der Gefahr und stiegen wieder höher; ließen sich aber doch bald jenseits des neuen Walles im freien Felde nieder, wiewohl sie noch zwei Drittel von ihrem Vorrate (um Feuer zu machen) in ihrer Galerie hatten, und also, wenn sie gewollt hätten, noch eine dreimal so weite Reise hätten machen können. Die Länge ihrer Fahrt betrug 2000–2500 Meter, die Zeit, die sie dazu gebrauchten, 20–25 Minuten, und das Gewicht, das der Ballon in die Höhe zog, war zwischen 1600 und 1700 Pfund. So glücklich endete also die erste Fahrt, die der Mensch mit einem Luftschiff unternommen hat! Der nächste große Fortschritt in der Luftschiffahrt knüpfte sich wieder an den Namen Charles. Derselbe brachte bei seinem Ballon zum erstenmal ein Ventil an, um das von ihm Verwandte Wasserstoffgas nach Belieben auslassen zu können, und das „Anhängsel".

Die Maschine war kugelförmig, faßte 8 Meter im Durchmesser und verdrängte ungefähr 800 Pfund Luft aus der Stelle. Die obere Halbkugel bis an den größten Kreis, der beim Aufsteigen in eine horizontale Lage kam, war mit einem Netze von Seilen überdeckt. Von diesem Netze hing gleichfalls an Seilen eine Art von Boot herab, um die mit aufsteigenden Personen aufzunehmen. Am unteren Ende der Kugel befand sich eine in das Innere hineingehende Röhre von 2 Meter, die bis in das Boot hineinreichte, deren offenes Ende von den Luftfahrern in der Hand gehalten wurde, um dem Wasserstoffgas, wenn es sich allzusehr ausdehnte, einen Ausgang zu öffnen und dadurch das Zerplatzen der Kugel verhüten zu können. Außerdem hatte man an dem einen Ende des Boots ein Barometer und ein Thermometer angebracht.

In dem obersten Teile der Hülle war mittels eines Scharniers ein Ventil angebracht, das mit einer Feder versehen war, durch welche dasselbe fest an die innere Oberfläche des Balles eingedrückt wurde. Von diesem Ventil ging noch ein Faden mitten durch die Kugel und durch ihre untere Öffnung, an dem die Luftfahrer ziehen konnten, wenn sie wollten. Es diente dieses Ventil vorzüglich dazu, die Maschine willkürlich zum Fallen zu bringen. So oft der Faden angezogen wurde, drängte sich ein Teil des Wasserstoffgases vermittelst seiner spezifischen Leichtigkeit durch die Öffnung des Ventils und die Maschine mußte so lange fallen, als das Ventil angezogen blieb. Allein sobald man den Faden nachließ, wurde das Ventil von der Feder wieder fest an die Hülle angedrückt und die Hülle blieb gefüllt. Die untere Öffnung des Ballons war mit keinem Ventil versehen und blieb ganz offen. Diese ganze Einrichtung war bei der Maschine neu und von Charles erfunden.

Zur Füllung des Ballons, welche den 27. November anfing, bediente man sich einer Anzahl von 20 runden Fässern, welche um ein großes

Gefäß im Kreise herumstanden, und mit demselben durch Leitungsröhren verbunden waren. Jedes der Fässer war auf seiner Oberfläche mit zwei Öffnungen versehen, durch deren eine man Vitriolsäure und Eisenfeile hineingoß, und an die andere war eine zuerst blecherne und bald nachher bleierne Röhre befestigt, die an einem Ende offen war. Alle diese am Ende aufwärts gekrümmten Röhren kamen gegen den Mittelpunkt des Gefäßes zusammen, wo sich eine gläserne, gleichfalls mit Wasser gefüllte Glocke befand, die sich oben in eine Röhre endigte. Das in allen Fässern erzeugte Wasserstoffgas sammelte sich unter dieser Glocke, ging zur obersten Röhre hinaus und wurde durch diesen Weg in die Kugel geführt. Das Füllen dauerte drei Tage und drei Nächte, und nahm allein nicht weniger als die Hälfte aller Unkosten weg, woraus man sieht, wie sehr damals noch die ganze Kunst in ihrer Kindheit war.

Der Unterschied zwischen dem Ballon von Charles und dem von Montgolfier konnte kaum größer sein als er war. Da eine genaue Darstellung der Verfahrungsart des Physikers Charles nicht hierher gehört, so begnüge ich mich bloß, ihre Verschiedenheit von der Montgolfierischen kurz anzuzeigen.

Die spezifische Leichtigkeit des Wasserstoffes, dessen sich Charles am 1. Dezember zur Ladung seines Balls bediente, verhielt sich zur atmosphärischen im Gewichte wie 1 zu 5 ½. Dieses Verhältnis bleibt in allen Graden der Ausdehnung. beider Luftarten; und da vermöge desselben das Verfahren im Auf- und Absteigen sich auf Kombinationen gründet, die einer hinlänglich genauen Berechnung fähig sind, so ist die vollkommene Sicherheit von Charles und seinem Reisegefährten in einem Elemente, welches vor ihnen nur von geflügelten Wesen mit solcher Zuversicht befahren wurde, begreiflich. Alles dies stellt sich ganz anders, wenn der Ballon nach der Montgolfierischen Weise behandelt wird. Der aus brennendem, feuchtem Stroh und Wolle erzeugte Dampf ist, wie die Versuche des berühmten Genfer Naturforscher Saussures beweisen, soweit entfernt spezifisch leichter zu sein als die atmosphärische Luft, daß er vielmehr bei gleicher Temperatur um ein beträchtliches schwerer ist. Das, was also den Montgolfierschen Ballon steigen machte, ist bloß das Feuer, das diesen Rauch in die möglichste Verdünnung setzt. Da er aber, sobald dieses aufhört, sich wieder verdichten und seine erhaltene spezifische Leichtigkeit verlieren würde, so muß er durch ein beständig genährtes Feuer in der Verdünnung erhalten werden, die das Steigen ganz allein bewirkt und den Ballon eine

Zeitlang in der Luft erhalten kann. Wie gefährlich es aber sein muß, 150 Meter hoch in freier Luft, in einer aus lauter sehr leicht feuerfangenden Materien zusammengepappten Maschine, ein beständiges Feuer zu unterhalten; wie schwer oder vielleicht gar unmöglich es war, nie über den Grad von Hitze und Ausdehnung, den sie ertragen kann, hinauszukommen; und wie leicht also die Hülle, zumal auf einer beträchtlichen Luftreise, bei einer so unsicheren Verfahrungsart beschädigt werden oder auch (besonders wenn sie sehr groß ist und eine Last von vielen Zentnern mit sich schleppen soll, folglich desto stärker geheizt werden muß) gar in Brand geraten könne: alles dies fällt einem jeden von selbst in die Augen, und es würde ohne die moralischen Ursachen, welche dabei im Spiele sind, unbegreiflich fein, wie man sogar nach den Versuchen vom 21. November und 1. Dezember noch eigensinnig genug war, die entschiedenen Vorzüge der Verfahrungsart des Physikers Charles zu verkennen, um gegen Vernunft und Erfahrung Recht behalten zu wollen.

Der Ballon des letzteren hingegen und die Art wie er ihn behandelte, war ebenso einfach als sicher. Eine bestimmte Quantität Wasserstoffgas, womit ein Ball gefüllt ist, ein gewisses Quantum Ballast, vermittelst dessen man sich nach Erfordernis der Umstände in der gehörigen spezifischen Leichtigkeit erhalten kann, und ein paar Luftklappen, um dem zu sehr ausgedehnten Gase den nötigen Ausgang zu verschaffen, ist alles, was erfordert wird, den in seiner Neuheit so erstaunlichen und in seinen Ursachen so simpeln und unfehlbaren Effekt hervorzubringen. Die Kugel konnte nicht eher steigen, als bis sie leichter war als das Volumen von Luft, dessen Platz sie einnahm; daher mußte sie im Momente der Abreise um einige Pfund Ballast erleichtert werden. Sie stieg nun, sowie der Druck der atmosphärischen Luft abnahm und das im Ball eingeschlossene Gas weniger Widerstand erfuhr; und sie hörte nicht eher auf zu steigen, bis sie sich in einer Höhe von 167–168 Meter (nach einer auf die barometrischen Beobachtungen der Luftfahrer gegründeten Berechnung) mit der äußeren Luft beinahe im Gleichgewicht befand. Ich sage „beinahe", weil die Kunst, in der äußeren Luft gleichsam vor Anker zu liegen und eine Zeitlang in völligem Gleichgewichte Station zu halten, eine Sache ist, die nur durch oft wiederholte Versuche und eine Menge Beobachtungen, deren Resultate die Regeln des Verfahrens geben müssen, gefunden werden konnte. Die Hülle erlitt indessen einen doppelten Verlust an Gas: einmal, weil der Überzug von Taft, ungeachtet des elastischen Harzes, nicht Dichtigkeit genug hatte, das unmerkliche Verfliegen dieses äußerst flüchtigen Stoffes zu verhindern; und dann, weil das Gas durch die Sonnenstrahlen, die den Ball eine Stunde lang beschienen und erwärmten, so stark ausgedehnt wurde, daß es sich vermutlich mit Gewalt einen Ausgang verschafft hätte, wenn die Einrichtung der Maschine und die Aufmerksamkeit des Führers Charles diesem Zufalle nicht zuvorgekommen wären. Eine solche gewaltsame Explosion des sich zu sehr ausdehnenden Gases (welche die Folge von verschiedenen Ursachen sein kann) schien die einzige oder doch die größte Gefahr zu sein, der diese Art in der Luft zu reisen ausgesetzt war. Aber eben deswegen hatte man sie vorher gesehen und, außer der Öffnung des sogenannten Appendix, oben und unten eine Luftklappe angebracht, wodurch man im Notfalle so viel Gas auf einmal herauslassen konnte, daß keine dem Ballon selbst verderbliche Explosion zu befürchten war. Dieser starke Verlust an Gas zog unmittelbar eine Verminderung an spezifischer Leichtigkeit der Maschine nach sich, welche aber sogleich wieder hergestellt wurde, indem man sie nach Befinden wieder um ein gewisses Quantum Ballast erleichterte. Oft wiederholte Versuche und darüber gemachte Verrechnungen mußten auch hierin alles nach Maß, Zahl und Gewicht bestimmen lehren; genug, Charles war schon bei seinem zweiten Experimente im großen durch dieses so einfache Mittel imstande, seinen Aufenthalt in der Luft nach Gutbefinden zu verlängern, und aus einer bedeutenden Höhe so langsam und sanft, als er nur wünschen konnte, wieder auf die Erde herab zu schweben.

So hat der Physiker Charles die Form des Luftballons erfunden, wie sie im wesentlichen noch heute (abgesehen natürlich von den lenkbaren Luftschiffen und den Flugmaschinen) üblich ist. Und es muß erstaunlich erscheinen, daß es gleich im Anfang gelang, alle jene Vorrichtungen zu schaffen, durch die jenes Ziel erreicht wurde, das die Menschheit Jahrtausende hindurch vergeblich erstrebt hatte. Der Ruhm der Brüder Montgolfier und des Physikers Charles werden unvergänglich bleiben, so lange es eine Geschichte und eine Menschheit geben wird!

Das Jahr 1783 ging zu Ende. Es zählte vier Luftreisende, die ersten von allen; aber das folgende Jahr steigerte diese Zahl schon auf zweiundfünfzig und wir bemerken darunter Montgolfier in Lyon, Guyton-Morveau in Dijon, den Herzog von Chartres (Ludwig Philipps Vater) in Saint-Cloud und den Prinzen Karl von Lignes in Lyon. Seit jener Zeit haben denn in immer wachsender Menge Aeronauten aller Nationen miteinander gewetteifert.

Die Gesamtsumme der in Europa und Amerika bis zum Jahre 1870 ausgeführten Luftfahrten beläuft sich allein auf mehr als 3500 und der Nekrolog zählte 15 Tote. Das erste Opfer der neuen Kunst war Pilatre de Rozier, derselbe, der den Ruhm hat, der erste Luftschiffer zu sein. Am 16. Juni 1785 erhob er sich mit einem Gefährten in einer Montgolfiere. Nachdem der Ballon hochgestiegen war, sahen die erschreckten Zuschauer ein wenig Rauch und fast im nämlichen Augenblick eine sehr helle Flamme am obersten Teil der Kugel. Das Feuer dauerte höchstens 15 Sekunden, und nun fiel die Montgolfiere und die Galerie erst langsam, dann aber mit der größten Schnelligkeit. Die beiden Unglücklichen wurden aufs gräßlichste zerschmettert aufgefunden. Pilatre de Rozier war auf der Stelle tot, sein Gefährte gab noch einige schwache Lebenszeichen und verschied nach 10 Minuten.

Die Gefährlichkeit der durch erhitzte Luft getragenen Montgolfiere war damit aufs traurigste dargetan. Niemand konnte sich mehr der Einsicht verschließen, daß die Zukunft dem Wasserstoff-Ballon gehörte, und in der Tat benutzte auch kaum noch jemand die Montgolfiere. Hatte sie doch obendrein die französische Regierung sogar verboten.

Die höchsten Ballonfahrten

Bis zu welcher Höhe ist die Luft noch dicht genug, um den Lungen des Menschen die zum Leben erforderliche Menge von Sauerstoff wenigstens für einige Augenblicke zu gewähren? Bergbesteiger haben diese Grenze noch nicht erreicht, weil für sie zu der Schwierigkeit, die hinreichende Luftmenge zu finden, noch die Anstrengung des Steigens kommt, und die höchsten Gipfel des Himalaya und der Anden sind noch bis heute unentweiht vom Fuße des Menschen.

Nur Luftschiffer haben mit Hilfe der Ballons, welche sie trugen, in Höhen emporzusteigen vermocht, die selbst der Kondor kaum erreicht. Im Jahre 1804 hatte sich Gay-Lussac bis zu 7016 Meter erhoben, im Jahre 1858 erreichten Rush und Green sogar die Höhe von 8173 Metern. Aber das alles sind noch Höhen, die den höchsten Gipfeln unserer Gebirge noch gleichkommen. Am 5. September 1862 unternahmen die Engländer Glaisher und Coxwell eine Luftschiffahrt, bei der sie entschlossen waren, so lange zu steigen, als es nur irgend die Sicherheit ihres Lebens gestatten würde. Hören wir den eigenen Bericht Glaishers!

„Die Fahrt war infolge ungünstiger Witterung lange verzögert worden. Endlich um Mittag des genannten Tages oder genauer um 1 Uhr 3 Minuten nachmittags stiegen wir auf. Die Temperatur der Luft betrug 15 Grad Celsius und die des Taupunktes 10 Grad. In der Atmosphäre schwebten leichte Dünste, welche um so dichter wurden, je weiter wir uns von der Erde entfernten, während gleichzeitig die Temperatur fiel. In einer Höhe von 1609 Meter betrug die letztere nur noch 5 Grad, während der Taupunkt 3 Grad zeigte.

10 Minuten nach unserer Abfahrt schwammen wir in einem undurchdringlichen Wolkenchaos, so daß wir in förmliche Finsternis gehüllt waren. Allmählich jedoch lichtete sich dieselbe wieder, bis wir um 1 Uhr 17 Minuten uns auf einmal von blendendem Sonnenglanz überflutet sahen.

Über unseren Häuptern hatten wir den strahlenden Azur des

Firmaments, und unter uns lag ein unabsehbares Wolkenmeer in Gestalt von Hügeln, Gebirgsketten und aufragenden Spitzen, auf denen eine Schneedecke lag, so leuchtend und jungfräulich, als jemals auf einem Gletscher der Hochalpen.

Ich versuchte, diese Landschaft mit einem photographischen Apparate aufzunehmen; wir stiegen jedoch mit zu großer Schnelligkeit, als daß der Versuch hätte gelingen können. Wäre es möglich gewesen zu warten, bis der Ballon stand, so würde ich diese wunderbare, himmlische Landschaft mit auf die Erde gebracht haben; denn ich hatte einige sehr empfindliche (mit trockenem Kollodium überzogene) Platten zur Verfügung, die bei einer solchen Überfülle von Licht sicherlich nur eines Augenblickes bedurft hätten, um ein wirkliches Bild zu erzeugen.

Um 1 Uhr 21 Minuten hatten wir eine Höhe von 3218 Meter erreicht. Wir waren folglich mit einer durchschnittlichen Geschwindigkeit von 200 Meter in der Minute gestiegen. – Aber nun begann sich auch die Erde wiederum durch die mannigfachen Zwischenräume zu zeigen, welche bei unserer fortgesetzten Auffahrt in den Wolken hervortraten.

Die Temperatur war auf 0 Grad gesunken und die Luft außerordentlich trocken. Um 1 Uhr 28 Minuten hatten wir uns auf 4800 Meter, also fast zur Höhe des Montblanc erhoben. Es war das Werk von 25 Minuten. Aber wie viele Mühen und wie viel Zeit würde der Alpensteiger haben daran setzen müssen, um das gleiche Ziel zu erreichen! Wir fühlten keinerlei Beschwerde und hätten stundenlang in dieser Höhe schweben können, – wenn wir nicht den Ehrgeiz gehabt hätten, noch weiter zu steigen.

Das Thermometer mit feuchter Kugel begann inzwischen fast unbrauchbar zu werden, denn es bezeichnete den wirklichen hygrometrischen Zustand der Luft nicht mehr in entsprechender Weise. Es bildete sich nämlich Eis auf dem Instrumente, und man weiß, daß dieser Prozeß stets von einer gewissen Wärmeentwicklung begleitet ist. Sobald das Eis sich einmal gebildet hat, strömt es Dünste aus, als sei das Wasser noch flüssig, und die Beobachtungen liefern folglich so ziemlich das gleiche Ergebnis wie vorher.

Die Luftschichten um uns her enthielten wenig Ozon. Schönbeins reagierendes Papier zeigte sogar Null.

Um 1 Uhr 34 Minuten bemerkte ich, daß Coxwell allmählich ermattete. Kein Wunder, denn er war während der ganzen Zeit mit der Lenkung und Überwachung des Ballons beschäftigt gewesen.

Um 1 Uhr 39 Minuten erreichten wir 6437 Meter, d. h. die Höhe des Chimborasso. Das Thermometer zeigte 13 Grad Celsius unter Null. Wir warfen rasch Sand aus, um weiter bis zur Höhe des Dawalagiri aufzusteigen. Eine Kälte von 19 Grad Celsius (etwas über 15 Grad Reaumur) umgab uns.

Wir waren bis zu derjenigen Temperatur gelangt, in welcher die Physiker für gewöhnlich die Grenze der thermometrischen Exkursionen (sehr seltene Winter ausgenommen) erblicken. Kaum dreiviertel Stunde früher hatten wir noch auf fester Erde die milde Luft geatmet, um derenthalben Altenglands Herbsttage so gepriesen sind.

Bis jetzt hatte ich meine Bemerkungen ohne Schwierigkeit niedergeschrieben, während meinen Begleiter, wie schon gesagt, die Kräfte zu verlassen begannen. Es dauerte jedoch nicht lange, so ward es mir selbst unmöglich, die Quecksilbersäule des Thermometers, die Zeiger der Uhr oder die Gradabteilungen irgendeines meiner Instrumente zu erkennen. Ich bat Coxwell mir behilflich zu sein, allein infolge der wirbelnden Bewegung des Ballons, welche seit unserer Fahrt nicht aufgehört hatte, war das Seil des Ventils in Verwirrung geraten, und Coxwell mußte daher aus der Gondel auf den Reifen steigen, um dasselbe wieder zu ordnen. Ich wendete meine Aufmerksamkeit von neuem dem Barometer zu. Aber es galt alle Energie der Seele gleichsam im Auge zusammenzudrängen, bis ich mich endlich aus dem Stande des Instruments überzeugte, daß wir die ungeheure Höhe von 11000 Meter erreicht hatten.

Erschöpft wollte ich mich mit dem rechten Arme auf den Tisch stützen. Ich vermochte es nicht. Dieser Arm, der soeben noch seine ganze Stärke besaß, hing machtlos, wie gebrochen herab. Ich versuchte den linken Arm zu gebrauchen; – er war in gleicher Weise gelähmt. Ich suchte nun den ganzen Körper zu bewegen, und dies vermochte ich wirklich bis zu einem gewissen Punkt, wiewohl ich eine Empfindung hatte, als besitze ich keine Glieder mehr. Sofort richtete ich die Blicke wieder auf das Barometer; allein während mein Auge noch die Ziffern suchte, sank mir der Kopf auf die linke Schulter, und mein Rücken lehnte am Rand der Gondel. Es war klar: die Lähmung griff weiter um sich. Hatte ich mich bis dahin stets noch wenigstens über alle Bewegungen des Rückgrats und des Halses vollkommen Meister gefühlt, so war ich nun jedweder, auch der leichtesten Regung unfähig geworden. Coxwells Gestalt verschwand mir zum Schatten, und als ich versuchte mit ihm zu sprechen, versagte selbst die Zunge den Dienst. Gleich darauf umhüllte mich dichte Finsternis; der Sehnerv hatte seine Kraft verloren. Dennoch besaß ich die vollste geistige Klarheit, und mein Hirn war ebenso tätig als jetzt, da ich diese Zeilen schreibe. Ich glaubte, nur ein augenblickliches Verlassen der todbringenden Regionen könne mich retten. Zugleich drängte sich eine Menge anderer Gedanken heran, plötzlich aber verdunkelte sich mein Bewußtsein, wie wenn ein tiefer Schlaf mich umfinge. Vom Gehörsinn kann ich nicht sprechen, denn das Schweigen, welches in jenen Fernen herrscht, ist ein so tiefes, daß kein Laut mehr das Ohr erreicht.

Meine letzte Notiz machte ich 1 Uhr 54 Minuten, in einer Höhe von 10980 Meter. Ich glaube, es vergingen 1 oder 2 Minuten, ehe meine Augen aufhörten, die kleinen Einteilungen des Thermometers zu sehen, und es war sonach höchstens 1 Uhr 57 Minuten, als ich in den Schlaf versank, der ewig sein konnte.

Plötzlich hörte ich die Worte „Temperatur" und „Beobachtung". Ich merkte, daß Coxwell mit mir sprach. Aber ihn zu sehen, vermochte ich nicht, und noch weit unmöglicher war es mir, ihm zu antworten oder mich zu bewegen. „Versuchen Sie es jetzt!" rief er mir zu, „versuchen Sie es!". Ich erkannte nun undeutlich die Instrumente, bald auch die anderen Gegenstände und jetzt erhob ich mich schwer und langsam, als wenn ich einen Alp von mir abschüttelte. „Ich war ohnmächtig geworden", sagte ich. „Allerdings", antwortete Coxwell, „und es hätte nicht viel gefehlt, so wär ich es auch geworden."

Während er auf dem Reifen gesessen, war er plötzlich von einer furchtbaren Kälte gepackt worden, zugleich hatte sich dickes Eis auf den Stricken und um die Mündung des Ballons gelagert. Außerstande, sich seiner Hände zu bedienen, mußte er sich auf den beiden Ellbogen in die Gondel herabgleiten lassen, und als er mich hier zurückgelehnt sitzen sieht, in den Zügen den Ausdruck heiterer Ruhe, glaubt er, ich sammle mich eben, und redet mich an.

Aber ich schweige; mein Kopf und meine Arme hängen herab; ich liege in tiefer Ohnmacht. Er versucht umsonst, sich mir zu nähern. Nun will er schleunig das Ventil öffnen, um den Ballon in mildere Regionen hinabzuführen. Doch die starren Hände widerstreben, und erst als es ihm gelingt, das Seil mit den Zähnen zu fassen, vermag er des Ventils Herr zu werden.

Um 2 Uhr 17 Minuten nahm ich meine Beobachtungen wieder auf. Ich darf annehmen, daß ich im ganzen 7 Minuten lang ohnmächtig gewesen war und bitte dies wohl zu beachten, weil ich, auf diese Annahme gestützt, sogleich einige Schlüsse ziehen werde, die nicht ohne Interesse sind. Einige Zeit vor dem Einfall bemerkte ich nämlich, daß das Wasser, welches ich zum Befeuchten des Thermometers verwendete, gefrieren wollte, und ich suchte dies dadurch zu verhindern, daß ich es umrührte. Während meiner Ohnmacht war das Gefrieren wirklich eingetreten; denn als ich erwachte, fand ich nur noch einen festen Eisblock vor, den ich aus dieser Höhe, bis zu welcher noch kein Sterblicher emporgedrungen war, mit auf die Erde herunterbrachte.

Meine Ohnmacht blieb übrigens ohne jede Folge. Wir ließen (um dies voraus zu bemerken) uns in einer von allem Verkehr entlegenen Gegend nieder, so daß ich den Wagen, die uns suchten, entgegengehen mußte, und ich legte eine Strecke von ziemlich 2 geographischen Meilen mit einer Leichtigkeit zurück, als ob mir nicht das mindeste zugestoßen wäre.

Der Wind war mittlerweile nach Osten umgesprungen. Unsere Niederfahrt aber erfolgte mit einer so beunruhigenden Schnelligkeit, daß wir uns um 2 Uhr 30 Minuten genötigt sahen, Sand auszuwerfen. Die Leinenhülle, welche die Kugel des sogenannten nassen Thermometers befeuchtete, schien mir jetzt völlig eisfrei zu sein. Als ich diese jedoch zwischen Daumen und Zeigefinger nahm, überzeugte ich mich, daß noch immer ein kleiner Niederschlag von Eis zu spüren war. Es ist von Wichtigkeit, sich in dieser Hinsicht unzweifelhafte Gewißheit zu verschaffen; denn so lange das Eis noch nicht gänzlich geschmolzen ist, beharrt die Feuchtigkeit, welche die Kugel des Thermometers umgibt, in einer Temperatur von Null Grad. Die Angaben des betreffenden Instrumentes sind daher ebenso unsicher, wenn das Eis sich auflöst, als wenn es sich bildet; es ist nur eine Art Notbehelf, wenn man zur möglichsten Minderung dieser Unsicherheit das Thermometer an den Mund hält und dadurch das Schmelzen des Eises beschleunigt. Moffats Ozonometer zeigte 6 Grad; der Ozongehalt der Luft nahm daher in eben dem Maße ab, als er beim Aufsteigen gewachsen war.

Unsere Landung fand auf einer prärieartigen Wiese bei Coldweston, 7 ½ englische Meilen von Ludlow, statt. Meine letzte Notiz verzeichnete ich in der Höhe der erhabensten Bergspitze der Erde, des Gaurisankar in Nepal, zu dessen Fuß die bramanischen Pilger emporklimmen, um dort, der Gottheit nahe, zu sterben. Man darf bezweifeln, daß es jemals einem menschlichen Wesen gelingen werde, den riesigen Gipfel wirklich zu besteigen; selbst die Brüder Schlagintweit haben trotz ihres Mutes einen solchen Versuch nicht gewagt. Dagegen würde ich sehr wohl vermocht haben, meine Beobachtungen in dieser Höhe fortzusetzen, wenn mich nicht der Ballon noch weiter emporgetragen hätte, bis dahin, wo die Möglichkeit des Lebens sich ihren Grenzen nähert. Als ich ohnmächtig ward, stiegen wir mit der ungeheuren Schnelligkeit von 308 Meter in der Minute, und als ich meine Beobachtungen wieder aufnahm, fielen wir mit einer Geschwindigkeit von 610 Meter, also doppelt so schnell als wir gestiegen waren. Dieser Umstand erlaubte mir, die Höhe, bis zu welcher wir wirklich vorgedrungen waren, mit einer gewissen Genauigkeit zu berechnen.

Beschäftigen wir uns jetzt mit der Temperatur, welche in dieser in den Annalen der Aerostatik bisher noch beispiellosen Höhe herrschte. Als ich aus der Erstarrung erwachte, zeigte ein sehr empfindliches Minimalthermometer nahezu 25 Grad Celsius (20 Grad Reaumur) unter Null. Daraus ergab sich ein Unterschied von 40 Grad Celsius zwischen der Temperatur der höchsten erreichten Luftschichten und derjenigen der Erdoberfläche, in welcher ich eine Stunde zuvor geatmet. Die durchschnittliche Abnahme derselben mußte 1 Grad in der Minute betragen haben. In dem Augenblicke, da ich aufhörte zu beobachten, fiel das Thermometer mit reißender Schnelligkeit, ohne daß ich eben vermochte, sie selbst nur annähernd zu bestimmen.

Wenn ich nun die Höhe zu berechnen suche, in welcher diese Temperatur von fast 25 Grad Celsius unter Null (oder völlig genau – 24,4 Grad) herrschte, finde ich die Ziffer von 11277 Meter oder etwa 34750 Pariser Fuß. Zu dem gleichen Ergebnisse führen die aus der Berechnung der Geschwindigkeit gewonnenen Ermittlungen, und damit es auch einem dritten Zeugnisse nicht fehle, hatte Coxwell, als er von dem Reifen wieder herabgestiegen war, einen Stand des Quecksilberbarometers beobachtet, welcher ebenfalls der gefundenen Höhe entsprach. Wir sind daher berechtigt anzunehmen, daß unsere Gondel sich in der Tat 11277 Meter oder 37600 englische Fuß über den Meeresspiegel erhoben hatte.

Man mag dies ein großes Resultat nennen. Allein ich zweifle nicht, es werde einem späteren Geschlechte gelingen, Beobachtungen selbst in denjenigen Regionen anzustellen, in welchen ich leblos zusammensank. Es wird ein Tag kommen, an dem die Aeronauten mich ebenso übertreffen werden, wie ich meine Vorgänger übertroffen habe, und wie diese ihrerseits höher gedrungen waren als der Physiker Gan-Lussac. Wer möchte auch der menschlichen Tätigkeit Grenzen ziehen und den Punkt bestimmen wollen, wo die Natur zu den Luftschiffern sagt: „Bis hierher und nicht weiter!"

Wir hatten 6 Tauben mitgenommen, um sie, sobald wir zu bedeutenden Höhen gelangt sein würden, nacheinander fliegen zu lassen.

Die erste gaben wir bei 4807 Meter frei. Sie breitete ihre Flügel aus, aber unvermögend sich zu halten, trieb sie flatternd im Winde. Die zweite, welche bei 6437 Meter ausgeworfen ward, ließ sich nicht so leicht fortreißen, sondern kämpfte rüstig gegen den eisigen Luftstrom, obschon sie sich dabei fortwährend wie ein Kreisel drehte.

Die dritte wurde in Freiheit gesetzt, ehe wir das Niveau von 8048 Meter erreichten. Sie fiel wie ein Stein und verschwand sofort.

Die drei noch übrigen Tauben hoben wir bis zum Herabsteigen auf; wir fanden jedoch später die eine tot und eine andere dem Erstarren nahe. Als ich sie aus dem Käfig nahm, blieb sie fast regungslos sitzen. Es war eine Wandertaube, ein sonst sehr ausgezeichneter Flieger. Es mochte fast ¼ Stunde vergangen sein, als sie sich endlich mit dem Schnabel an dem rosenfarbenen Bande zu zupfen begann, welches sie um den Hals trug, und nun, nachdem ihr offenbar die Kräfte zurückgekehrt waren, entflog sie mit großer Geschwindigkeit in der Richtung nach Wolverhampton.

Die letzte Taube, deren Geschichte wir noch zu erzählen haben, ward in einer Höhe von 6437 Meter und in einem Augenblick entlassen, wo wir mit großer Schnelligkeit fielen. Sie schien von allen die Klügste zu sein, denn sie setzte sich sofort oben auf den Ballon.

Von sämtlichen während der Fahrt ausgeworfenen Tauben kam eine einzige nach Wolverhampton, und es sollte mich nicht wundern, wenn es nicht eben diese erwähnte letzte gewesen sein sollte."

Soweit Glaishers eigener Bericht! Welch einen Heldenmut bewiesen diese Männer, die ihr Leben auf das Spiel setzten, um nur die Temperatur einer Atmosphäre zu erforschen, in der nicht Mensch, nicht Vogel zu leben vermögen! Man würde die Seelenstärke eines Gelehrten herabsetzen, wollte man sie mit dem Mute des Soldaten vergleichen, der sich in das dichteste Kampfgewühl stürzt, berauscht von Pulverdampf, Schlachtenlärm und Blut!

Die moderne Wissenschaft hat allerdings gezeigt, daß Glaisher und Coxwell sich geirrt haben, als sie die von ihnen erreichte Höhe auf 10000 Meter und darüber schätzten. Da Glaisher ohnmächtig wurde, sind seine Beobachtungen zum Teil ohne Zweifel unrichtig. Auch ergeben sich aus seinen Berichten eine Reihe Widersprüche und so nimmt man heute an, daß diese berühmte Hochfahrt vom 5. September 1862 die Höhe von 9000 Meter nicht überstiegen hat. Aber auch das war eine ganz außerordentliche Leistung und niemand fällt es ein, Glaishers Tat irgendwie herabzusetzen. Ganz unbestritten aber ist die Höhe von 10800 Meter in neuester Zeit erreicht worden, und zwar von A. Berson und Dr. A. Süring am 31. Juli 1901 mit dem Ballon „Preußen".

„Um 10 Uhr 30 Minuten erhob sich", schildert Berson selbst diese denkwürdige Fahrt, „der Ballon bei ganz schwachem Nordwind und heiterer, sommerlicher Witterung. Mit einer Vertikalgeschwindigkeit von rund ½ Meter per Sekunde stieg er, bis er bei 4500 Meter prall voll war; von jetzt an wurden in kurzen Intervallen meist zwei Säcke gleichzeitig abgeschnitten und dadurch ein für die meteorologischen Ablesungen sehr günstiges, stufenweises Emporgehen erzielt. Die Luft war nach unten sehr klar, jedoch hinderten zahlreiche kleine Tumuli (Haufenwolken), die sich am Horizont zu einer festen Mauer zusammenschlossen, die weite Fernsicht, welche in der Maximalhöhe bei idealen Verhältnissen ein Areal von etwa dem Umfange des Königreichs Preußen hätte umfassen können. Die Zirrusbewölkung nahm im Laufe des Tages zu, die Sonnenstrahlung war infolgedessen relativ gering; über 10000 Meter befanden wir uns ungefähr in gleichem Niveau mit den Zirren. Diese Beobachtung wird durch die Wolkenhöhenmessungen am Potsdamer Observatorium bestätigt.

Da alle körperlichen Arbeiten im Korbe möglichst eingeschränkt wurden, war unter 6000 Meter ein Bedürfnis nach Sauerstoffatmung kaum vorhanden; trotzdem wurden alle Vorkehrungen zum Schutze gegen die großen Höhen recht frühzeitig getroffen. Bis gegen 9000 Meter war in dieser Weise der Zustand relativ behaglich; jedoch machte sich zuweilen – zum Teil wohl gerade begünstigt durch die Bequemlichkeiten im Korbe – etwas Schlafbedürfnis geltend, das sich vollkommen ungezwungen durch die vorangegangene kurze Nachtruhe von kaum 3 bis 4 Stunden und den ermüdenden Aufenthalt auf dem Ballonplatze seit 6 Uhr früh erklären läßt. Diese Müdigkeit ging jedoch allmählich in eine nicht unbedenkliche Apathie, in ein vorübergehendes, unbeabsichtigtes Einschlummern über, von dem man sich allerdings, durch Aufruf oder Schütteln erweckt, sofort wieder völlig erholte, so daß alsdann die Beobachtungen mit etwas Überwindung, aber doch ohne besondere Anstrengung ausgeführt werden konnten. Das Einsaugen von Sauerstoff erwies sich zur vollen Belebung als ganz ausreichend. Irgend welche schwere Bewußtseinsstörungen oder Krankheitssymptome traten bei beiden Insassen bis zur letzten Beobachtungsreihe in 10250 Meter Höhe nicht ein. Quecksilberbarometer und Aneroid ließen sich bis auf Zehntelmillimeter ablesen; das Bild des Aspirationspsychrometers erschien im Fernrohr ganz klar und machte, trotzdem es umgekehrt war, keine Schwierigkeit bei der Ablesung; die Notizen sind von denen in geringerer Höhe in der Schrift kaum verschieden. Die Erschöpfung bei körperlicher Arbeit, z. B. dem Ausziehen des Uhrwerkes am Psychrometer und Aufsteigen auf den Sitzkasten des Korbes oder dem Durchschneiden einer Leine nahm dagegen rapid zu.

Über 10250 Meter sind die Vorgänge den Teilnehmern nicht mehr völlig klar. Jedenfalls zog Berson, als ihm der Schlafzustand bei Süring bedrohlich erschien, zweimal das Ventil und zwang dadurch den Ballon zum Abstieg, brach jedoch dann ohnmächtig zusammen. Vor oder nach diesem Ventilziehen versuchte auch Süring in lichten Augenblicken seinem schlafenden Kollegen durch verstärkte Sauerstoffatmung aufzuhelfen, aber vergebens. Schließlich werden vermutlich beide Insassen ihre Atmungsschläuche verloren haben und dann in eine schwere Ohnmacht gesunken sein, aus welcher sie ziemlich bei etwa 6000 Meter wieder erwachten.

Die Maximalhöhe, welche der Ballon erreicht hat, läßt sich nicht mit Sicherheit bestimmen. Nach dem Barographen wären mindestens 10800 Meter erreicht, jedoch war die Tinte eingefroren, so daß die Aufzeichnungen über 10000 Meter derartig lückenhaft und schwach sind, daß man sie nicht als einwandfreie Dokumente gelten lassen kann.

Unmittelbar vor dem Ventilziehen las Berson mit schnellem Blick am Quecksilberbarometer einen Stand von 202 Millimeter ab, was einer Höhe von rund 10500 Meter entspricht. Der Ballon befand sich aber noch im Steigen, denn es waren eben vorher zwei Sandsäcke abgeschnitten. Jedenfalls ist man berechtigt, mindestens 10500 Meter als Maximalhöhe anzunehmen. Die Temperatur betrug bei 10000 Meter 40 Grad Celsius (unter Null); es ist das ein wenig wärmer, als für diese Höhe im Juni normal sein dürfte. Es muß übrigens betont werden, daß nach der noch vorhandenen Ballastmenge die „Preußen" unter genügender Reservierung von Abstiegballast noch sicher 1000 Meter mehr erreichen konnte, also eine Maximalhöhe von 11500 bis 12000 Meter.

Damit jedoch Menschen in so großen Höhen dauernd ungefährdet verweilen können, ist außer Sauerstoffatmung noch die Mitnahme einer hermetisch abgeschlossenen Ballongondel erforderlich, welche nur mit großem Gewichtsaufwand hergestellt werden kann. Dies führt uns aber zum Gebrauche von Riesenballons von etwa 10000 bis 15000 Meter. Daß es höchst gefährlich erscheint, in solche Höhen vorzudringen, braucht man kaum besonders zu betonen." (Aus Hoernes, Luftschiffahrt der Gegenwart, S. 32 – 35.)

In der Höhe, zu der Glaisher und Coxwell wahrscheinlich, Berson und Dr. Süring unzweifelhaft emporgestiegen sind, hatten diese kühnen Luftfahrer dem Gewichte nach nahezu vier Fünftel der ganzen Atmosphäre unter sich; das letzte Fünftel, dessen Luft für menschliche Lungen zu dünn ist, erstreckt sich, immer mehr sich verdünnend, in unbekannte Höhen. Gleichwohl kann man die Gegenwart der Luft noch weit über die Räume hinaus nachweisen, bis zu denen der Mensch aufsteigen kann. Die Brechung der Sonnenstrahlen in der Morgen- und Abenddämmerung hat schon vor längerer Zeit berechnen lassen, daß der durch seine Wirkungen sich noch bemerkbar machende Teil der Atmosphäre mindestens bis zur Höhe von 75 Kilometer reicht, und infolge Vervollkommnung der optischen Instrumente sind die sichtbaren Grenzen des Luftozeans unserer Erde allmählich noch weiter hinausgerückt worden. Auf Beobachtungen gestützt, die in den Tropen über die Erscheinungen der Dämmerung angestellt wurden, glaubt Emanuel Liais die Behauptung aufstellen zu können, daß die Höhe der Atmosphäre in Wirklichkeit 320 oder gar 340 Kilometer betrage, und das würde den Durchmesser unserer Erde etwa um den zehnten Teil vergrößern.

Spelterinis Fahrt über die Alpen

Meer- und Alpenfahrten

Der erste, der das kühne Abenteuer wagte, über das Meer zu fliegen, war der Franzose Blanchard. Derselbe war ein Mechaniker, der mit einem erfinderischen Genie eine unermüdliche Hartnäckigkeit in der Verfolgung seiner Ideen verband und schon mehrere Jahre vor den Gebrüdern Montgolfiers an der Erfindung mechanischer Flügel gearbeitet hatte, mit denen er sich in die Luft erheben wollte. Die Schöpfung des Luftballons zeigte ihm den Weg, den er selbst vergeblich gesucht hatte, und mit seiner ganzen Energie stürzte er sich auf Versuche mit der Montgolfiere.

Nachdem seine ersten Aufstiege gelungen waren, faßte er den Gedanken, der erste zu sein, der durch die Luft von England über den Kanal nach Frankreich setzen wollte. Und am 7. Januar 1785 brachte er bereits das kühne Wagstück fertig. Es war 1 Uhr, als Blanchard mit seinem Begleiter von Dover abfuhr. In einer Entfernung von 5–6 Meilen fielen sie so tief, daß sie glaubten, sie würden in die See stürzen. Sie warfen daher allen Ballast und selbst die Kleidungsstücke aus und zogen ihre Westen von Kork an. Zum Glück stieg aber der Ballon wieder und um ¾ 4 Uhr landeten sie in der Gegend zwischen Calais und Boulogne.

Die Bewunderung und die Begeisterung über diese Tat war unbeschreiblich. In der ganzen Welt wurde Blanchard zugejubelt. Der Stadtrat von Calais holte den glücklichen Abenteurer ein, gab ihm ein prächtiges Gastmahl und verlieh ihm das Bürgerrecht, das ihm in einer goldenen Büchse überreicht wurde. Noch heute erinnert ein Denkstein im Walde von Guines an das merkwürdige Ereignis.

Blanchards kühnes Wagnis wurde in der Folgezeit noch öfter wiederholt, von niemand aber mit größerem Erfolge als von dem Engländer Green (sprich grin), dessen Luftschifferlaufbahn nicht weniger als 1400 Fahrten zu verzeichnen hat. Green überflog den Kanal nicht weniger als dreimal. Das eine Mal fiel er dabei ins Meer; die auf den Wellen schwimmende Gondel wurde von dem Ballon, den der Wind mit voller Kraft faßte, weiter fortgeschleift und die als Luftfahrt begonnene Expedition endete wie eine Bootfahrt.

Am bekanntesten aber ist von allen Meerfahrten die nächtliche Meeresfahrt von Green am 7. November 1836 geworden, da Green selbst hierüber einen sehr anschaulichen Bericht geschrieben hat, den ich hier nachstehend wiedergebe:

„Nachdem wir seit dem 3. November mehrere Versuche gemacht hatten, die aber des ungünstigen Wetters wegen wieder aufgegeben wurden, weil wir immer fürchten mußten, entweder den Kanal hinab- oder die Nordsee hinaufgetrieben zu werden, begann den 6. ein frischer Nordwest zu wehen, welcher gewöhnlich wenigstens 48 Stunden anhält, und wir mußten also entweder nach Frankreich oder wenigstens nach Belgien getragen werden.

Ich eröffnete daher meinen Reisebegleitern Monk Masson und Holland, daß ich willens sei, den andern Tag, also den 7. November, von demselben Platze in den Vauxhall-Gardens in London, wo wir schon früher aufgestiegen waren, wieder die Fahrt zu beginnen. Den 7., morgens 6 ½ Uhr, befanden wir uns schon in Begleitung einiger weniger Freunde, denen allein die Zeit des Auffahrens bekannt war, an dem bestimmten Platze. Der Himmel war etwas umwölbt, aber der Wind blies noch immer frisch in derselben Richtung wie tags zuvor. Den Ballast, aus mehreren Säcken Sand und mit Wasser gefüllten Zylindern bestehend, im Gewichte von einer Tonne und 34 Pfund, hatte ich schon herbeischaffen lassen, und nun brachten die Diener jener beiden Herren noch Vorräte aus Keller und Küche geschleppt. Es war Wein, eine bedeutende Quantität-Kaffee-Essenz, kaltes Geflügel, Schinken und Wildbret, Tee und Zucker, Becher und Tassen aus Horn (überhaupt sahen wir darauf, so wenig als möglich Metall mitzunehmen), mehrere Säcke ungelöschten Kalks, um ihn zum Wärmen des Kaffees zu gebrauchen, Pelze und Pelzstiefeln, Mäntel und warme Rappen, kurz beinahe alles mögliche, um, wenn die Fahrt vielleicht unglücklicherweise länger als einen Tag dauern sollte, oben weder zu erfrieren, noch zu verhungern oder zu verdursten. Ferner hatte ich Feuerwerk mitgenommen, um, wenn die Reise nicht vor Einbruch der Nacht vollendet wäre, es von Zeit zu Zeit loszulassen, und die untenliegende Gegend zu rekognoszieren; desgleichen farbige Lampen zum Anbrennen in der Dunkelheit und Platin-Zündmaschinen zum schnellen und gefahrlosen Feuermachen. Außerdem hatten wir auch eine bedeutende Anzahl Fallschirme von allen Größen und Farben mit, damit wir Briefe und Nachrichten, und, wenn es nötig sein sollte, uns selbst herablassen könnten. Schon früher, als ich den Entschluß faßte, nach dem Kontinente zu fliegen, hatte ich mir Pässe nach Frankreich, Belgien und Holland verschafft, und jetzt erhielt ich auch durch die Güte des holländischen Gesandten ein Schreiben an seinen Souverän.

Um 7 Uhr begann die Füllung des Ballons, welche ich dieses Mal mit Kohlenwasserstoffgas bewerkstelligte. Auch muß ich noch bemerken, daß ich nicht, wie es früher gewöhnlich war und noch ist, den Ballon bis zu seiner gänzlichen Füllung durch Seile und Menschenkraft zurückhalten ließ, sondern ihn durch eine ebenfalls von mir erfundene Vorrichtung, bestehend in einem kleinen Anker, der sich im entscheidenden Augenblicke durch einen Druck ablöst, und auf diese Art das schnellste Aufsteigen des Ballons bewirkt, so lange zurückhielt, bis die Füllung gänzlich vollendet war. Dieses war um 1 Uhr mittags der Fall, und der Ballon fast bis zu seiner äußersten Dimension ausgespannt und wohlgenährt genug, einen Flug selbst von mehreren Hagen auszuhalten. Wir hatten alles, was in die Gondel kam, und uns selbst genau abgewogen, um die Kraft des Ballons bei diesem Fluge prüfen zu können. Sobald der Ballon gestillt war, trieb ich zur Abreise, und es war 20 Minuten nach 1 Uhr, als wir unseren Freunden wohlgemut und in bester Laune die Hand zum Abschiede reichten. „Grüßt mir Sir John Herschels Mondmenschen, wenn ihr soweit kommt", rief Herr Hughes uns zu, als wir die Gondel bestiegen.

Ich löste durch einen Druck den Anker, welcher bis jetzt den Ballon festgehalten hatte, und die riesenhafte Kugel schwebte majestätisch mit uns empor. In wenigen Augenblicken lag der Park von Vauxhall-Gardens zu einem grünen Blatte zusammengeschrumpft zu unsern Füssen, und aus dem grauen Nebelmeere, welches London von der Höhe der Luft aus gesehen bildet, ragte wie ein kolossaler Mast der Turm von St. Paul heraus. Wir stiegen immer höher und höher, ohne uns aber merklich in einer Richtung seitwärts fortzubewegen. Der Wind blies um diese Zeit gerade nach der französischen Küste und hätte uns bei etwas mehr Stärke und etwas längerer Ausdauer in kaum mehr als 2 ½ Stunden nach Paris geführt. Meine Begleiter, obwohl nicht mehr vollkommene Neulinge in der Luftschiffahrt, indem jeder von ihnen früher schon mehrmals aufgestiegen war, waren dennoch über den Anblick, der sich jetzt bot, überrascht.

Wir mochten nämlich ungefähr eine Höhe von 1300 Meter überstiegen haben und waren bereits durch eine dichte Wolkenschicht gedrungen, als sich über uns wieder Wolken sammelten und der Ballon durch die etwas gepreßte und verdichtete Luft zu sinken begann. Bald waren wir nur etwa 50–70 Meter über der ersten Wolkenschicht, und da sie vom Winde getrieben sich jagten, schien es, als ob wir über ein stark bewegtes Meer dahinflögen. Die grauen Wolken sanken und hoben sich wie Wellen, bald bäumten sie sich, wenn zwei einander begegneten, bald schien der Wind einen Wirbel zu bilden, und die seltsamsten Wolkengestalten jagten einander.

„Seht! seht!" rief Herr Holland, und deutete auf eine schwarze, schnellfliegende Wolkenmasse, welche, wie ein kolossaler Walfisch gebildet, durch alle die kleineren, leichten Wolken hindurchfuhr, und sie auseinander sprengte. Die Atmosphäre über uns hatte sich nun ebenfalls ganz mit Wolken umzogen, aber von weit hellerer, beinahe weißer Farbe. Auch oben jagten sich die Wolken, aber der Wind war in der höheren Region umgesprungen und trieb sie gerade auf die entgegengesetzte Seite, wie die unteren. Wir befanden uns so zwischen zwei Meeren, von denen die Wogen des einen sich gegen Osten türmten, die des anderen gegen Westen. Dadurch wurde ein doppeltes Brechen der Sonnenstrahlen bewirkt, was uns das schöne Schauspiel eines dem unseren ganz ähnlichen, in den Wolken schwebenden Ballons bereitete. Die Täuschung war so vollkommen, da sich nämlich alles in den schärfsten Umrissen prägte und selbst die Farben wiedergab, daß meine Begleiter beinahe zugleich einen Ruf des Erstaunens ausstießen und auf die wunderbare Erscheinung hinwiesen. Es schien, als schwebte jener Ballon, mit uns wetteifernd, dem unseren nach.

Es war jetzt um 3 Uhr, und obgleich ich durch die dichte Wolkenschicht die Erde unter mir nicht erkennen konnte, schienen wir doch, dem dumpfen Getös nach, welches zu uns heraufdrang, uns immer noch über London zu befinden.

„Jetzt wird wohl unsere Auffahrt schon in der ganzen Stadt bekannt sein," sagte Herr Monk Masson, und lächelte etwas selbstzufrieden, indem er aber doch seinen Oberrock fester zusammenknöpfte, denn der Wind blies etwas schneidend.

„Wenn wir sie nur sehen könnten, die guten Londoner", fiel Herr Holland ein, „wie sie jetzt überall mit ihren Fernrohren und Brillen sich nahen werden, um den Lauf unseres Ballons zu verfolgen. „Mstr. Green," wandte er sich zu mir, „könnten wir ihnen nicht das Vergnügen machen, uns etwas zu senken, daß sie uns erblicken und wir sie?"

„Sie vergessen, Sir," erwiderte ich ihm, „daß wir eine Luftströmung suchen müssen, welche uns soviel wie möglich noch vor Einbruch der Nacht über den Kanal treibt."

In der Tat sprang um diese Zeit der Wind etwas mehr nach Norden um, was uns natürlicherweise um so schärfer gerade gegen Frankreich treiben mußte.

„Wenn es so fortgeht, meine Herren!" rief ich aus, „so speisen wir heute abend im Palais Royal."

Wir bemerkten jetzt ein Steigen des Luftballons und das Thermometer, welches bei der Abfahrt in Vauxhall-Garden auf 13 Grad Reaumur gestanden, war jetzt, wo wir uns in einer Höhe von ungefähr 2300 Meter befanden, auf 7 Grad gesunken, der Ballon hielt sich in derselben Höhe und bewegte sich nicht eben sehr schnell fort. Die Wolken unter uns hatten sich etwas geteilt und getrennt, aber über uns türmten sich andere zusammen, und eben als wir 50 Minuten nach 3 Uhr uns über Canterbury befanden und Herr Holland ein Billett schreiben wollte, um es in einem Fallschirme an den Erzbischof herabzulassen, entleerte sich die über uns befindliche Wolkenschicht und der Regen floß stromweise herab. Obschon der Ballon die Gondel vollkommen deckte, so tröpfelte doch das Wasser von allen Seiten an dem Taffet herab und sammelte sich an dessen unterem Ende, von wo es in einer starken Traufe in die Mitte der Gondel und durch das Flechtwerkfloß. Das Netzwerk, die als Ballast mitgenommenen Säcke Sand, kurz der ganze Apparat war vollständig mit Wasser gesättigt, was unsere Fracht um wenigstens 4 Zentner vermehrte, auch nahm dasselbe durch die Absorption des Wassers in unseren Mänteln mit jedem Augenblicke zu, so daß wir alles Wasser aus den kupfernen Zylindern ausgießen mußten, bis wir endlich die trockene Atmosphäre erreichten.

Meine Begleiter wünschten sehr, die über uns liegende Wolkenschicht noch zu übersteigen, um die glänzenden Lichtreflexe der gerade darauf scheinenden Sonne zu beobachten; aber die starke Evaporation aus der Maschine, welche notwendig sogleich eingetreten wäre, würde ein schnelles Steigen bis zu einer sehr großen Höhe verursacht haben, und es war zu befürchten, daß wir durch einen oben vielleicht anders wehenden Luftstrom in die entgegengesetzte Richtung, als wir eigentlich wollten, getrieben würden.

Wir breiteten unsere von Regen ganz durchnäßten Mäntel aus, um sie zu trocknen und durch die Ausdünstung unser Gewicht etwas zu erleichtern. Bis jetzt hatten wir miteinander nicht mehr als einige Worte gesprochen, indem jeder teils mit seinen Gedanken und Betrachtungen, teils mit Abwehr des eintretenden und niederströmenden Regens beschäftigt war. Jetzt aber, da der Ballon mit einem sanften Westsüdwest sich erhoben und sich in gleicher Höhe fortbewegt hatte, konnten wir eher unsere Gedanken und Sinne über diese Fahrt aussprechen.

„Diese Wolken, welche unter uns wegziehen," sagte Herr Holland, „rauben uns den Anblick der Mutter Erde. „Könnt Ihr mir nicht sagen," fragte er weiter, „wo oder über welchem Lande wir uns jetzt befinden?"

In dem Augenblicke teilten sich unter uns die Wolken und wir sahen den feurigen Schweif einer aufsteigenden Rakete. „Das gilt uns wahrscheinlich," rief Herr Monk Masson aus; wir griffen zu unseren Fernrohren und sahen, daß wir uns in der Nähe von Dover befanden. „Wir müssen die Artigkeit erwidern, meine Herren!" sagte ich und holte einen kleinen Fallschirm hervor; Herr Monk Masson schrieb ein Billett:

„Auf dem Wege nach dem Kontinente. Die Herren Green, Monk Masson und Robert Holland begrüßen den Herrn Mayor von Dover, und zeigen ihm an, daß sie heute um 1 ½ Uhr von den Vauxhall-Gardens abfuhren und sich um 4 Uhr ungefähr über Canterbury befanden." Wir unterschrieben ein jeder dieses Billett und ließen es mit dem Fallschirme herabsinken; wir hatten erwartet, als Bestätigung des Empfanges eine Rakete aufsteigen zu sehen, aber es geschah nichts dergleichen. Der Ballon erhob sich in demselben Augenblicke noch höher, die Wolken unter uns zerteilten sich, und wir hatten das prächtige Schauspiel, die See zu erblicken, und zwar mit Segeln bedeckt. Zugleich begann auch die Sonne immer tiefer und tiefer zu sinken. Es ist der schönste Anblick, den man sich denken kann, von einer Höhe von 3000 Metern (so hoch befanden wir uns jetzt), einen Sonnenuntergang anzusehen. Während über der Erde schon ein Dunkel ausgebreitet lag, erglänzten die hervorragenden Spitzen höherer Berge noch in einem gelblich roten Lichte, der Luftraum, wo wir uns befanden, war mit einem milden Rosenrot übergossen, und als ich aufwärts gegen den Himmel blickte, zeigte sich ein überraschendes, ebenso seltenes als schönes Bild. Über uns schwebten noch einzelne lichte, silbergraue, ja beinahe weiße Wolken, deren unterer Rand in den Regenbogenfarben spielte, während eine Fata Morgana, so schön und deutlich, wie ich sie noch nie gesehen hatte, sich in der Mitte dieses schwebenden Silberklumpens abspiegelte. Wir sahen nämlich Dover, sowohl Stadt als Hafen und Hafenkastell, und uns selbst über das Hafenkastell hinschwebend. „Wir müssen

Abschied nehmen von Alt-England", rief Herr Holland aus, indem er nur immer auf die Luftspiegelung hinstaunte. Wirklich verließen wir auch jetzt die Insel. Ich sah nach der Uhr und zündete ein Feuerwerk an, welches als Brillantfeuer mehrere Minuten fortbrennen sollte. Der Anblick war zauberisch schön, unter uns das Dunkel der Nacht, welches von tausend und abertausend hellen, flimmernden Punkten, den erleuchteten Ortschaften auf dem Lande und den Schiffslichtern auf der See unterbrochen war und um uns Helligkeit, und weit zur Gondel hinaushängend das schöne Feuerwerk, mit seinen hellen, schimmernden Farben, die sich scharf aus dem Dunkel zu unsern Füßen heraushoben.

„Schade, schade, daß ich mein Malerzeug nicht bei mir habe, um dieses zu kopieren," rief Herr Monk Masson bedauernd aus, „beim Himmel, das wäre eine Dekoration für eine Zauberoper!" Von unten herauf tönte das Brausen des Meeres, von allen Seiten umgab uns jetzt Dunkelheit, die Lichter der Ortschaften schimmerten von beiden Seiten durch den Nebel unter uns, aber das Feuerwerk, welches wir ausgehändigt hatten, leuchtete noch im alten Glanze, dennoch beeilte ich mich, die farbigen Lampen, die ich mitgenommen hatte, anzuzünden, und sie so auszuhängen, daß sie, von der Erde aus gesehen, einen schönen Anblick geben mußten.

Herr Holland sah über die Galerie hinab, plötzlich rief er vor Freude aus: „Alt-England für immer! Wir haben den Kanal überschritten!" Er kam auf uns beide zu, schüttelte uns, vor Freude ganz außer sich, wütend die Hände, und wäre bald vor Eilfertigkeit gefallen, als er eine Flasche Wein vom Mundvorrat herbeiholte, um sie auf die glückliche Fahrt über den Kanal zu leeren.

Ich sah auf meine Uhr, wir hatten den Kanal in 56 Minuten passiert, wozu Blanchard und Dr. Jefferies aus Amerika, als sie sich den 7. Januar 1785 im Hafenkastell zu Dover erhoben, 2 Stunden und 32 Minuten brauchten, bevor sie glücklich im Walde bei Guines, eine französische Meile von Calais, ankamen.

Die beleuchteten Ortschaften unter uns schienen nahe zusammengerückt zu sein, ich brannte schnell nacheinander Feuerwerk los, um die Gegend zu rekognoszieren, ohne aber zu einem solchen Resultate zu gelangen, daß ich mit Bestimmtheit hätte den Ort angeben können, über welchem wir schwebten.

„Ich wette Hundert gegen Eins," sagte Monk Masson, „daß jetzt in London von uns gesprochen wird, und daß vielleicht einige sogar so toll sein werden, eine halbe Meile weit zu laufen oder auf einen Turm hinauf zu klettern, um uns vielleicht noch irgendwo zu erblicken."

Herr Monk Masson stimmte in diesen Ton mit ein. „Es wäre doch göttlich," sagte er, „wenn man uns in den Zeitungen verunglücken ließe, während wir so wohlgemut vielleicht bis nach Rußland hinsegeln oder vielmehr hinschweben."

„Meine Herren," sagte ich halb im Ernste und halb im Scherze, „stellen Sie unserer Fahrt kein solches Prognostikon, und malen Sie nicht, wie das Volk gewöhnlich sagt, den Teufel an die Wand. So fest ich von der Sicherheit meines Ballons überzeugt bin, und so gern ich gestehe, daß wir den gefahrvollen Teil der Reise vollendet haben, so schweben wir doch noch immer in dem ungetreuen Elemente, in einem Elemente, noch furchtbarer als das Wasser, und – was ich jedenfalls nicht zu vergessen bitte, es ist Nacht."

Die beiden Herren brachen in ein lautes Gelächter aus, und Herr Holland machte mir den Vorschlag, er wolle sich jetzt, trotzdem eine Nacht sei, und zwar eine sehr finstere, in einem Fallschirme herablassen, und nur von Zeit zu Zeit etwas Feuerwerk losbrennen, um die Leute auf der Erde zu überzeugen, daß es nicht der lebendige Satan sei, der aus den Lüften herabgeritten komme.

Ich ersuchte ihn, mit der Versicherung, von seinem Mute vollkommen überzeugt zu sein, von seinem Vorhaben abzustehen, und begann wieder den unter uns liegenden Erdstrich zu rekognoszieren.

So viel ich bei dem Scheine meiner Feuerschwärmer und Feuerbüschel in dieser Tiefe unter mir erkennen konnte, schwebten wir eben über ein Schloß weg, und ich glaubte in den wehenden Fahnen die drei Farben zu erkennen.

Ich teilte meinen Begleitern meine Meinung mit, und nachdem wir unseren Flug und die Lage des Ortes ungefähr berechnet hatten, kamen wir darin überein, daß wir uns wahrscheinlich über Ham, dem Aufenthaltsorte der verbannten und eingekerkerten französischen Minister befanden.

Der Ballon nahm jetzt eine Richtung etwas mehr nach Nordost, und in kurzer Zeit flogen wir über mehrere beleuchtete Städte weg. Ich sah auf meine Uhr, es war noch nicht 9 Uhr.

„Meine Herren," sagte ich, „wir sind jetzt über Belgien, der Wind geht immer in derselben Richtung fort, und ich würde es für das Geratenste halten, am anbrechenden Morgen, wo wir, wie ich glaube, irgendwo in

Deutschland sein werden, einen bequemen Platz zum Niederlassen aufzusuchen."

„Wie aber, Mr. Green," fragte Herr Holland, „wenn sich der Wind über Nacht etwas stärker auf die Beine macht und uns so weit trägt, daß wir morgen einen Tungusen um ein Frühstück bitten müssen?" Ich ging auf den Scherz ein und zuckte bedeutungsvoll die Achseln.

„Ich kann jetzt, während dieser finstern Nacht," sagte ich, „die Kraft des Ballons nicht vermindern, aber ich hafte mit meinem Kopfe für Ihre Sicherheit, meine Herren."

„Mr. Green hat gut haften," sagte scherzend Herr Monk Masson, „wenn kein Zeuge da ist, als höchstens eine trübselige aschgraue Wolke. Ich lege mich schlafen und Sie, Sir Holland?"

„Weiß Gott! ich weiß nicht, was ich tun soll! Schlafen möchte ich nicht gern, damit man mir nicht nachsage, ich wäre, dem Himmel schon nahe, eingeschlafen, und wach bleiben – es wird in dieser Etage des Welthauses grimmig kalt, und man kann nicht einmal ein lustiges Feuer anmachen, um sich zu wärmen."

„Kochen Sie Kaffee, meine Herren," sagte ich, „wir haben ohnedies noch wenig Proviant gebraucht."

„Wahrhaftig, Mr. Green, das war einer der gescheitesten Einfälle, den noch je ein geistvoller Sohn Alt-Englands hatte. Sie trinken doch auch mit? Oder wollen wir Tee kochen und eine tüchtige Portion Xeres darunter mischen?"

Währenddessen brachte Herr Monk Masson schon einen Topf mit Kalk, zwei andere kleinere Töpfe und die Kaffeebüchse. Ich habe oben davon gesprochen, daß Kalk zum Kochen mitgenommen wurde, dieses geschah nun folgendermaßen.

Auf eine ungefähr 12 Zentimeter hohe Schicht ungelöschten Kalks in einem Topfe wurde ein anderer kleinerer Topf gestellt und auch die Zwischenräume noch mit ungelöschtem Kalk angefüllt. In dem kleineren Topf, welcher hermetisch verschlossen wurde, kam der schon feingemahlene Kaffee mit Wasser und nun wurde der Kalk gelöscht, und der Kaffee dadurch so schnell wie in einer Maschine gekocht.

Es dauerte nicht lange, so saßen die beiden Herren auf dem Boden der Gondel und tranken so ruhig und wohlgemut ihren Kaffee, als ob Sie in dem ersten Kaffeehause in London säßen.

„Wenn nur irgend einige Phänomene sichtbar würden," wünschte Herr

Monk Masson, „damit man doch in der Nacht etwas Beschäftigung hätte, denn ich bin zu wenig Astronom, um mich mit dem Himmel allein zu unterhalten, und zudem wird es auch so finster, daß ich glaube, wenn wir unsere Lampen nicht hätten, wir würden kaum einige Schritte weit sehen können."

„Wir haben eine starke Wolkenschicht über uns", bemerkte ich, „und schweben überhaupt nicht sehr hoch."

„Wie hoch ungefähr?" fragte Herr Holland. Ich sah nach und fand, daß wir uns nicht höher als etwa 1000 Meter hielten.

„1000 Meter!" rief Herr Holland, „eine Kleinigkeit; höher, Mr. Green! Hier riecht es noch zu sehr nach Erde, wir müssen dem Himmel etwas mehr ins Gesicht sehen. Was sagt das Thermometer?"

Es war wirklich nicht sehr kalt, das Thermometer zeigte +5 °, aber die Nacht war dunkel und wir sahen sehr wenig Sterne. Merkwürdig waren die langen weißen Nebelstreifen, welche wie Florbänder von Himmel herunterhingen und welche durch die Strömung der Luft, während wir uns vorwärts bewegten, wie Bänder im Winde langsam hin und her zu flattern schienen. Wir konnten teils aus Unkenntnis, teils wegen Mangel an Instrumenten keine meteorologischen Untersuchungen anstellen, und mußten, da wir uns oft auch wieder höher befanden und die Erde in der Dunkelheit unter uns verschwand, uns entschließen, den hellen Tag abzuwarten, um einen geeigneten Ort zum Niederlassen aufzufinden. Wir schwebten jetzt wieder über mehreren hellerleuchteten Ortschaften, von denen eine eine große Ausdehnung hatte, wir vermuteten, daß es Lüttich sei. Der Ballon hob sich jetzt immer mehr, ein frischer Wind blies und zwang uns, unsere Mäntel und Pelze fester umzunehmen.

Wir durchschnitten jetzt die höchste Wolkenschicht und befanden uns angesichts des ganz mit Sternen bedeckten Himmels. Merkwürdig war die Farbe, welche er jetzt angenommen hatte, oder vielmehr, welche die Luft jetzt zeigte. Es war nicht das helle durchsichtige Blau des Tages, aber auch nicht das mehr ins Graue schimmernde Dunkel, welches wir von der Erde aus zu sehen gewohnt sind; selbst dem Tiefblau des italienischen Nachthimmels war es nicht ähnlich; es war ein ganz tiefes Dunkelblau, aber mit einem unbeschreiblichen Glanze. Die Sterne, welche uns gewöhnlich weiß und hellglänzend vorkommen, waren, wie wir sie sahen, mehr golden und ins Rötliche schimmernd, und manche - spielten in allen Farben des Diamants, vorzüglich aber in Rot, Grün und Weiß.

Wir befanden uns ungefähr 3000 Meter hoch, als wir dieses prächtige Schauspiel eines solchen Himmels und eines solchen Sternenglanzes erblickten. Dasselbe hatten alle, welche den Montblanc erstiegen, bemerkt, ebenso auch Humboldt, als er auf der Mitte des Chimborasso übernachtete. Dasselbe erblickt man auch in allen wärmeren Ländern und am stärksten in den Tropengegenden. Die senkrecht herabfallenden Sonnenstrahlen absorbieren alle Nebelteilchen, welche bei uns die Luft immer mit einem Schleier durchziehen und das Dunkelblau des Himmels in immer weißerer Abstufung bis zu einem Hellblau unsern Augen darstellen.

Eben wollten sich die beiden Herren, wohl eingehüllt in Mantel und Pelz, auf den Boden der Gondel niederlegen und zu schlafen versuchen, als unsere Augen durch eines der größten Schauspiele, welche der Mensch erblicken kann, gefesselt wurden.

Der Himmel begann sich nämlich, in dem Umkreise des Sternbildes des großen Bären immer mehr und mehr zu erhellen, bis er endlich mattrötlich schimmerte. Einige Minuten darauf erlosch dieser Schimmer, und nun begannen in der Gegend des Löwen Leuchtkugeln hervorzubrechen und den ganzen Himmelsraum zu durchkreuzen. Es war ein prachtvolles Schauspiel, die glänzenden Meteore wie glühende Kugeln den ganzen Himmelsraum durchschneiden zu sehen. Einige davon zerplatzten, je näher sie der Erde kamen und schossen dann als Sternschnuppen herab, die meisten aber kreisten in elliptischer Form und verschwanden aus unseren Blicken. Sie zogen nicht alle in gleicher Richtung, sondern durchkreuzten sich von der Rechten nach der Linken. Es mag dieses wohl ein Vorspiel jener großen Meteorerscheinung gewesen sein, welche einige Nächte darauf auf beinahe allen Sternwarten des Kontinents beobachtet wurde.

Die Kälte hatte indessen zugenommen, der Meteore wurden nach und nach weniger und verschwanden dann endlich; der Ballon schwebte ruhig, aber - nicht sehr schnell weiter. Mitternacht war vorüber. Ich warf von Zeit zu Zeit einiges Feuerwerk aus und sah, daß wir uns über einer sehr volksreichen, wenig gebirgigen Gegend befanden. Mehrere große Ströme flossen nebeneinander, wir waren entweder nahe der Ostgrenze Belgiens oder schon im preußischen Gebiete. Das Großartige der gesehenen Erscheinung hatte Herrn Holland, der etwas schläfrig gewesen war, wieder ganz munter gemacht, und wir beschlossen, nochmals Tee zu kochen und die Nacht über wach zu bleiben, um den Sonnenaufgang, der bei jetzt ganz wolkenreicher Luft herrlich zu werden versprach, ja nicht zu versäumen.

„Es ist ein ganz eigenes Gefühl," sagte Herr Monk Masson, der bis jetzt nachdenkend dagesessen hatte, „sich des Nachts in solcher Höhe ganz abgeschieden von der bewohnten und bewohnbaren Welt zu wissen. Ich gestehe, daß es immer etwas drückend bleibt, dieses beengende Gefühl des Alleinstehens in einer solchen Höhe, wo die ganze Natur stumm ist, und nicht einmal ein Vogel mehr zu uns herausschwirrt."

„Vergessen Sie aber nicht," bemerkte ich, „daß es wieder ein erhebendes Gefühl des Menschengeistes ist, als Triumphator durch das Reich der Lüfte zu ziehen und sich die Natur zu unterwerfen. Und wenn wir es genau betrachten, so ist die Luftschiffahrt keine größere Erfindung, als wir deren schon mehrere haben, und in unserer jetzigen Gestalt dennoch immer noch weniger bedeutend als die Erfindung der Schiffahrt, die Bestimmung der Seewege, die Berechnung der Planetenbahnen und bis jetzt der Triumph des menschlichen Geistes, die Erfindung der Uhren."

„Aufrichtig, Mr. Green!" sagte Herr Holland, „glauben Sie, daß man es auch dahin bringen werde, den Ballon seinem Willen zu unterwerfen?"

„Ja! Was man zwar mit Rudern, Segeln, Floßen und dergleichen versucht hat, wird uns kaum, auch bei der möglichst größten Verbesserung, einen Schritt weiter bringen, als wir jetzt schon sind. Nach meiner Meinung wäre der einzig richtige Weg dieser, daß man durch häufige gleichzeitige Beobachtungen der Luftströmungen der die Erde zunächst umgebenden Atmosphäre und der Luftströmungen in höheren Regionen eine Sicherheit in Berechnung der letzteren erlangte, welche, verbunden mit der von mir erfundenen und an meinem Ballon angebrachten Vorrichtung, ihn nach Belieben steigen und senken zu lassen, ihm seinen Weg vorschreiben und seine Richtung in unsere Gewalt bringen könnte. Sie wissen, meine Herren, daß diese Idee mich schon lange beschäftigt, und indem ich sie für die einzig wahre halte, die Richtung unseres Ballons unserm Willen untertan zu machen, so habe ich mich·immer bestrebt, so oft ich eine Luftfahrt unternommen habe, die Luftströmungen in den höheren Regionen zu beobachten, und bin dadurch zur Gewißheit gelangt, daß sie übereinander schichtenweise in entgegengesetzter Richtung strömen. Durch das willkürliche Steigen- und Fallenlassen des Ballons ist also dem Aeronauten die Macht gegeben, sich, wenn vielleicht der Wind in der höheren Luft umspringen sollte, einen andern Luftstrom zu suchen, und darin nach der festgesetzten Richtung fortzuschweben.

„Bedenken Sie aber," fiel Holland ein, „welcher Zeitverlust entstehen würde, wenn der Wind oft umspringt, und man immer einen neuen Luftstrom zu suchen gezwungen ist."

„Keinen größeren als wir heute hatten, wo ich ebenfalls aus derselben Ursache, den Ballon so oft steigen und fallen lassen mußte. Würden wir, als der Nordwest um 3 Uhr umsprang, noch in demselben Luftstrome geblieben sein, wir würden jetzt wahrscheinlich in Norwegen oder Schweden sein."

„Eine erfreuliche Aussicht," sagte Herr Monk Masson lachend, „wenn wir vielleicht unser Frühstück mit einem Lappländer hätten teilen sollen. Sie glauben also" fuhr er fort, sich zu mir wendend, „daß die Luftströmungen berechnet werden können? Dann hätte ich Lust, eine Reise einmal nach Amerika, oder vielleicht auch um die Erdkugel zu machen."

Diese allerdings etwas kühne aber jedenfalls ausführbare Idee hatte uns im ersten Augenblicke überrascht, dann aber sogleich für sich gewonnen. Ich begann sogleich alles zu berechnen und fand, daß der Ballon wie bei der jetzigen Fahrt mit Kohlenwasserstoffgas gefüllt, weit länger ausdauere, als die früher bloß mit Wasserstoffgas gefüllten, und daß er vermöge seiner Geschwindigkeit die Strecke bis Amerika in 3 Tagen und Nächten, die um die Erde in 18 Tagen und Nächten zurücklegen könne.

„Denken Sie an Zambeccari!" rief Herr Holland warnend (Zambeccari war 1812 bei einer Luftfahrt tödlich verunglückt); aber die Idee einer solchen Luftfahrt hatte sich, wie es schien, schon zu fest bei Herrn Monk Masson eingenistet, als daß irgend eine Widerrede ihn davon hätte abbringen können. Er setzte sich auf den Boden der Gondel und sich fest in seinen Mantel wickelnd, hing er seinen Gedanken nach. Herr Holland, ermüdet von dem langen Wachen und der etwas stärker eintretenden Kälte, streckte sich ebenfalls nieder und begann zu schlafen, und so blieb mir ganz allein die Sorge über Barometer und Thermometer, über Steigen und Fallen, und über die Richtung des Ballons überlassen. Der Wind, jetzt aus Nordwest, trieb uns immer mehr gegen das Innere von Mitteldeutschland.

Gegen Morgen begann der Wind etwas schärfer zu wehen und war, wenn man das Gesicht gegen ihn wandte, beinahe etwas schneidend. Das Thermometer sank bis auf 4 Grad. Der Ballon schwebte noch immer in gleicher Richtung fort, und mußte sich nach meiner Vermutung in Westfalen befinden.

„Mr. Green," sagte Herr Monk Masson, „ich dächte, wir ließen uns bald nach Sonnenaufgang nieder; wir versetzen sonst, wenn wir die Fahrt noch weiter ausdehnen, unsere Freunde, die in Paris uns erwarten, in Unruhe, oder glauben Sie, daß uns vielleicht noch irgend eine interessante Erscheinung aufstoßen werde?"

Ich sagte ihm hinsichtlich des letzteren meine Meinung, daß man nämlich dergleichen nicht anders als durch physikalische und astronomische Berechnungen voraussehen könne, und daß, da wir keine von beiden gemacht hätten, jede neue Erscheinung für uns eine Überraschung sein müsse. Es war 4 Uhr morgens, Herr Holland schlief noch, und wir wollten ihn erst bei anbrechender Dämmerung wecken, um den Sonnenaufgang mit anzusehen. Ich setzte mich, da der Ballon ruhig und in gerader Richtung fortschwebte, zu Herrn Monk Masson hin, und suchte die Zeit mit Gesprächen zu verkürzen. Er sprach sich mit vielem Feuer über die aufgefaßte Idee einer Reise nach Amerika und um den Erdball aus, und knüpfte daran die Hoffnung vieler Beobachtungen und auch mancher Verbesserungen der Maschine. Ich selbst bin weit entfernt, diese Fahrt für eine Unmöglichkeit zu halten, nur glaube ich, daß der Zeitpunkt noch nicht gekommen ist, dieses Riesenunternehmen ins Werk zu setzen, und daß man so lange damit hinhalten müsse, bis wir eine vollkommene Kenntnis der Luftströmungen und ihrer Richtungen haben werden.

Herr Monk Masson wollte mir eben sein festes Vertrauen auf die endliche Besiegung aller Schwierigkeiten zu erkennen geben, als Herr Holland erwachte und uns nach der Zeit fragte.

Es war nahe an 5 Uhr. Wir beobachteten jetzt aufmerksam die Luftschichten unter uns; denn der Beginn der Dämmerung konnte nun nicht mehr fern sein. Wir befanden uns in einer Höhe von 2000 Meter, die Kälte hatte zugenommen, das Thermometer war noch um 2 Grad gesunken. Jetzt fesselte wieder ein herrliches Schauspiel, beinahe noch großartiger als der Sonnenuntergang, unsere Augen. Ein Geräusch, wie wenn der Wind durch Baumwipfel saust, ließ uns vermuten, daß wir uns über einer waldreichen Gegend befanden und daß der Morgenwind auch schon in der niederen Atmosphäre wehe. Zugleich brach durch die die Erde bedeckenden Nebel ein mattes rötlichbraunes Licht, welches uns eine Bergkette in schwachen Umrissen, wie an den Himmel angelehnt bemerken ließ. Allmählich breitet dieser Schein sich weiter und weiter aus, bis er zuletzt wie ein mattschimmernder Ring den ganzen Himmelskreis umschloß.

Wo es zuerst hell geworden war, ward es jetzt immer röter und röter, und die schneebedeckten Berge waren mattrosig angeflogen. Je höher aber diese Helle an den Himmel hinaufreichte, desto matter wurde das früher glühende Blutrot, und eine immer gelbere Farbe trat an die Stelle der bisherigen roten. Endlich zeigte sich ein Viertel der Sonnenscheibe, rotgelb wie norwegisches Kupfer, und so stieg in Zeit von einigen Sekunden die ganze Kugel herauf.

Wir konnten die Gegend erkennen, es war ein hügeliges Land von kleinen Flüssen durchschnitten, aber wohl angebaut und stark bevölkert. Wir hörten schon das Geräusch in den Dörfern und das Rasseln der Wagen aus den Landstraßen. Ich erklärte den Herren, daß ich gesonnen sei, mich hier niederzulassen, und daß ich, weil in der Nähe keine große Stadt zu entdecken, diese Gegend für ein kleines deutsches Fürstentum halte.

Die beiden Herren, die sich wieder etwas nach der Erde sehnten, gaben mir gern ihre Zustimmung, und ich öffnete also die Klappe am oberen Teile des Ballons, um das Gas ausströmen zu lassen. Der Ballon senkte sich langsam und majestätisch, und bald konnten wir auch schon die Leute sehen, deren laute Ausdrücke der Verwunderung wir schon etwas früher vernommen hatten. Wir ließen uns nun auf einem Felde in der Nähe einer Windmühle nieder, und wurden von dem zahlreich versammelten Landvolke mit Freudengeschrei und Ausrufen der Verwunderung empfangen. Es war 7 Uhr 20 Minuten morgens und die Gegend zwischen Dillhausen und Niedershausen bei Weilburg in Passau. Zufall ist es, aber dennoch bemerkenswert, daß Blanchard sich bei seiner Fahrt von Frankfurt ebenfalls hier niedergelassen hat. Die Beamten von Weilburg kamen sogleich heraus, wir wurden auf das freundschaftlichste bewillkommnet, und uns alle nötige und mögliche Hilfe angeboten, welche wir auch gern annahmen. Wir luden den Ballon auf einen Wagen und fuhren nach Weilburg, von wo aus wir sogleich Stafetten nach dem Haag und nach Paris absandten."

Greens Kanalfahrten, von denen die hier ausführlich geschilderte zugleich eine der längsten und weitesten Ballonfahrten überhaupt war, sind im Grunde genommen von anderen Meerfahrten nicht übertroffen worden. Größere Meeresstrecken als den Ärmelkanal hat man bisher noch nicht überflogen. Die kühnen Versuche, von Frankreich über das Mittelländische Meer zu fliegen, sind mißglückt, und gar die Fahrten über den Atlantischen Ozean sind bloße Pläne geblieben.

Dagegen ist der Ehrgeiz der Aeronauten vor anderen kühnen Zielen nicht zurückgeschreckt. Am 3. Oktober 1898 überflog Spelterini im Ballon „Wega" mit Professor Heim und Dr. Maurer von Sitten in der Schweiz die Alpen und dieser Alpenfahrt folgten seitdem mehrere andere. Über die Fahrt der „Wega" besitzen wir aus der Feder des Professor Heim einen höchst interessanten Bericht, aus dem ich folgendes (nach Hoernes) entnehme.

„Unsere Ballonfahrt ist weder die höchste, noch die weiteste, die bisher ausgeführt worden ist. Aber sie ist die erste, die ein bedeutendes Gebirge überquert hat, und sie ist auch die erste, deren Bahn nicht nur aus wenigen Minuten, sondern sehr lange und sehr weit sich in den Höhen über 5000 und 6000 Meter gehalten hat. Sie war ‚Hochfahrt', ‚Weitfahrt', ‚Schnellfahrt' und ‚Dauerfahrt' zugleich.

In einer unendlichen Pracht umgibt uns die Welt und im Vordergrunde aller Gefühle steht die staunende Bewunderung. Niemand kann Worte finden, dieses selige Genießen und Schauen zu schildern. Man ahnt auf dem Boden unten nicht, wie schön dieses Gewebe von Wald und Wiese, von Feld und Wasser, Berg und Tal, Fels und Schnee ist. Wie duftend, wie freundlich und lieblich die Dörfer und Städte aussehen, als wäre in ihnen eine Sünde unmöglich, und wie freundschaftlich und traulich die Straßen und Wege die Wohnstätten der Menschen miteinander verbinden. Es ist wie eine herrliche Dichtung, was unter unseren Augen vorüberzieht. Ja, ich erkenne die Dörfer, die Täler, die Berge; sie sind mir ja alle vertraut, aber sie sind doch anders, sie sind ja wie verklärt, so rein, so farbenduftig. Ist all diese Pracht wirklich Wahrheit? Ich taste am Fahrkorb, an den Seiten, ich taste an den Gefährten, um zu versuchen, ob ich vielleicht bloß in einem schönen Traume schlafe, oder ob greifbare Wirklichkeit mich umgebe. Ich habe es gesehen, wie manche in eine Art Glücksrausch, in ein Gefühl unaussprechlicher Seligkeit verfallen. Manche lachen, andere weinen, wieder andere werden stumm. Es ist schwer, den Geist zur wissenschaftlichen Beobachtung zu sammeln. Man darf fast sagen: vor Staunen und Entzücken steht einem der Verstand still. Die paar Stunden sind verronnen, wie ebenso viele Minuten. Wir haben auch manches Einzelne genau beachtet, aber in einer Art Sinnesbetäubung durch die Pracht habe ich, trotz Vorsatz noch viel mehr zu beobachten, vieles übersehen. Das Entzücken lähmt. Ich glaube, der Dichter ist einmal im Ballon gefahren, der den Adler hoch in den Lüften sagen läßt: ‚Ach wär doch immer das stolze Glück, ach müßt' ich doch nimmer zur Erde zurück!' Beim Blick vom Ballon herab auf das Land, klare Luft und heller Himmel vorausgesetzt, überrascht stets am meisten die wunderbare Kraft und Harmonie der Farben. Die Wälder sehen aus wie das schönste, saftigste Moos, die verschiedenen Farbentönungen verschiedener Baum- oder Waldarten sind viel klarer zu sehen, als in der Regel unten auf der Erde. Die Farbenunterschiede von Kultur- und Naturwiesen, von verschiedenen Feldern, Obstbäumen usw. bilden ein herrliches Gewebe. Dazu kommt, daß vom Ballon aus gesehen, man häufig jeden Baum sich von seinem eigenen Schatten abheben sieht.

Die Seen erscheinen mehr in ihrer tiefen blauen oder grünen Eigenfarbe, wenn wir nahe über denselben stehen, während sie uns, unten an der Erde betrachtet, stets zu einem mehr oder weniger großen Teil oder auch ganz gespiegelte Himmelsfarben bieten. Alle Farbenunterschiede in der Landschaft erscheinen vom Ballon aus viel stärker und lebhafter, viel farbenfrischer, die Luftperspektive ist viel geringer als unten. Dennoch ist das Ganze nicht grell, ein wunderbarer harmonischer Duft umweht es. Steigen wir höher und höher, so werden die Farbenunterschiede geringer, ein feiner Dunstschleier legt sich allmählich zwischen uns und die Landschaft zu unseren Füßen. Bei über 4000 Meter Höhe hat er eine blaßviolette Färbung. Bei über 6000 Meter erschien mir das ganze Land unter uns stets leicht blaß, violett, dumpf abgetönt. Es ist ein viel größerer Genuß, in geringer Höhe, in Pausen bis 2000 Meter, über dem Boden zu fahren, als in 3000 bis 5000 Meter."

Die kühnste und interessanteste Ballonfahrt aber war der Versuch Andrees, mit seinen Gefährten Fränkel und Strindberg den Nordpol zu überfliegen.

Andrees Ballon faßte 5000 Kubikmeter und war mit Wasserstoffgas gefüllt. Nach der Berechnung und der Ansicht Andrees sollte er imstande sein, 3 Personen mit Instrumenten, Gepäck und Lebensmittel für 3 Monate, alles im Gewichte von zusammen 3000 Kilogramm, tragen zu können; weiter sollte er so dicht sein, daß er sich 30 Tage in der Luft halten konnte. Die wahrscheinliche Geschwindigkeit schätzte Andree auf 27 Kilometer in der Stunde oder 648 Kilometer in einem Tage. Binnen 30 Tagen hätte also der Ballon etwa 19400 Kilometer zurücklegen können, und dabei betrug die Entfernung von Spitzbergen nach der Behringstraße nur 3700 Kilometer, die also Andree nach seiner Annahme hätte in 6 Tagen durchfliegen müssen.

Gegen alle diese Annahmen und Berechnungen wurden sofort von maßgebenden Seiten Einwendungen gemacht und Andree aufs ernsteste vor seinem geplanten Unternehmen gewarnt. Allein der kühne Forscher ließ sich nicht abbringen. Im Sommer 1897 schiffte er sich mit seinen zwei Begleitern nach Spitzbergen ein, füllte vom 19. bis 22. Juni den Ballon mit Wasserstoffgas und trat am 11. Juli 1897 seine Fahrt in die Region des Packeises an.

Die Abfahrt begann bereits mit einem Mißgeschick, indem Andree zwei Drittel seiner Schlepptaue verlor. Am 17. August 1897 wurde eine von Andree abgelassene Brieftaube geschossen, welche die Nachricht brachte, daß bis zum 13. Juli die Fahrt gut gewesen sei. Im Jahre 1899 und 1900 fand man zwei Bojen, die am 11. Juli 1897, also noch am Tage des Aufstieges, ausgeworfen waren, und seitdem (also seit 11 Jahren) hat man kein Lebenszeichen mehr von diesen kühnen Nordpolfahrern.

Ob es sich je wird ergründen lassen, wie Andree mit seinen Gefährten umgekommen ist, ist höchst zweifelhaft.

„Es ist jetzt am 11. Juli ein Jahr verflossen," schrieb der Admiralitätsrat C. Koldewey im Jahrgang 1898 der Deutschen Revue, „seit Andree mit seinen beiden Begleitern Strindberg und Fränkel seine abenteuerliche Fahrt im Luftballon von dem Biragohafen auf der Däneninsel an der Nordwestküste Spitzbergens angetreten hat, um über den Nordpol hinwegzufliegen; aber bis zur Stunde liegt keine einzige sichere Nachricht über den Verbleib des Ballons und seine Insassen vor. Da drängt sich wohl die Frage auf: Ist es den kühnen Luftschiffern gelungen, den arktischen Winter zu überstehen? Sind sie noch am Leben? Und welche Aussichten haben sie eventuell, wieder zurückzukehren? Mit absoluter Sicherheit wird man diese Fragen nicht beantworten können; aber bei dem großen allgemeinen Aufsehen, welches das Unternehmen überall erregt hat, ist es immerhin von Interesse, auf Grund der Hilfsmittel, die Andree zur Verfügung standen, und der bekannten Naturverhältnisse der Expedition die Aussichten einer eventuellen Rückkehr etwas näher zu erörtern.

Bei der Sucht des Menschen für alles Wunderbare und Sensationelle, welches der Phantasie freien Spielraum läßt, ist es erklärlich, daß im Laufe des vergangenen Herbstes eine Menge von Gerüchten aufgetaucht sind, wonach der Ballon bald hier, bald dort gesehen sein sollte, über Norwegen, über Grönland, sogar noch im Januar über dem westlichen Alaska. Ganz besonderes Aufsehen erregte die Nachricht einiger norwegischer Fangschiffer, die an den Küsten des Eisfjordes Notschreie von Menschen gehört haben wollen, infolgedessen man Andree und seine Begleiter in Spitzbergen vermutete. So unwahrscheinlich dies auch sein mochte, so sah sich die norwegische Regierung doch veranlaßt, noch im Spätherbst ein Schiff nach Spitzbergen auszurüsten, um nähere Nachforschungen anzustellen. Das Schiff kehrte natürlich, ohne irgend eine Spur gefunden zu haben, unverrichteter Sache zurück.

Es bedarf kaum einer weiteren Erörterung, daß all diese Gerüchte nicht auf richtigen Wahrnehmungen beruhen konnten, sondern lediglich Phantasiegebilde sein mußten. Die Zeit, während welcher ein Luftballon schwebend in der Luft erhalten werden kann, ist eine äußerst beschränkte und kann sich unter keinen Umständen auf mehrere Wochen erstrecken, da fortwährend allein durch Diffusion, welche durch den Stoff hindurch stattfindet, eine nicht ganz unbeträchtliche Menge Gas entweicht und dadurch den Auftrieb verringert. Hierzu kommt noch, daß durch das unvermeidliche Steigen und Fallen eines frei schwebenden Ballons und durch die wechselnden Temperaturen ein weiterer, und zwar noch größerer Gasverlust stattfindet; alle bis jetzt unternommenen Ballonfahrten haben sich daher auch nur auf eine kurze Zeit von ein bis zwei Tagen erstreckt. Dieser Umstand war Andree, als einem erfahrenen Luftschiffer, sehr wohl bekannt, und er traf demnach auch seine Vorkehrungen, um den Ballon gegen unvermeidlichen Gasverlust möglichst zu schützen; doch betrug der Gasverlust nach den Angaben des Chemikers, Ingenieur Stake, vor dem Aufstieg im Mittel 51 Kubikmeter am Tage, entsprechend 56 Kilogramm Auftrieb. Nach den angestellten Berechnungen hatte der Ballon nach Abzug der Gondel, des Proviants und der sonstigen Ausrüstung, der Schlepptaue und des Gewichts der drei Personen noch 936 Kilogramm Auftrieb verfügbar, oder, wenn man annimmt, daß im Notfall von dem Proviant, den Schlepptauen und sonstigen Lasten etwa 800 Kilogramm als Ballast ausgeworfen werden konnten, so würde sich der Auftrieb auf etwa 1700 Kilogramm steigern. Danach sollte der Ballon imstande sein, sich etwa 30 Tage lang in der Luft zu erhalten, wenn man annehmen durfte, daß der tägliche Gasverlust nicht größer wäre als vor dem Aufstieg konstatiert. Dies ist aber nach den obigen Ausführungen keineswegs der Fall, sondern es ist mit Sicherheit auch unter den günstigen Bedingungen anzunehmen, daß der tägliche Gasverlust mindestens das Dreifache des in der Halle beobachteten betragen haben wird. Selbst im günstigsten Falle dürfte die Fahrtdauer des Ballons den Zeitraum von einer Woche nicht überschritten haben; erfahrene Luftschiffer bezweifeln auch noch diese Fahrtdauer und schätzen dieselbe nur auf wenige Tage.

Wohin kann der Ballon in dieser kurzen Zeit von höchstens einer Woche nun möglicherweise getrieben sein? Die direkte Entfernung von der Däneninsel auf Spitzbergen bis zum Pole beträgt etwa 1200 Kilometer, nach den Nordküsten Grönlands etwa ebensoviel und nach den Nordküsten Sibiriens bei Kap Tscheljuskin etwa 2000 Kilometer. Wenn man annehmen dürfte, daß für diese Strecke ein durchstehender Wind nach den betreffenden Richtungen hin wehte, so wäre es ja denkbar, daß der Ballon innerhalb der Dauer seiner Flugzeit einen dieser Punkte hätte erreichen können. Aber eine solche Annahme ist durch nichts gerechtfertigt. Über die Windsysteme innerhalb des Polarbeckens wissen wir außerordentlich wenig; das wenige, was wir wissen, lehrt uns, daß beständige Winde in der Umgebung des Poles über dem treibenden Packeise nirgends zu erwarten sind. Namentlich in den Sommermonaten sind die Winde meistens leicht und sehr veränderlich, es herrscht vielfach Windstille über der großen Eiswüste. Aus den Eistriften des „Fram" und der „Jeanette", die doch wesentlich durch die Winde beeinflußt wurden, geht diese Veränderlichkeit zur Genüge hervor. Da die Trift im Durchschnitt nach Westen und nördlich von Franz-Joseph-Land und Spitzbergen nach Südwesten gerichtet war, so folgt daraus, daß die resultierende Windrichtung in dem Meere zwischen Franz-Joseph-Land und Spitzbergen und dem Pole östlich und nordöstlich, also dem Unternehmen Andrees durchaus ungünstig ist. Wie demgegenüber an der Meinung hat festgehalten werden können, daß der Ballon an den Nordküsten Sibiriens gelandet sein könnte, ist mir ganz unerfindlich. Es ist völlig ausgeschlossen, daß in jenem Gebiete für eine Strecke von mehreren 1000 Kilometern ein geradliniger Wind mehrere Tage hintereinander wehen sollte, und der Ballon kann diesen Weg sicher nicht genommen haben. Nach einer Nachricht, die kürzlich das ‚Aftonbladet' in Stockholm veröffentlichte, hat die nach dem Norden Sibiriens zur Aufsuchung Andrees ausgesandte schwedische Expedition unter Herrn Stadling bis jetzt auch keine Spur von dem verschollenen Luftballon entdeckt. Die Nachforschungen sollen noch bis zur Jenisseimündung fortgesetzt werden, dürften aber auch hier ohne Erfolg bleiben.

Etwas mehr Wahrscheinlichkeit liegt schon dafür vor, daß der Ballon nach dem Nachlassen des südlichen Windes, mit dem er den im Hafen zurückgebliebenen Leuten am nördlichen Horizont aus Sicht gekommen war, mit einer östlichen Luftströmung gegen die Nordküste von Grönland getrieben sei. Doch ist es immerhin auch an dieser Stelle zweifelhaft, ob überhaupt unter veränderlichen Winden und dementsprechenden Hin- und Herfahrten die 1000 Kilometer und mehr bei der zur Verfügung stehenden kurzen Zeit zurückgelegt wurden.

Sind sonach die meteorologischen Verhältnisse dem Unternehmen wenig günstig, so scheinen nach dem Urteile erfahrener Luftschiffer die aeronautischen Schwierigkeiten die Möglichkeit eines Gelingens noch mehr in Frage zu stellen, und es hat vor Abgang der Expedition in den wissenschaftlichen Zeitschriften nicht an warnenden Stimmen gefehlt, die auf die großen Schwierigkeiten vom rein technischen Standpunkt aus hingewiesen haben. A. Berson vom preußischen Meteorologischen Institut, einer unserer erfahrensten Luftschiffer, bezeichnete das Unternehmen für das größte Wagnis, welches von Entdeckungsreisenden je geplant worden ist, mit äußerst geringen Aussichten eines Gelingens, beziehungsweise eines Davonkommens mit dem Leben. Er fügte ausdrücklich hinzu: ‚Ich persönlich habe bei Aufstiegen mit Ballons bis zu 3000 Kubikmetern Inhalt Fahrten von 300–500 Kilometer Länge bei Regen oder Schnee nur sehr schwer ausführbar gefunden, unterhalb der Regen- oder Schneewolken aber für längere Zeit unmöglich.'

Aus diesen Erörterungen geht jedenfalls so viel hervor, daß, wenn nicht ein glücklicher Zufall durch einen bald nach dem Aufstieg umlaufenden Wind den Ballon wieder zurück nach Spitzbergen oder Franz-Josephsland getrieben hat, ein Erreichen irgend einer der Nordküsten der arktischen Länder sehr wenig wahrscheinlich gewesen ist. Man wird deshalb kaum fehlgehen in der Annahme, daß der Ballon irgendwo in der großen Eiswüste des Polarmeeres niedergegangen ist und seine Insassen auf dem Packeise gelandet sind, und zwar spätestens eine Woche nach dem Aufstieg, also bereits in der zweiten Hälfte des Juli. Welches sind in diesem Falle die Aussichten der drei kühnen Luftschiffer, bewohnte Gegenden wieder zu erreichen? – Nach den Berichten ist der Ballon mit Proviant für etwa drei Monate, mit Gewehren und Munition und mit einem kleinen Schlitten und Boot belastet; doch was will eine solche Ausrüstung sagen, wenn es sich darum handelt, mehrere hundert Meilen über die rauhen und unebenen, vielfach zu ganzen Hügelreihen übereinander geworfenen, im Sommer mit schmelzendem Firn und Wassertümpeln bedeckten Eisfelder zu wandern!

Wenn es einem Nansen mit Hundeschlitten und der allerbesten und vollkommensten Ausrüstung nur möglich war, vom Schiffe aus etwa 200 Kilometer weiter nach Norden vorzudringen und es den ganzen Sommer, vier Monate, in Anspruch nahm, um unter den größten Mühen, Beschwerden und Gefahren die Strecke von 500–600 Kilometer nach dem Franz-Josephsland zurückzulegen, so wird man in der Annahme wohl nicht fehlgehen, daß es Andree, wenn der Ballon im Packeise niederging, nicht gelingen konnte, während der paar Herbstmonate bis Oktober Land zu erreichen. Man war dann gezwungen, im Packeise zu überwintern, ohne auch nur einigermaßen mit ausreichendem Proviant und den übrigen Hilfsmitteln versehen zu sein, um den langen arktischen Winter überstehen zu können. Auf ausreichende Erträgnisse der Jagd ist im Packeise im Herbst und Winter überhaupt nicht zu rechnen; selbst der Eisbär zieht sich während des Winters und der langen arktischen Nacht in die Nähe des Landes zurück und durchstreift nicht mehr die ausgedehnten Eisfelder. Selbst Nansen gelang es nur dadurch, den Winter über sein und eines Gefährten Leben zu erhalten, daß er sich am Lande eine Hütte bauen und im Herbst genügend Walrosse und Eisbären schießen konnte, um davon den Winter über leben zu können. Für Andree und seine Gefährten ist in dem angenommenen Falle einer Überwinterung im Packeise kaum eine Möglichkeit vorhanden, daß sie noch am Leben sein können. Aber auch unter der wegen der Entfernung sehr wenig wahrscheinlichen Annahme einer Landung des Ballons an den Nordküsten Grönlands ist wenig Wahrscheinlichkeit für eine glückliche Rückkehr vorhanden. Wenn es auch hier vielleicht gelingen dürfte, durch Erlegung von Moschusochsen, Bären und Seehunden und das Bauen einer Winterhütte im Herbste den Winter zu überstehen, so ist die Entfernung bis zu den nächsten Ansiedelungen der Eskimos an der Melvillebai durch Kennedykanal und Smithfund doch viel zu groß, als daß sie von Andree bei den äußerst geringen zur Verfügung stehenden Mitteln zurückgelegt werden könnte. Nur ein zufälliges Zusammentreffen mit einer zur Erforschung der Nordküsten Grönlands ausgesandten Expedition, falls diese soweit vorgedrungen sein sollte, böte hier Aussicht auf Rettung. Ebenso liegt der Fall, wenn der Ballon gegen die Nordküsten von Grönland getrieben sein sollte. Auch hier kann von einer Rettung nur die Rede sein, wenn eine Abholung durch eine Expedition stattfindet. Am günstigsten liegt der Fall, wenn der Ballon wieder nach den Nordküsten Spitzbergens oder Franz-Josephsland zurückgetrieben und hier gelandet wäre; dann wäre wenigstens die Möglichkeit vorhanden, daß die Luftschiffer sich nach der Westküste Spitzbergens hätten retten und hier von einem der zahlreichen Fangschiffe hätten aufgenommen werden können. Das letztere scheint aber nicht der Fall gewesen zu sein, da sonst schon eine Nachricht darüber hätte eintreffen müssen. Von Franz-Josephsland könnte die Expedition nur durch eine eigens zu diesem Zwecke ausgehende Aufsuchungsexpedition zurückgebracht werden.

Nach allen diesen Erwägungen, die sich direkt aus den auf zahlreichen Reisen in arktischen Gegenden gesammelten Erfahrungen ergeben, ist leider nur eine sehr geringe Wahrscheinlichkeit dafür vorhanden, daß Andree und seine Gefährten in die Heimat zurückkehren werden."

Wir alle wissen, wie recht der Admiralitätsrat Koldewey behalten hat. Auch nach den heutigen Erfahrungen muß es für ausgeschlossen gelten, daß sich ein Luftballon von der Art des Andreeschen 30 Tage lang in der Luft erhalten kann. Bis zum Jahre 1901 war die längste Fahrt die des Franzosen De La Baux, der 35 Stunden 45 Minuten gefahren war. Seitdem ist dieser Rekord zwar wiederholt erheblich geschlagen worden; aber auf eine Dauerfahrt von 3 Tagen hat man es noch nicht gebracht, so daß die Hoffnung Andrees auf eine 30tägige Fahrt sich direkt als chimärisch erweist.

Ebensowenig begründet war Andrees Annahme, mindestens 3700 Kilometer zurücklegen zu können. Auch diese Entfernung hat bis zur Stunde noch kein Ballon auch nur annähernd geschafft. Die besten Weitfahrten haben etwa die Hälfte, 1900 Kilometer, bezwungen.

Der Zauber und die Gefahren der Luftschiffahrt

Während wir mit unseren Apparaten in der schwankenden Gondel Platz nehmen, lassen sich vielleicht die abmahnenden Warnungen der Freunde noch ein letztes Mal vernehmen: „Welche Torheit, sein Leben zu wagen für eine unlösbare, unfruchtbare Frage! Dieser gebrechliche Korb von Weidenruten, der bald ein Spiel der Winde sein wird – weißt du, wohin er dich tragen wird?" ...

Gewiß, es sind wohlgemeinte Vorwürfe. Aber sie haben eine ganz andere Wirkung als die beabsichtigte. Der Luftschiffer fühlt sich mutiger und freier als je. Er verspricht, in einigen Stunden zurückzukehren und kommandiert: „Los!"

Von welchem Punkte aus man auch aufsteigt, immer hat der Moment der Abfahrt etwas Feierliches. Die Blicke der Freunde folgen uns, während wir langsam und stolz aufwärts schweben. Schon dies ist ein ganz neues und eigentümliches Gefühl. Die Bewegung, welche uns hinanträgt, ist für uns vollständig unmerklich; wir wissen aber, daß wir emporsteigen, denn in immer weitergreifendem Bogen breitet sich die Welt unter uns aus. Wir werfen den Augen, die uns folgen, einen letzten Blick, einen letzten Gruß mit der Hand zu und suchen uns selbst von den Gefühlen Rechenschaft zu geben, welche uns so ungewohnt bewegen.

Der erste Eindruck ist der eines ganz neuen, wunderbaren Wohlbefindens. Dazu gesellt sich die kleine, eitle Freude, frei über der Welt der Menschen dahinzuschweben und das edlere Vergnügen, eins der prachtvollsten Schauspiele zu bewundern. Was die Bewegung des Ballons betrifft, so macht sich dieselbe in keiner Weise bemerkbar. Wir glauben in der Tat still zu stehen. Aber die Erde sinkt immer tiefer unter uns hinab; die Gruppe unserer Freunde schrumpft zusammen und ihr Abschiedsruf verhallt.

Inzwischen treten die Werke der Menschenhand rasch in den Hintergrund. Die hohen Schlösser und Kirchen, die ragenden Türme sind jetzt fast dem Boden gleich, aller Glanz der Architektur demütigt sich vor dem Himmel.

Die Erde glättet sich zur Ebene und es gibt weder Berge noch Täler mehr; man sieht weiter nichts als einen regelrecht gezeichneten, sauber kolorierten Situationsplan. Aber ich verstehe den Enthusiasmus der ersten Luftschiffer, als sie sich über die Erde emporgehoben sahen und mit siegreichem Auge die ungeheure Rundung umspannten.

Der erste vorherrschende Eindruck ist also gewissermaßen das Gefühl der Unbeweglichkeit im Gegensatze zu der Vorstellung, die man sich im voraus von einem gewaltsamen Durchschneiden der Luft gemacht hat.

Das zweite ist das Entzücken über das unerwartete und unvergleichliche Schauspiel, welches man sich plötzlich zu seinen Füssen entwickeln sieht. Bald gesellt sich ein dritter Eindruck anderer Art hinzu; denn je höher wir steigen, um so mehr regt sich der Zweifel an der Festigkeit und Zuverlässigkeit des Luftschiffes. Wie, wenn nun plötzlich alles Gas ausströmte? Wenn ein Tau risse? Wenn der Boden der Gondel zerbräche? Wenn ein Sturm, ein Wirbelwind uns packte und hinabschleuderte?

Alle diese Befürchtungen mögen natürlich sein, aber noch wahrscheinlicher ist, daß sie grundlos sind. Im physikalischen Sinne wenigstens ist der Ballon in der Luft ebenso fest wie der Stein auf dem Boden.

Doch folgen wir dem Schiffe weiter auf seiner Wolkenbahn! Wir schweben über Wiesen und Fluren und die geringsten Gegenstände zeichnen sich scharf und sauber auf dem grünenden Grunde ab, bis sich allmählich ein zarter Nebel über das Gefilde breitet. Aber unter diesem leichten Schleier dringen singende, klingende Stimmen hervor. Wir hören den Ruf der Wachtel und das Abendlied der Lerche, wir hören die schallenden Chöre der Frösche, und selbst das Geschwirr der Grillen tönt bis zu uns herauf. Und überall um uns her traumhafter Frieden.

Schmetterlinge flattern um uns herum. Wohl jeder glaubt, daß diese kleinen Wesen ihr kurzes Dasein auf dem Blumenteppich der Wiesen zubrächten, ohne sich zu größeren Höhen zu erheben. Sie steigen aber in der Tat ebenso hoch als die Vögel unserer Wälder und zuweilen sogar bis zu 1000 Meter empor. Und ist es nicht sonderbar, daß sie unermüdlich und wie im neckenden Spiel den Ballon umgaukeln, während ihn die Vögel erschreckt zu fliehen pflegen? Vielleicht liegt der Grund darin, daß große Schwäche die große Macht nicht fürchtet; vielleicht sehen auch die Augen der Falter nicht wie die Augen der Vögel; wahrscheinlich aber sind diese

Rothenburg o. d. Tauber. Von 2300 Höhe gesehen

zarten Flügel doch nur von irgend welchem stärkeren Windstoß widerstandslos mit emporgerissen worden.

Ich stehe auf, stütze mich auf den Rand der Gondel, wie auf einen himmlischen Balkon, und lasse meine Blicke schweifen.

Da, 3000 Meter unter mir, wimmelt und schafft zahlloses Leben. Da grünen die Wiesen, da reifen die Saaten; da hat sich der Mensch die Wohnstatt gegründet, aber hier oben umgibt uns schaudernd die unendliche Leere.

Unseren Stimmen antwortet kein Echo mehr, und dann möchte ich fragen, ob man noch der Erdenwelt angehöre, oder ob dieses öde Schweigen bereits jene ungeheuren stummen Räume verkündet, in welchen die Welten kreisen.

Der Himmel hat eine uns völlig ungewohnte Färbung. Im Zenit graublau und dunkel, wird er, je tiefer hinab um so heller, bis er am Horizonte fast weiß wird.

Ich brauche meine kleinen Leser wohl nicht daran zu erinnern, daß dieses blaue Gewölbe des Himmels ein bloßer Schein ist.

Das von der Sonne ausstrahlende weiße Licht enthält nämlich sämtliche Farben in sich und die Luft läßt sie sämtlich hindurchgehen, mit Ausnahme der blauen, welche sie nach jeder Richtung zurückwirft. Dies ist der Grund, weshalb wir der Luft eine blaue Farbe zuschreiben. In der Tat aber ist die Luft an sich vielmehr farblos und jenes Blau eben nur eine Wirkung des zurückgeworfenen Lichts. Wäre die Luft selbst blau, so würden, wie schon Saussure bemerkt hat, die fernen und mit Schnee bedeckten Berge auch blau erscheinen, was bekanntlich nicht geschieht. Wir wiederholen also: die Luft ist farblos; aber wir setzen hinzu: sie ist nicht absolut durchsichtig, da sie eben die blauen Strahlen des Sonnenlichts auffängt und zurückwirft.

Der Weltenraum dagegen, der unermeßliche Raum, in dem die Sterne ihre Bahn vollenden, ist absolut schwarz. Je höher wir zu den Grenzen der Erdatmosphäre emporsteigen, desto dünner und lockerer wird der Luftschleier, und desto schwärzer muß folglich der Himmel erscheinen. Wir haben jetzt in einer Höhe von 3000 Meter ein Drittel des Luftmeers durchmessen, nicht zwar dem Raume, aber dem Gewichte nach. Kein Wunder also, wenn der Himmel über uns so tieffarbig erscheint, und wenn er der Erdoberfläche zu ein helleres Blau zeigt. Übrigens trägt auch die Abnahme der Feuchtigkeit dazu bei, den Azurglanz des oberen Himmels zu vermindern.

Sehr bald empfinde ich ein eigentümliches Gefühl von innerer Kälte. Ich atme nur mit Mühe, es braust mir in den Ohren und eine halbe Minute lang habe ich starkes Herzklopfen. Indes haben diese Erscheinungen ihren Grund ohne Zweifel nur in der immer mehr zunehmenden Trockenheit der Luft.

Ich trinke ein Glas Wasser und finde mich dadurch sehr erleichtert. Sowie ich die noch halb volle Flasche öffne, fliegt der Kork mit einem lauten Knall heraus, wie aus einer Flasche Champagner. Es war reines Quellwasser; aber dennoch erklärt sich diese Entladung sehr leicht, wenn man bedenkt, daß wir hier oben fast ein Drittel weniger Luft haben als auf der Erdoberfläche und daß mithin der atmosphärische Druck auf zwei Drittel beschränkt war.

Die geometrische Gestalt der Erde erscheint von der Höhe aus sozusagen paradox. Da die Erde eine Kugel ist, so sollte man meinen, daß, je höher man über sie emporsteigt, um so deutlicher auch die Kugelform hervortreten müßte.

Allein man nimmt vielmehr das Gegenteil wahr. Statt sich zu runden, plattet die Kugel sich ab, ja, sie vertieft sich beckenartig, so daß Himmel und Erde am Ende nur zwei hohle Wölbungen darstellen, die am Horizont gleichsam zusammengelötet sind und in deren Mitte das Luftschiff schwimmt.

Nichtsdestoweniger entspricht diese Erscheinung durchaus den Gesetzen der Perspektive. Nehmen wir z. B. an, wir befänden uns 3000 Meter hoch und 100 Ballons schwebten gleich hoch in horizontaler Linie und durch Zwischenräume von je 1 Kilometer voneinander getrennt, so ist zwar jede der Linien, welche die Ballons an die Erde knüpfen, 3000 Meter lang, aber doch erscheinen dieselben je nach ihrer Entfernung von der unsrigen immer kleiner. Es verkürzen sich also infolge einer Sinnestäuschung die unteren Endpunkte dieser Linien. Ganz dasselbe aber würde stattfinden, wenn wir unsern Standort auf der Erde nähmen, nur daß dann nicht die Fußpunkte, sondern die Gipfelpunkte der Linien sich verkürzen. Ein anderes geläufiges und deshalb vielleicht ansprechendes Beispiel eben desselben Phänomens bietet die anscheinende Senkung der Wolken vom Zenit nach dem Horizont.

Anders ist das Bild, wenn der Himmel bewölkt ist. Bald verliert sich der Ballon in den Wolken, bis sich plötzlich die Luft um uns herum verfinstert und die Erde mit einem Schleier überdeckt ist, dessen Dichtigkeit in der

Richtung nach dem Horizonte zunimmt. Bald erkennen wir die Erde nur noch senkrecht unter uns und schweben in einem unermeßlichen Nebel, der von weitem gegen uns herzuwagen scheint, ohne uns doch zu berühren.

Wir glauben in dieser dicken, finstern Luft stillzustehen; unsere Sinne sind wie gebunden.

Mit einem Male hören wir eine wundervolle Musik, welche aus der Wolke selbst nur wenige Meter von uns herzuklingen scheint. Unsere Augen suchen die grauen Tiefen zu durchdringen; aber wie sie auch suchen mögen, überall stoßen sie auf die öde, gleichförmige Masse, die uns rings umgibt.

Mit Andacht lauschen wir der geheimnisvollen und doch so wohlbekannten Melodie; denn es sind die Töne eines ergreifenden Liedes, welche wir vernehmen. Ehe sie noch verstummen, wende ich mich rasch zu meinen physikalischen Instrumenten und überzeuge mich, daß in demselben Maße als wir höher in die Wolken hinaufgelangen, die Feuchtigkeit ab und die Wärme zunimmt.

Der Nebel ist also gleichsam sonorer als die reine Luft; er sammelt die Töne mit solcher Stärke, daß wir, so oft wir bei einer Fahrt durch die Wolken das Orchester einer unter uns liegenden Stadt gehört, uns dicht neben diesem zu befinden geglaubt haben.

Wenn daher die Wolkenschicht auch die Stadt selbst für den Luftschiffer unsichtbar macht und den Horizont des Auges verengt, so erweitert sie dafür denjenigen des Ohres, und sie kann dem letzteren Töne zuführen, die anderenfalls nicht mehr hörbar sein würden.

Unser Ballon schwebt inmitten einer ungeheuren Hohlkugel, deren unterer Teil durch eine waagerechte Fläche abgeschnitten ist. Dieser Abschnitt wird durch ein Trugbild der Erde oder richtiger gesprochen, durch eine ungeheure Decke, durch einen Kontinent von Wolken dargestellt, der uns von der wirklichen Erde vollständig trennt und die Wohnstätten der Menschen für uns unsichtbar macht.

Wir sind jetzt Bürger des Himmels, und durch eine graue, undurchdringliche Nebenschranke geschieden von der harten Klippe, die wir Erde nennen und an der so viele stolze Ballons gescheitert sind. Was sollten wir hier noch fürchten? Hier, wo der alles bändigende Druck der Schwere überwunden scheint? Hier in einer Welt erhabener Ruhe und ewig ungestörten Friedens?

Der luftige Schleier, der uns von dem Schauplatze menschlicher Verirrungen und Leidenschaften trennt, ist weich und zart und lockend gleich dem Gewebe einer Sirene. Wie? Wenn wir uns in eins dieser zauberischen Täler hinabsetzten? in eine dieser stillen Buchten steuerten?

Über unseren Häuptern wölbt sich ein ungeheurer Dom; einzelne Wolken schweben in ihm dahin; aber sie scheinen nur den Zweck zu haben, die unermeßliche Größe dieses Olymps zu zeigen.

Nach Osten zu strahlen die Farben eines Regenbogens, der eben verlöschend noch ein letztes Glanzlicht auf den dunklen Azur des Himmels wirft, während von Westen her die Sonne die Ränder all der flockigen Wölkchen umher versilbert und sie in ein leuchtendes Vlies verwandelt.

Unter diesen leichten Floren aber erhebt sich in riesenhafter Kette ein anderes Wolkengebilde. Es sind die wahren Alpen des Himmels, Gipfel auf Gipfel übereinandergetürmt, bis die letzten Spitzen sich im Widerschein der Sonnenglorie verlieren. Einige dieser stolzen Masten scheinen von Lawinen oder Gletschern durchfurcht, andere ragen in kühner Kegelgestalt in den unendlichen Raum empor; kristallene Wände, blitzende Hörner, schroffe Pyramiden – eines drängt sich an das andere.

Gleichzeitig mischt sich ein Gefühl der Furcht in die Bewunderung des Menschen, und überwältigender noch als der Anblick dieser majestätischen Natur ist ihr erhabenes Schweigen. Darf ich aussprechen, was ich fühle, so muß ich sagen: es zermalmt gleichsam den menschlichen Verstand, während es ihn doch zugleich verhindert, der Unendlichkeit gegenüber seine Zwergnatur zu vergessen. Selbst der Ballon gleitet geräuschlos dahin; der Laut der menschlichen Rede stimmt sich zum scheuen Geflüster herab; und nur wenn das straffgespannte Tauwerk ächzt, schallt aus der Höhlung des Ballons ein seltsames Echo zurück.

Und doch lockt diese himmlische Natur uns mit derselben magischen Gewalt, mit der der Ozean und die Wüste uns lockt. Es ergreift uns gleichsam der Schwindel des Unendlichen; wir möchten fliehen und möchten doch ohne Aufhören über diesen grenzenlosen Ebenen umherirren. Allein bereits erinnert uns die sinkende Sonne, daß es Zeit wird, die Region der Bäume zu verlassen. Nur zu lange schon haben wir uns dem Joch der Schwere entzogen; es gilt zum alten Gehorsam und zu der irdischen Wohnstatt zurückzukehren.

Die Wolkengipfel nähern sich zusehends, und bereits tauchen wir in tiefe Schluchten hinab: das Land der Luftgeister tut sich auf. Mag es uns zu verschlingen drohen: es ist nur eine Täuschung; Berge, Täler und Gletscher wehen auseinander wie leichte Schleier, um unserem Auge die heimatliche Erde wieder zu enthüllen. Schon schimmern tausend Feuer zu uns herauf; tausend glühende Punkte beginnen sich zu entzünden. Wir müssen uns zur Landung anschicken, und bald wird unser Anker fest in den festen Boden greifen.

Das Blau des Himmels erscheint um so lebhafter, je freier der Horizont von Wolken wird; um so reiner, in je höhere Regionen der Ballon empordringt. Will man jedoch Lufttinten finden, welche mit dem leuchtenden Azur der Tropengegenden verglichen werden dürften, so reicht es nicht hin, sich einige tausend Meter zu erheben. Derartige Farben werden sich dem Auge des Luftschiffers sicherlich so lange nicht zeigen, als er sich begnügt, das Firmament durch jene Lücken hindurch zu betrachten, welche sich zwischen den einzelnen hin und her ziehenden Dunstmassen öffnen. Denn diese großen kumulusartigen Wolkengehäuse schwimmen niemals in einer trockenen Atmosphäre. Sie verraten vielmehr, daß das Himmelsgewölbe mit Dünsten beladen ist, welche, zwar noch gestalt- und farblos, jedoch massenhaft genug sind, um den bläulichen Ton des Firmaments abzuschwächen.

Selbst im Vollicht des Tages gleichen die Wolken der hohen Regionen nicht denen, welche wir über der Erdenoberfläche bemerken. Sie werden vielmehr glänzender und formenbestimmter mit der zunehmenden Höhe; und es dauert nicht lange, so spiegelt sich der Ballon auf ihrer Fläche mit überraschender Deutlichkeit wieder. Nur, daß wiederum der Spiegel der Wolken nicht demjenigen unserer Seen und Teiche gleicht. Zuweilen möchte man sogar glauben, das Abbild einzelner Wolken selbst auf andern weniger hohen Schichten zu erkennen, denn fast immer erheben sich leuchtende, blendende Dunstmassen über den umgebenden Wolkengürtel. Goldene Gebirge scheinen übereinander emporzusteigen, während leichtes Federgewölk ihre Gipfel umkränzt und noch andere dieser reizenden Gebilde sich unerreichbar in einen Ozean von Licht verlieren.

Will man die Wolkenbildungen in ihrer ganzen Schönheit bewundern, so muss man an einem Herbstmorgen aufsteigen, wenn die Atmosphäre noch mit den Dünsten der Nacht beladen ist. Ich selbst habe nur ein einziges Mal vom Bord des Luftschiffes aus die Sonne aufgehen sehen. Es war in den letzten Tagen des August. Ein dampfiger Nebel verhüllte noch die Erde – denn es war eben erst 4 Uhr vorüber – und wiewohl wir uns ohne

Hindernis erhoben, bedurften wir einer Viertelstunde, um diesen Dünsten zu entrinnen, die uns bis zu einer Höhe von 1600 Meter begleiteten.

Allenthalben wogten die grauen Schwaden um uns her, indem nur nach Osten zu ein silberner Streif den kommenden Tag verriet.

Dennoch waren wir weit entfernt, die Großartigkeit des Schauspiels zu ahnen, welches uns erwartete, als plötzlich eine Strahlenlawine sich über die Dämmerung ergoß und nun die Sonne selbst hervortrat.

Die auf der Ebene sichtbaren Sonnenaufgänge geben in der Tat nur ein schwaches Nachbild solcher Szenen. Bald stiegen Gletscher und Eisberge vor uns auf, bald breiteten sich ungeheure Ebenen, gleich goldenen Seen aus. Und aus diesen Lichtgebilden, diesen Schneegebirgen tauchten wieder neue Gebilde: Wolken, die des Weges, dem sie folgen sollten, noch ebenso ungewiß zu sein schienen als der Formen, die sie anzunehmen hätten.

Alle Farben des Irisgürtels zogen in reizendem Wechselspiele darüber hin, bis die Sonne, wie erschöpft, wiederum erblich und endlich in dichten Dünsten verschwand. Ein ungewisses Grau umgibt uns; nur hier und da zerreißt eine Spalte das trübe Gewebe, öffnet einer jener Gletscher ein Tal, uns die Erde zu zeigen, die jetzt einer Reihe dunkler Inseln auf silbernem Grunde gleicht. Denn das Licht des Morgens und der phosphoreszierende Tau haben sich gleichsam auf den weiten Wiesen und Fluren verdichtet.

Da tun sich von neuem die goldenen Siegestore auf; an dem äußersten Ende eines unermeßlichen Tales erscheint die Sonne von neuem, um Himmel und Erde mit einem Meere unwiderstehlichem Licht zu überfluten. Und nun steht er da, der glorreiche Tag, und die Wolkenriesen liegen ihm zu Füßen, ein ohnmächtiger Nebel!

Wir schweben mittlerweile in einer Höhe von 5600 Meter, ohne daß die um uns herrschende Kälte unser Entzücken gestört hätte. Der Ballon, der mit dem Tau des Morgens beladen aufgestiegen ist, hat sich mit einer Franse blitzender Eisperlen geschmückt, die sich erst wieder zu lösen beginnen, als wir endlich die feierlichen Regionen verlassen, um zur Erde niederzusteigen.

Doch ich muß darauf verzichten, die Erhabenheit der Szenen zu schildern, welche droben im Luftreich an dem Auge des einsamen Schiffers vorüberziehen, und füge nur noch das eine hinzu, daß auch der Anblick der irdischen Landschaft von der Gondel des Ballons aus ein durchaus eigentümlicher und oft kaum minder bewundernswürdiger ist.

In dieser Beziehung werde ich mich nie ohne Gemütsbewegung eines Aufstieges erinnern, der mich in der Stunde des Sonnenuntergangs über London hinwegtrug. Eben als der Ballon über London Bridge schwebte, befanden wir uns 2300 Meter über dem Spiegel der Themse. Wir waren dabei der Erde noch immer nahe genug, um die einzelnen Züge des Bildes, welches sich uns darbot, nicht aus den Augen zu verlieren, während andererseits der Blick ungehemmt über die Wohnstätten von 4 Millionen menschlicher Wesen hinausschweifte. Denn wir überschauten nicht allein diese ganze ungeheure Häusermasse, die schon Janson in mehr als einem Sinne mit Recht das compendium totius regni nennt, sondern auch die stundenlangen Reihen der dazu gehörigen Villen und Gärten und Parks, und je tiefer wir herabstiegen, um so klarer stellte sich jede Einzelheit dem Auge dar. Die Themse wand sich leuchtend hindurch, mit zahllosen Schiffen und Booten besetzt; ich verfolgte sie bis zur Mündung bei Gravesend und übersah gleichzeitig die Küsten im Norden bis Norfolk, im Süden bis in die Fruchtebenen von Kent, indes ich vergebens die schimmernden Linien Frankreichs suchte.

Ein leichter, bläulicher Rauch stieg von dem ganzen auf der Nordseite der Themse gelegenen Teile der Metropole auf; dagegen erschienen die Dünste über dem südlichen Teile dichter und schwerer. Hier über Southwark, Lambeth und Rotherhithe mischte sich offenbar ein Nebel hinzu, der von der Erde kam und sich sehr deutlich durch eine mannigfach gekrümmte Linie abgrenzte. Diese Nebellinie entsprach aber genau den mannigfachen Hebungen und Senkungen des Kies- und Sandbodens, auf welchen alle an die Themse stoßenden Stadtteile erbaut sind. Erst in weiterer Entfernung von dem Strome begegnet der durchlassende Untergrund den Schichten des plastischen Tons, innerhalb deren die Durchsickerungen aufhören müssen.

Unsere so weit von der Erde entfernten Augen erlangten gewissermaßen die Fähigkeit, vorahnend in die Tiefen zu dringen und die Ursache der hier vor sich gehenden Phänomene zu begreifen. Ich habe London während der Nacht gesehen; ich habe es während des Tages in einer Höhe von 6500 Meter überflogen; ich habe oft die Pracht des Firmaments bewundert; aber nichts von allem kam den großen Eindrücken eben diesem Aufstiege gleich. Und nicht dem Auge allein, auch dem Ohre offenbaren sie sich. Denn in immer gleichem Rhythmus tönt das Brausen der Riesenstadt zu uns herauf: der Chor der schaffenden Arbeit, die Stimme des lebenwebenden Gedankens! Erst, nachdem wir 6 Kilometer zurückgelegt haben, sind wir wieder allein.– – –

Wir sind einem Gewitter nähergerückt, wir hören den Donner, sehen die Blitze, doch um uns her bleibt die Atmosphäre rein, und ganz in Gold getaucht verfolgt das Luftschiff seine Bahn. Ich stoße einen Ruf aus und lausche: nach Verlauf von 6 Sekunden antwortet ein Echo. Die Tiefe des Echos überrascht; es scheint wirklich vom Horizont auszugehen und hat einen seltsam dumpfen Klang.

Wir passieren einen Wald. Geheimnisvolle Stille um uns her. Nur zuweilen das Summen eines Insektes, das Zwitschern eines Vogels. Aber jetzt unterbricht den Frieden der Lüfte von neuem das Grollen des Donners, und ferne Wolken kommen nähergezogen. Wir selbst freilich glauben noch immer unbeweglich stillzustehen. Denn mag der Luftschiffer die Augen schließen oder sie zu der Gaskugel, die ihn trägt, emporrichten: es bleibt ihm vollständig unmöglich, die eigene Fortbewegung wahrzunehmen.

Das Gewitter, welches wir mittlerweile aufmerksam beobachtet haben, steht ohne Zweifel in derselben Zone, in welcher wir schwimmen. Als ob wir davon angezogen würden, nähern wir uns gegenseitig mit der Schnelligkeit von zwei einander begegnenden Eisenbahnzügen.

Wir kreuzen düstere Waldlandschaften mit ihren Felsenmassen und nähern uns den Wetterwolken immer mehr. Binnen weniger Minuten werden wir davon umringt sein. Es bleiben uns bloß zwei Auswege übrig – entweder so hoch zu steigen, daß wir über das Bereich des Gewitters hinauslangen, oder ohne Zeitverlust die Niederfahrt zu beginnen.

Während wir noch überlegen, befinden wir uns bereits mitten im Regen. Schallend schlagen die Tropfen auf die gespannte Wölbung des Ballons, und unter uns rauscht der Wind in den Kronen des Waldes. Mit einer Geschwindigkeit von 10½ Meter in der Sekunde fortgetragen, fliegt der Ballon wie ein Pfeil. Aber er fliegt gerade auf die Dächer einer Stadt zu, welche uns mit Riesenschritten entgegenkommen, und schon hören wir ein verworrenes vielstimmiges Geschrei.

Um unter Sturm und Gewitter glücklich zu landen, muß man nicht bloß Geistesgegenwart, sondern auch einen raschen Überblick und ganz besonders eine praktische Gewandtheit besitzen, die nur die Frucht langer Erfahrung sein kann. Ebenso kann sich der Aeronaut wissenschaftlichen Beobachtungen nur dann mit voller Ruhe hingeben, wenn er nicht bloß hoffen darf, der Ballon werde sicher sein, sondern wenn er auch die Gewißheit hat, daß der Lenker desselben jeder Gefahr gewachsen ist.

Das Knacken der Zweige und Äste beim Niedergang überzeugt uns, daß wir die Gipfel der Bäume streifen; aber der mächtige Ballon scheint in jedem Augenblicke wieder aufschweben zu wollen. Hat er einmal den Boden berührt, so springt er alsbald wieder empor. Dies wiederholt sich mehrere Minuten lang, bis er erschöpft, Luft und Leben aushauchend am Bande einer Allee liegen bleibt, wo wir auszusteigen beschließen.

Wir beeilen uns, unsere Instrumente zu bergen und den Ballon völlig zu entleeren.

Hunderte von Händen wetteifern, uns Hilfe zu leisten. Noch vor Einbruch der Nacht finden wir gastfreundliche Aufnahme.

Wir waren wie durch eine Art Attraktion dem Ungewitter gerade entgegengeführt worden. Diese Bewegung der verschiedenen Luftströmungen nach dem Punkte des geringsten barometrischen Drucks hin erklärt sich von selbst und gibt zugleich Aufschluß über das allgemeine Verhalten der Zyklone und Stürme.

Wären wir, anstatt abwärts zu steigen, in der Zone des Gewitters geblieben, so würde uns jedenfalls der Zug desselben ergriffen haben. In dieser Weise gleichsam auf den Fittichen des Blitzes einhergetragen zu werden, ist vielleicht ein der Wissenschaft würdiger Ehrgeiz. Nur wird uns niemand dafür bürgen, daß der Blitz nicht das Gas entzündet oder uns selbst tödlich trifft; und wenn möglicherweise infolge der Isolierung des Ballons weder das eine noch das andere stattfände, so wäre eine derartige Fahrt immer ein Versuch auf Leben und Tod.

Ich habe von jenen Eindrücken gesprochen, welche das Aufsteigen begleiten, und betone nochmals, daß der Luftschiffer ein Gefühl absoluter Ruhe empfindet. Da ist nichts, was die Sinne erregt; selten nur dringt ein Laut aus der Tiefe; nicht die leiseste Bewegung läßt sich wahrnehmen. Man sitzt in der Gondel, man beobachtet, man plaudert, man schreibt: kurz, es ist ein Wohlbehagen, wie wir es nur im Traume finden, wenn wir zu fliegen glauben. Freilich knarrt die kleine Weidenrutengondel bei der geringsten Bewegung und manchmal schwankt sie gar bedenklich hin und her; aber die kürzeste Erwägung genügt, um die Überzeugung zu gewähren, daß die Gefahr nur eine scheinbare ist.

Man kann dem Löwen in die Augen sehen und aus nächster Nähe auf ihn schießen; man kann eine Armee zum Sturme führen; man kann den größten Heldenmut entwickeln und dennoch schwindlich sein. Es ist dies eben ein Gefühl, welchem oft selbst der stärkste Mann nicht zu widerstehen vermag. Andererseits freilich erscheint der Schwindel oft genug nur als eine Wirkung erregter Vorstellungen und man fühlt sich fast augenblicklich von diesem Alp befreit, sobald man sich dazu versteht, den Blick ruhig auf die Erde zu richten. Obschon ich selbst durchaus nichts von derartigen Anwandlungen erfuhr, so darf ich doch nicht unerwähnt lassen, daß auch auf mich die Tiefe ihren magischen Zug ausübte. Wer je schon an einem mächtigen Wassersturze oder am Rande eines Abgrundes stand, wird mich verstehen, wenn ich sage, daß mir mehrmals der Gedanke durch das Hirn zuckte, mich aus der Gondel hinauszustürzen.

Der Augenblick der Landung ist ohne Zweifel der gefährlichste, zugleich aber auch derjenige, in welchem Mut und Kunst des Menschen den Kampf gegen die Elemente am siegreichsten bestehen.

Der durch den raschen Fall verursachte Windzug erregt eine ähnliche Empfindung, wie die Fahrt auf einer Lokomotive. Man fühlt, daß die Luft gleichsam massiv wird. Die Strömung ist nicht kräftig genug, um uns zu halten, wird aber bald stark genug werden, um uns zu ersticken.

Fast scheint uns die Erde entgegenzufliegen.

Der Ballon fällt unter ununterbrochenem Wirbeln, ja er fällt nicht mehr, sondern er stürzt, und wollen wir nicht scheitern, so gilt es sofort wieder zu steigen. Einige Säcke Ballast, welche wir auswerfen, heben uns von neuem empor. Wir treiben einige Sekunden vorwärts, bis sich eine sich weiterstreckende Ebene unter uns zeigt. Ich betrachte sie durch mein Fernrohr, und da ich nicht Häuser, Kirchen, Schlösser usw. bemerke, so beschließe ich, hier niederzufahren. Ich hoffe, wir werden ebenso gemächlich aus unserer Gondel steigen, wie man aus einem Wagen steigt. Allein ein kräftiger Wind treibt uns unaufhaltsam einem nahen Walde zu. Will ich also nicht in die Bäume geraten, so muß ich, ohne eine Sekunde Zeit zu verlieren, das Ventil ziehen. Es muß so weit als immer möglich geöffnet werden, damit das Gas in vollen Strömen sich ergießen kann. Wir werden dann den Boden erreichen, freilich ohne die Gewalt des Gegenstoßes nur zu ahnen.

Die Wimpel zerreißen, die Gegenstände auf der Erdoberfläche werden zusehends größer, die beiden Anker fassen Grund, und jetzt – jetzt kommt der Stoß! Ich springe mit aller Kraft empor und klammere mich mit beiden Händen an den Reifen der Gondel.

Ein zweiter Stoß! Wehe dem Neuling, der nicht feststeht! Er wird unfehlbar über den Haufen geworfen. Noch ein dritter, letzter Ruck. Der Ballon ist „gefesselt" und läßt sein Gas entweichen, indem er sich langsam über unsern Häuptern zusammensenkt.

Im letzten Augenblick kann einem noch eine optische Täuschung begegnen, die die gefährlichsten Folgen haben kann, und auf die ich für den allerdings ziemlich unwahrscheinlichen Fall aufmerksam mache, daß einer meiner Leser einmal auf den Gedanken kommen sollte, einen Ballon zu führen. Mein einfacher Rat lautet: Laß dich niemals verführen, eher aus der Gondel zu steigen, als bis dieselbe wirklich und unzweifelhaft den Boden berührt. Setze keinen Fuß über Bord, solange du die Erde nicht mit Händen greifen kannst. Traue wenigstens deinen Augen nicht allein. Denn der an die ungeheuren Räume der Atmosphäre gewohnte Blick hat jeden Maßstab für eine sichere Schätzung der irdischen Entfernungen verloren. Indem der Luftschiffer aus den Wolken herabsteigt, schrumpfen die Dinge unter ihm zu zwerghafter Kleinheit zusammen. Die Bäume erscheinen wie Grashalme. Ich glaube ein dürres Heidegestrüpp unter mir zu sehen; ich strecke das Bein aus und schicke mich zum Sprunge an ... aber siehe da: das Heidekraut ist eine riesige Eiche! – –

Ein noch schlimmeres Ereignis ist eine „Schleppfahrt."

Die Gondel ist mit der Gewalt einer Bombe herabgeschmettert; gleich darauf aber springt sie wieder empor, und die Stöße, die wir nun empfangen, rauben uns fast die Besinnung. Unser Anker hüpft über die Felder, ohne Haft und ohne Halt, wie ein am Faden hängender Kork. Wir sind die Beute einer furchtbaren Kraft und werden wechselnd bald in die Luft empor, bald gegen die Erde zurückgeschleudert. Das ist das Schleppen, welches mitten in einem wütenden Orkane beginnt!

Wir fliegen mit solcher Geschwindigkeit, daß wir die Gegenstände um uns her nicht mehr zu unterscheiden vermögen, und binnen weniger als einer Sekunde finden wir uns über den Wipfeln des Waldes, welcher die Ebene begrenzt. Vielleicht, daß einer dieser Bäume den Ballon zerreißt und unserer wahnsinnigen Fahrt ein Ende macht! Da bricht der Anker und mit ihm unsere letzte Hoffnung. Der Ballon wird von Baum zu Baum geworfen. Knarrend beugt und krümmt sich die Gondel, und das Tauchwerk ächzt. Und doch ist es in der Tat nur die Elastizität dieser Geflechte, die uns rettet.

Aber sind wir gerettet?

Der Sturm spottet aller unserer Anstrengungen. Obwohl der Führer noch immer mit aller Kraft am Strange des Ventils zieht und dies in seiner ganzen Weite geöffnet ist, sehen wir uns noch immer von den Ästen der Bäume wie von eisernen Armen umschlungen, und die tolle Jagd will kein Ende nehmen.

Allmählich jedoch hat der Ballon ein zu bedeutendes Volumen Gas verloren, um nicht dem Zuge der Schwere zu folgen. Er schlägt wiederum zur Erde nieder; und schleppt uns auch der Wind eine Strecke über Stock und Stein dahin, so kommt doch schon Hilfe herbei. Einige Landsleute ergreifen das hin und her fliegende Kabel. Der Ballon steht. Wir steigen aus der Gondel.

Da ich mich vollkommen rüstig fühle und mir daran liegt, die Länge der zuletzt zurückgelegten Wegstrecke zu messen, so kehre ich mit einigen Begleitern auf die Felder zurück. Allenthalben sehen wir die Spuren unserer Fahrt: die Furchen, die wir mit dem Anker gerissen; die von der Gondel geknickten Spitzen der Bäume, die Fetzen unseres Wimpels, die noch in den Wipfeln der Eichen hängen.

Nach langem Laufen finden wir endlich auch die Stelle wo die Gondel zum ersten Male zu Boden geschlagen ist und überzeugen uns, daß die gefährliche Schleppfahrt aus einer Länge von mindestens 3 Kilometer stattgefunden hat. Die Bauern erzählen uns, daß sie mit Schrecken gesehen, wie ursprünglich eine ungestalte, ungeheure Masse – denn von der Erde aus erscheint auch noch der kleinste Ballon als ein Riese – in rasender Eile über Wald und Feld dahingestürzt sei. Sie behaupten, wir seien schneller geflogen als der schnellste Eilzug, und man muß es wohl glauben, denn diese ganze Fahrt hat sicherlich nicht über fünf Minuten gedauert.

Man behauptet wohl, daß der Ballon nicht selten – wie ein wildes Gespann – die Kraft des Lenkers übermeistere. Allein es bedarf in der Tat nur besonnener Fassung und eines raschen Entschlusses, um desselben Herr zu bleiben. Wenigstens haben die mir bekannt gewordenen Einfälle der Luftschiffer ihren Grund größtenteils in einem Mangel an Wachsamkeit oder in einer ratlosen Bestürzung gehabt, welche die ersten physikalischen Gesetze vergaß. Nichts, ich wiederhole es, nichts ist leichter, als das Luftroß am Durchgehen zu verhindern; denn man braucht nur die Augen nach oben zu wenden, um zu sehen, ob die Mündung des „Halses" hinreichend frei ist und das überschüssige Gas ungehindert ausströmen kann.

Immer bleibt es natürlich höchst erwünscht, Schleppfahrten so viel als möglich zu verhindern oder wenigstens abzukürzen.

Es würde das auch sehr leicht geschehen können, wenn wir unsern Ballon mit einem sogenannten Reißkabel versehen hätten, welches dem Luftschiffer gewissermaßen den Dienst eines Notankers leistet. Mittels eines einfachen, in die Nähten der Seitenwände eingelegten Fadens würden wir dann imstande sein, durch einen einzigen starken Zug diese Wände zu öffnen, d. h. den Ballon mit einem Male auf künstliche Weise platzen zu lassen, ohne ihn eigentlich zu vernichten.

Die Gefahren der Landung sind heute in der Tat auf ein geringes Maß beschränkt. „Soll die Fahrt beendet werden," führt Johannes Pöschel sehr richtig aus, „so wird entweder das von selbst eintretende Sinken des Ballons, wenn er aus irgend einem natürlichen Anlaß aus seiner Gleichgewichtszone herausgekommen ist, gleich benutzt und der Fall durch Auswerfen von Ballast gemildert, „abgefangen" wie der Kunstausdruck lautet. Oder es wird durch Öffnen des Ventils, eines von starken Federn gegen den innern obersten Rand der Ballonhülle gepreßten Metalltellers einer metallumrandeten Stoffscheibe Gas zum Ausströmen gebracht. Hat sich das Fahrzeug der Erde bis auf 100 Meter genähert, so setzt das Schlepptau, das jetzt nie mehr fehlt, auf den Boden auf und erleichtert den Ballon wieder, um so mehr, je länger das Stück ist, das auf dem Boden schleift. Aus geringer Höhe genügt dies schon, um den Fall abzufangen. Um möglichst zu verhüten, daß sich das Schlepptau um Bäume und andere Gegenstände schlingt, versieht man es in seinem unteren Teile gern mit einer Stahleinlage; um es vor dem Aufdriseln und der damit verbundenen „Anhänglichkeit" zu schützen, sollte es eigentlich immer einen Lederschuh haben.

„Ja, aber der entsetzliche Ruck, wenn der Anker faßt, wodurch der Korbinsasse herausgeschleudert werden kann, oder wenn das Ankertau plötzlich reißt!" Diese Befürchtungen sind heutzutage grundlos. Ein Anker wird, in Deutschland wenigstens, nicht mehr mitgenommen, er wird ersetzt durch die von dem jetzigen Kommandeur des Berliner Luftschifferbataillons, Major Groß, in ihrer gegenwärtigen Form ersonnene Reißvorrichtung. Aus einer der aneinander genähten Stoffbahnen der Ballonhülle ist vom Ventil bis zum Äquator herab, ein langes konisches Stück herausgeschnitten und dafür ein anderer Stoffstreifen, die Zunge oder Reißbahn, an beiden Seiten mit Gummi festgeklebt, aber in einer Weise, daß er nur gewaltsam losgerissen werden kann. Dies geschieht mit Hilfe eines am oberen Ende der Zunge angeknebelten, innerhalb des Ballons herabhängenden Gurtbandes, das ebenso wie die schwarz-weiß-rote

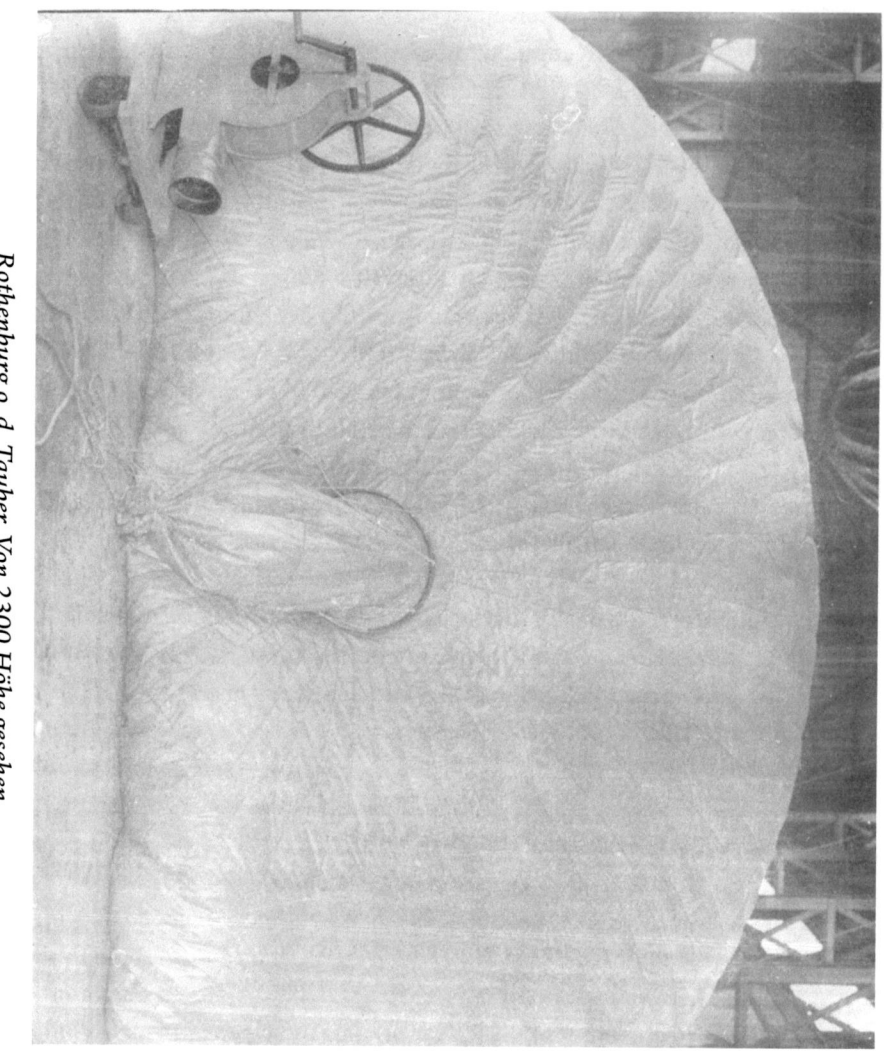

Rothenburg o. d. Tauber. Von 2300 Höhe gesehen

Ventilleine durch den Füllansatz in den Korb heruntereicht, und zwar wie jene mit einigen Metern Spielraum, damit es sich nicht unter dem Einfluß der Witterung von selber strafft und so ein unbeabsichtigtes Aufreißen der Ballonhülle herbeiführt. Um eine etwaige Unzuverlässigkeit der Klebung auszugleichen und einer Verschiebung der Reißbahn vorzubeugen, bringt man nach dem Vorschlage des Schweizer Obersten Schaeck außerdem bisweilen noch Druckknöpfe an, wie wir sie an den Handschuhen kennen.

Zur Verhütung eines unvorsichtigen vorzeitigen Gebrauches dieser „Reißleine" ist sie purpurrot gefärbt und muß zunächst durch einen Ruck aus einer Sperrvorrichtung, einer federnden Klinke am Ventilrahmen, ausgeklinkt werden, ähnlich wie beim Gewehr der Druckpunkt vor einem übereilten Zurückziehen des Abzugs schützen soll. So wird diese rote Leine von Luftreisenden mit ähnlichem Respekt betrachtet und behandelt wie etwa die Notbremse vom Reisenden auf der Eisenbahn. Erst wenn der Führer des Ballons ganz sicher ist, daß er mit dem Schlepptau die Erde nicht wieder verlassen will, klinkt er die Reißleine aus. Beim ersten Aufstoßen des Korbes, das ja manchmal etwas unsanft erfolgt, reißt er den geklebten Streifen so schnell wie möglich auf, das Gas entströmt der Hülle, der Ballon gibt buchstäblich seinen Geist auf, der Korb steht oder liegt still. Die früher so gefürchteten Schleiffahrten über Häuser, Bäume und Telegraphenleitungen sind kaum noch möglich oder beschränken sich höchstens auf den Zeitraum von einer Minute.

„Wenn aber bei der Landung ein Hindernis, ein Baum, eine Mauer, ein großer Stein in den Weg kommt, wie leicht kann der Anprall da verhängnisvoll werden!" Ein solches Anprallen ist allerdings nicht selten, aber man kennt ja die Seite des Korbes, mit der er erfolgen müßte, nämlich mit der dem Schlepptau abgewandten, der sogenannten Schleifseite, also heißt's eben, sich an den Leinen der Schlepptauseite festhalten und im Notfalle den Kopf unter den Korbrand bergen. Wohl ist bei der Landung, wenn sie sich „glatt" vollziehen soll, nicht nur für den Führer, sondern für jeden Mitreisenden volle Geistesgegenwart nötig, und es ist bezeichnend, daß der Gruß der Luftschiffer nicht etwa „Glück auf" sondern Glück „ab" lautet. Aber wenn alle Vorsichtsmaßregeln gewissenhaft beobachtet werden, dann ist ein Unfall in der Tat nicht zu erwarten, und von Gefahren sind wir ja auch sonst überall umgeben, auf der Eisenbahn, auf der Elektrischen, bei einer Wagenfahrt, beim Überschreiten verkehrsreicher Straßen, beim

Verlassen eines Bootes. Auch da kommt zu Schaden, wer nicht aufmerksam ist" (Pöschel, Luftreisen).

Ein Platzen des Ballons kommt heute kaum noch vor. Das offene Anhängsel läßt das Gas ja sofort heraus, wenn es sich plötzlich erwärmt und ausdehnt, und andererseits besteht ja heute die Hülle aus zwei Lagen Baumwollenstoff, zwischen denen sich noch eine Gummischicht befindet.

Dagegen sind aus früherer Zeit eine Reihe Fälle bekannt, wo der Ballon geplatzt ist. So bestieg eines Tages der kühne amerikanische Luftschiffer Wells seine Gondel, kappte das Tau und gelangte rasch zu einer außerordentlichen Höhe. Aber der Ballon war schadhaft, die Ausdehnung des Gases mächtiger als die Entleerung desselben durch das Anhängsel, und infolgedessen zerriß die Hülle. Der Ballon begann mit ungeheurer Schnelligkeit zu fallen, Wells aber griff zu seinem Fallschirm und kam wohlbehalten zur Erde nieder.

Der Bericht über diese Luftfahrt erschien in einem italienischen Journal und ist ohne Zweifel einem unkundigen Übersetzer in die Hände gefallen, der fortan der Welt erzählte, Wells habe bei dieser verwegenen Fahrt seinen Tod gefunden.

Auch Tissandier und Fonvielle begegnete das gleiche Mißgeschick. Als sie einst mit Duruof nach einem Aufstiege wieder landen wollten, warf Duruof aus einer Höhe von 60 Meter den Enterhaken aus.

„Dieser aber gleitet", erzählen die Genannten, „ohne irgendwo zu haften, über die von Hecken durchschnittenen und mit hohen Pappeln besetzten Wiesen hinweg. Aber auch der schwere Anker, den wir nun auswerfen, versagt seinen Dienst. Erfüllt auf Ackerland, schleudert die Erdschollen rechts und links, gibt uns dann und wann einen heftigen Ruck; aber mit alledem ist uns nicht geholfen.

Unsere Lage beginnt bedenklich zu werden. Die Bäume, welche uns vorher so ruhig zu stehen schienen, beugen ihre Wipfel unter der Gewalt des Sturmes, und schon jagt er uns selbst unwiderstehlich dahin. Mitten in diesem wilden Wirbel entschlüpft die Zugleine des Ventils Duruofs Händen. Er steigt auf den Rand der Gondel, um sie wieder zu fassen. Ich bücke mich, um die Glasflaschen zu beseitigen, die uns bei einem gewaltsamen Ausschlagen der Gondel auf dem Boden schlimme Verwundungen zufügen könnten.

Plötzlich höre ich einen Ton, halb Knall, halb Krachen, und Duruof ruft: ‚Der Ballon ist geplatzt!'

Wirklich ist eine ganze Seite der Hülle gerissen und hat sich flach auf die andere gelegt. Der Ballon ist nur noch ein Wrack, eine mit hundert Fetzen behängte Scheibe. Im nächsten Augenblick stürzt er.

Ein furchtbarer Zusammenstoß.

Duruof verschwindet. Wir fassen nach dem Tragreifen. Dieser fällt mit seiner ganzen Wucht auf uns und schleudert uns mit allem, was die Gondel birgt, zu Boden. Eine Sand- und Staubwolke wirbelt auf. Neue Stöße. Wir werden hin und her gewälzt. Dann mit einem Male unbewegliche Ruhe und Duruofs lauter Ruf: „So kommt doch heraus!" Wir liegen unter der umgestürzten Gondel wie die Muskatnuß des Taschenspielers unter dem Becher. Der Deckel wird gelüftet, und wir kriechen hervor ans Licht, ans Land. Die Sonne scheint hell, um uns her strecken sich heitere grüne Gefilde, und flach auf dem Boden liegt der zertrümmerte Ballon, der seines Gases bis auf das letzte Atom entleert ist.

Wir sehen einander an und können nicht umhin, endlich doch zu lachen, wiewohl wir unsere Situation noch immer nicht recht begreifen.

Aber schon kommen einige Landleute in bestürzter Eile herbei. Sie haben gesehen, wie wir über Bäume und Häuser hinweggeflogen sind, wie der Ballon zerberstet, und wie wir mit Blitzesschnelle zur Erde fallen. Sie kommen, um Leichen aufzuheben, und finden statt derselben drei wunderlich aussehenden, von Staub und Schmutz bedeckten, übrigens lustige Gesellen.

Wir suchen uns nun über die Katastrophe aufzuklären, und das Ankertau, welches noch am Gipfel einer Pappel hängt, führt uns bald zur Lösung eines Rätsels.

Die Sache war sehr einfach zugegangen. Der auf dem Boden hinschleifende Anker ist in einen Wassertümpel gefallen, an dessen einer Seite sich eine Mauer befindet. An dieser bleibt er haften. Das Tau spannt sich wie eine Eisenstange, und der Hals des Ballons wird durch den Wind seitwärts fest an den Reifen gedrückt. Das Gas kann folglich nicht mehr entweichen, und der durch den Sturm zusammengepreßte Ballon platzt wie eine Bombe.

Aber derselbe Wind, der unser Fahrzeug in die Luft sprengt, wird unser Retter. Denn er bläht nun die leere Halbkugel zum Segel und verwandelt den Ballon in einen Fallschirm, der uns noch immer glücklich genug hinabträgt. Freilich ist die Gewalt des Sturzes eine wahrhaft erschütternde.

Die Gondel überschlägt sich. Duruof, auf ihrem Rande sitzend, wird hinausgeschleudert, wir anderen aber stecken darunter." – –

Man hört nicht selten behaupten, je größer der Luftballon desto größer sei auch die Gefahr. Dies ist ein der einfachsten Berechnung widerstreitendes Vorurteil. Man braucht noch kein großer Geometer zu sein, um zu wissen, daß bei der Kugel das Volumen (Rauminhalt) nicht in demselben Verhältnisse zunimmt wie die Oberfläche. Wenn man den Durchmesser einer Kugel verdoppelt, so verachtfacht man ihr Volumen, während man ihren Flächengehalt bloß vervierfacht. Es ist gleichsam der Kampf des Kubus gegen das Quadrat, der uns beweist, daß ein Ballon je größer desto besser ist.

Allerdings gibt es auch hier eine gewisse Grenze, welche von der Praxis vorgezeichnet, nicht ungestraft überschritten werden darf.

Hierzu kommt, daß mit der Größe eines Ballons auch seine Widerstandskraft wächst.

Natürlich wollen diese Vorteile auch verstanden sein; denn Irrtum und Unfähigkeit können gerade hier die bedenklichsten Folgen haben. Wer eine so gewaltige Masse auf ungeschickte Weise eine abwärtsgehende Bewegung nehmen läßt, dem kann es sehr leicht unmöglich werden, sie überhaupt noch zu lenken. Man begreift daher, warum die Luftschiffer gewöhnlichen Schlages sich so eifrig gegen größere Ballons erklären. Sie fühlen sich eben außerstande, von den Vorzügen derselben wirklichen Nutzen zu ziehen. Sie wissen sehr wohl, daß sie in einem großen Ballon nicht weniger ratlos sein würden, als ein Bootruderer, welchem man die Führung eines Dampfschiffes übergeben hätte.

Das Luftmeer, – das Element der Luftschiffer

Die Kenntnis der Eigenschaften der Luft ist die notwendige Voraussetzung für das Verständnis der Luftschiffahrt, mag man sich mit ihr nun praktisch oder bloß theoretisch beschäftigen. Es ist aber nicht Zweck dieses Buches, hier alles zu besprechen, was man heute von der Luft weiß. Es würde dies eine rein wissenschaftliche Aufgabe sein. Dagegen wird es sicher jeden Leser dieses Buches interessieren, die wichtigsten Erscheinungen der Atmosphäre kennen zu lernen und zwar gerade die, die für die Luftschiffahrt von besonderem Interesse sind.

In erster Linie steht da die Frage nach dem Druck der Luft in der Höhe der Atmosphäre. Hängt doch von dem Druck und dem Gewicht der Luft das Aufsteigen eines Ballons ab.

Der Druck der Atmosphäre, der sich bei Stürmen in so furchtbarer Weise bemerkbar macht, ist an sich allerdings nur äußerst gering, da ein Liter Luft an der Erdoberfläche bei der Temperatur des Gefrierpunktes 770mal weniger wiegt als ein Liter Wasser. Gleichwohl ist die Masse der den Erdball umgebenden Atmosphäre so groß, daß, wenn man sie zu einer Kugel verdichten könnte, sie so viel wiegen würde als eine massive Kugel von Kupfer von nahezu 100 Kilometer Durchmesser, und das würde ungefähr der 1200000. Teil der gesamten Erdmasse sein. Der Druck, den die Atmosphäre auf einen Menschen von mittlerer Größe ausübt, beträgt nicht weniger als 14000 bis 15000 Kilogramm, aber dieser Druck wird dadurch, daß er gleichzeitig nach allen Richtungen auf unser Gewebe wirkt, für das Gefühl wieder aufgehoben. Es ist ferner bekannt, daß der Druck der auf jedem Punkt unserer Erdoberfläche lastenden Luftsäule im Mittel dem Druck einer Wassersäule von 10 Meter oder einer Quecksilbersäule von 76 Zentimeter Höhe gleich ist. Auf dieser Tatsache beruht bekanntlich die Einrichtung unseres Barometers.

Wenn man aber auch den Druck oder das Gewicht der Atmosphäre kennt, so vermag man doch noch keineswegs mit Sicherheit anzugeben, bis zu welchen Grenzen des Raumes sie reicht. Wenn die Luftschichten in den höheren Regionen dieselbe Dichtigkeit wie an der Meeresoberfläche hätten, so würde die gesamte Höhe der Atmosphäre nicht 7935 Meter übersteigen, und die höchsten Berge der Erde, der Gaurisankar, Kindschinjinga, Dapsang und andere, würden mit ihren Gipfeln noch über den Luftstrom in den leeren Raum hinausragen. Dies ist aber nicht der Fall.

Über den unteren, durch den Druck der gesamten darauf lastenden Luftmasse verdichteten Luftschichten entfernen sich die Luftteilchen mit der Verringerung des Dankes immer weiter voneinander, und die Luft wird in den höheren Regionen immer dünner, um sich endlich ganz allmählich völlig in den Raum zu verlieren. Auch einer von Laplace aufgestellten Berechnung müssen die Luftteilchen in einer Höhe von mehr als 42000 Kilometer über der Erdoberfläche infolge der wachsenden Zentrifugalkraft und der abnehmenden Schwere gewaltsam aus dem Bereiche der Erdanziehung entweichen. Vielleicht findet in der Tat in diesen hohen Regionen an der Grenze der Anziehungssphären der Weltkörper ein Austausch ihrer Gasteilchen statt. Wie dem aber auch sei, für den Menschen hört die atembare Atmosphäre bereits in einer weit geringeren Höhe auf, als Laplace für die äußerste Grenze angegeben hat. Auf dem Gipfel des Ätna, also in einer Höhe von 3320 Meter hat man bereits nahezu ein Drittel der gesamten Luftmasse unter sich, und bei einer Höhe von 5600 Meter, über die ja noch zahlreiche Berggipfel hinausragen, hat die Luftsäule schon die Hälfte ihres Gewichtes verloren, so daß die ganze Luftmasse, die sich darüber in ungemessene Fernen ausdehnt, den in den unteren Regionen zusammengedrückten Luftschichten gleichkommt.

Schon vor mehr als 200 Jahren wies Périer nach den Mitteilungen seines Schwagers Pascal durch einen unmittelbaren Versuch die Abnahme des Luftdruckes in senkrechter Richtung nach. Er bestieg mit dem Barometer in der Hand den Puy de Dôme und fand, daß während des Aufsteigens die den Luftdruck messende Quecksilbersäule beständig sank. Damit war das Mittel, die Meereshöhe der Berge durch einfache Ablesung der Barometerstände zu messen, gefunden. Seit dieser Zeit hat die Wissenschaft bedeutende Fortschritte gemacht, hat Mariotte insbesondere das Gesetz für die Abnahme des Druckes der Luft wie jedes anderen elastischen Gases ermittelt, haben zahlreiche Reisende bereits mit Hilfe des Barometers annähernd die Höhen hervorragender Punkte in den von ihnen durchreisten Ländern bestimmt. Gleichwohl mißt das Barometer niemals Höhen mit vollkommener Genauigkeit. Bei jeder Ablesung des Barometers muß man die Temperatur, die Menge des in der Atmosphäre enthaltenen Wasserdampfes, die Wirkung der Winde, kurz die gesamten physischen Zustände der Luft berücksichtigen, deren Druck man messen will, und jede dieser Nebenbeobachtungen bedingt eine mehr oder minder erhebliche Berichtigung des Schlußresultates. Aus dem Gesagten erkennt man ohne weiteres, wie das Barometer dem Luftschiffer zum Senkblei wird, mit dem er die Tiefen des unter ihm liegenden Luftmeeres zu messen vermag. Je höher er steigt, um so mehr verringert sich der atmosphärische Druck über ihm und um so mehr fällt das Quecksilber im Barometer. Umgekehrt, je mehr das Quecksilber steigt, um so mehr erkennt der Luftschiffer daraus die Nähe der ihm oft bis zum letzten Augenblicke durch Wolken und Nebel verhüllten Erde.

Zu Höhenmessungen wendet man häufig noch ein anderes Mittel an, das jedoch wegen der Unvollkommenheit unserer Instrumente im allgemeinen noch weniger zuverlässige Resultate als die barometrische Messung ergibt. Dieses Mittel besteht in der Beobachtung der Temperatur des siedenden Wassers. In der Tat muß sich der Siedepunkt oder die Temperatur, bei welcher die Spannung des Wasserdampfes genau dem atmosphärischen Drucke das Gleichgewicht hält, in demselben Maße erniedrigen, als der Luftdruck abnimmt. Nach der Berechnung senkt sich der Siedepunkt für jede senkrechte Erhebung von 324 Metern um 1 Grad Celsius; die wirkliche Beobachtung aber kann für die Höhe eines Berges Abweichungen von mehreren hundert Metern ergeben. So hat Tyndall die Temperatur des siedenden Wassers auf dem Gipfel des Montblanc im August 1859 zu 84,97 Grad gefunden, während er das Jahr vorher auf dem Monte-Rosa einen etwas niedrigeren Siedepunkt beobachtet hatte, und doch ist der letztere um 170 Meter niedriger als jener Riesengipfel der Alpen.

Die Atmosphäre ist von einer solchen Beweglichkeit, daß ihr durch die Quecksilbersäule des Barometers gemessener Druck überall auf der Erde beständig Veränderungen zeigt. Diese wechselnden Zustände der Atmosphäre, Wärme und Kälte, Trockenheit und Feuchtigkeit vermehren oder vermindern den Druck der Luft, und entsprechende Schwankungen des Barometerstandes sind die Folgen davon. Da ein Volumen Quecksilber ungefähr 10500mal schwerer ist als ein gleiches Volumen Luft an der Meeresoberfläche, so muß jede Veränderung des Barometerstandes eine 10500mal so starke Bewegung in den Lufträumen anzeigen.

Wenn die Luft durch die unmittelbare Einwirkung der Sonnenstrahlen oder durch den Eintritt einer Luftströmung von höherer Temperatur erwärmt wird, so lockert sich der Zusammenhang ihrer Teilchen, sie wird verhältnismäßig leichter und steigt aufwärts, um sich dann zur Seite auszubreiten; in diesem Falle vermindert sich der Luftdruck, und das Quecksilber im Barometer muß sinken. Das Entgegengesetzte findet statt, wenn die Luft sich durch Erkaltung verdichtet; der Druck der Atmosphäre nimmt dann zu, und das Quecksilber des Barometers steigt. Aus diesem Grunde bezeichnet im allgemeinen das Fallen des Barometers ein Steigen, und umgekehrt das Steigen desselben ein Sinken der Temperatur. Thermometer und Barometer schwanken also im entgegengesetzten Sinne. Allerdings kann die Luft um so mehr Wasserdampf in sich aufnehmen, je wärmer sie ist, und der durch die aufsteigende und abfließende Bewegung des Luftstromes verminderte Druck kann deshalb wiederum durch die Vermehrung des Wasserdampfgehaltes der Atmosphäre erhöht werden. Umgekehrt verliert die kälter gewordene Luft an Fähigkeit, Wasserdampf aufzunehmen und wird dadurch in demselben Verhältnis leichter. So können diese Erscheinungen einander das Gleichgewicht halten, und nur durch sorgfältige Beobachtung ist es möglich, von einander zu scheiden, was bei den kleinen barometrischen Schwankungen anbetrifft, so sind sie bisweilen von außerordentlichem Umfange, und es gibt solche, die von der Quecksilbersäule durch Veränderungen von 5 bis 6 Zentimeter, also dem 15. Teil der ganzen Höhe entsprechend angezeigt werden. Dieser stürmischen Bewegung des Quecksilbers im Barometer entspricht stets ein Sturm in dem Luftozean.

Weiter interessiert die Luftschiffer in außerordentlichem Maße die Winderscheinung.

Im Innern von Festländern, namentlich der gemäßigten Zone, würde es oft schwer fallen, auf den ersten Blick das allgemeine Gesetz zu erkennen, das die Bewegungen der Atmosphäre regelt, da diese durch eine Menge von lokalen Umständen, wie Höhe und Richtung der Gebirgsketten, Ausdehnung der Ebenen, Küstengestaltung, Mangel oder Fülle von Vegetation, abgeändert werden können. An einem und demselben Tage wehen bisweilen die Winde aus allen Strichen der Windrose, und in diesem schnellen Wechsel der Luftströmungen ist es nicht immer möglich, mit einiger Sicherheit die normale Richtung der bewegten Luftmassen festzustellen. Will man die Gesetze der atmosphärischen Bewegung in ihrer Einfachheit erkennen, so muß man sich in die äquatorialen Regionen des Ozeans begeben, über denen die Sonne täglich im Zeitraum von 12 Stunden ihren großen Halbkreis am Himmel beschreibt, und wo alle Bewegungen der Natur durch den gleichförmigen Lauf dieses Gestirnes geregelt, eine ähnliche Gesetzmäßigkeit wie die kreisenden Himmelskörper selbst zeigen. Dort kann man gleichsam die erste Verschiebung der Luftteilchen, die dann den ganzen ungeheuren Luftozean rings um den Erdball nach sich zieht, beobachten. Dort steht die Wiege der Winde; dort würde die Höhle des Aeolus zu suchen sein, wenn die alten Götter noch lebten.

An heißen Sommertagen gewahrt man bisweilen eine zitternde Bewegung der Luft über dem erhitzten Erdboden, die unzweifelhaft durch die beständig veränderte Brechung der von den dahinter befindlichen Gegenständen herkommenden Lichtstrahlen sichtbar gemacht wird. Sie beruht darauf, daß die zunächst auf dem Erdboden ruhenden Luftschichten allmählich ausgedehnt und verdünnt werden und sich nun durch die kälteren und dichteren Schichten über ihnen empordrängen, gerade wie in Schornsteinen die erwärmte Luft ihrer größeren Leichtigkeit wegen aufsteigt.

Eine ähnliche Bewegung findet auch, nur in großartigerem Maßstabe, in den Äquatorialgegenden statt. Da die Kraft der Sonnenstrahlen vorzugsweise in diesen Gegenden wirksam ist, so werden hier die Luftschichten durch die Wärme mehr als in irgend welchen andern Breiten aufgelockert und steigen, leichter geworden, mit großer Gewalt aufwärts, wie der geringe Druck der Luft auf die Quecksilbersäule des Barometers beweist. Es bildet sich deshalb ein luftverdünnter Raum, den die benachbarten Luftmassen auszufüllen streben, und es entstehen so zwei horizontale Strömungen, die den großen aufsteigenden Äquatorialstrom speisen. Aber diese horizontalen Ströme lassen wiederum luftverdünnte Räume zurück, in die sich wiederum neue Luftmassen stürzen. Die atmosphärischen Wellen pflanzen sich allmählich bis in die Polarzonen fort und so setzen sich die Luftmassen von den beiden entgegengesetzten Enden der Erde her gegen den Äquator in Bewegung, von dem sie infolge der aufsteigenden Luft gleichsam angezogen werden. Zwei Winde also, ein Nordwind und ein Südwind, entstehen inmitten der Eisregionen der entgegengesetzten Pole und treffen am Äquator aufeinander.

Wenn die Erde nicht ihre Achsendrehung um sich selbst hätte, würden die atmosphärischen Strömungen genau gegen den Äquator gerichtet sein, ohne nach rechts oder links von den Meridianlinien abzuweichen. Auf der Nordhälfte der Erde würde die Strömung gerade nach Süden, auf der Südhälfte gerade nach Norden fließen, und beide würden am Äquator aufeinandertreffen. Wegen der Rotation der Erde von Westen nach Osten ist dies aber nicht der Fall. Die Geschwindigkeit dieser Drehungsbewegung entspricht nämlich für jeden Punkt der Erdoberfläche dem Durchmesser des Breitenkreises, auf dem er liegt; an beiden Polen gleich Null, beträgt sie unter dem 60. Grade nördlicher wie südlicher Breite 835 Kilometer in der Stunde und wächst am Äquator zu 1670 Kilometern an. Die Luftmasse, die von den Polen her zur tropischen Zone fließt, durchläuft also nacheinander Breiten, die eine größere Winkelgeschwindigkeit als sie selbst besitzen, und muß deshalb allmählich gegen Westen im entgegengesetzten Sinne zur Richtung der allgemeinen Bewegung der Erde abweichen. Statt senkrecht gegen den Äquator gerichtet zu sein, treffen die von den Polen kommenden Luftströmungen denselben unter schiefem Winkel; dieselbe Erscheinung also, welche die Ablenkung der großen Festlandflüsse und die Entstehung der Meeresströmung veranlaßt, setzt auch die gesamte Masse der Atmosphäre in Bewegung. Die Luftströmungen sind gleichsam Nachbilder der großen ozeanischen Strömungen, nur wegen des größeren Umfanges ihres Gebietes in größerem Maßstabe. Beide, Winde und Meeresströme, umfließen, übereinander gelagert, die Erde.

Wahrscheinlich schreitet der Wind niemals in gerader Linie fort; er müßte denn auf seinem Wege keine einzige Unebenheit treffen und auf keine anderen bewegten oder ruhenden Luftmassen stoßen. Da aber die Luftströmungen beständig mit Hindernissen solcher Art zu kämpfen haben, so müssen sie auch bald nach rechts, bald nach links abweichen und in einer ganz ähnlichen Reihe von Wirbeln vorschreiten, wie sie das Wasser eines Flusses beim Zusammentreffen zweier Strömungen bildet. Darauf beruhen die plötzlichen Windstöße, welche den Staub auf den Straßen aufwirbeln oder die dürren Blätter vor sich hertreiben. Ebendeshalb fallen auch im Winter, wenn ungleiche Winde miteinander kämpfen, die Schneeflocken in langen Spiralen herab, und ebendeshalb steigt der Rauch in immer weiter werdenden Kreisen auf. Die Luftteilchen wie die Gestirne bewegen sich in Wirbeln, wie Carus sagt. Wenn zwei Luftströmungen am Ausgange eines Tales einander begegnen und sich dann in langgestreckten Wirbeln fortpflanzen, so verbreitet sich die Bewegung kreisförmig wie die durch einen Steinwurf erzeugte Welle auf einer Wasserfläche, bis schließlich die ganze Luftmasse in ihrem Gleichgewicht gestört ist.

Überall in der Atmosphäre, wo zwei Luftströmungen aufeinander stoßen oder sich seitwärts aneinander reiben, entstehen also in der Linie des Zusammentreffens Luftwirbel, die sich mit großer Geschwindigkeit bewegen und in ihrer Ausbreitung das Gleichgewicht zwischen den beiden Luftmassen wieder herstellen. Wenn diese Wirbel nur eine lokale Bedeutung haben, so nennt man sie Tromben; wenn sich ihre Wirkungen aber über weite Land- oder Meeresstrecken ausdehnen, so gibt man ihnen den von Piddington vorgeschlagenen wissenschaftlicheren Namen der Zyklone. Dieser letztere Ausdruck wird häufig ebenso auf die westindischen Orkane (nach dem karaibischen Worte aracan oder huiran vucan) wie auf die Tornados der afrikanischen Küsten, auf die Typhoone (ti-foong) des chinesischen Meeres, auf die Drehstürme des Indischen Ozeans und auf die großen Stürme Westeuropas angewandt. Strenggenommen jedoch werden als Zyklone nur jene Wirbelstürme bezeichnet, die sich namentlich im Antillenmeere und im Indischen Ozean, seltener auch im Stillen Ozean in regelmäßigen Kurven fortpflanzen.

Weiter ist der Luftschiffer in seinen Maßnahmen von Wolken, Regen und·Gewittern abhängig.

Wenn eine auf dem Boden ruhende feuchte Luftmasse den Sättigungspunkt übersteigt, so verdichtet sich sofort ein Teil des Wasserdampfes zu weißlichen Bläschen oder Tröpfchen, welche durch ihre Menge alle Gegenstände verschleiern und nur noch ein düsteres Licht hindurchlassen. Die zahllosen Tröpfchen bilden die Nebel. Es sind noch an der Erde haftende und über die Felder oder an den Bergabhängen hinschleichende Wolken, und sie bilden sich hauptsächlich in den Nächten infolge der Erkaltung der Atmosphäre, oder man sieht sie auch abends von Sumpfflächen und feuchten Wiesen aufsteigen. Wenn ein kalter Wind aus den oberen Luftregionen herabsinkt und die Feuchtigkeit in den unteren Luftschichten zurückhält, wird der Nebel andauernd und kann bisweilen Tage und ganze Wochen anhalten. Häufig ist der Himmel in geringer Höhe über diesen Dünsten völlig rein und man kann von einem nahen Berggipfel auf ein weites weißes Meer zu seinen Füßen hinabschauen, aus dem hin und wieder die Hügel wie Inseln hervorragen.

Die eigentlichen Wolken sind Nebel, die, statt an den Boden geheftet zu bleiben, in den oberen Luftschichten in wechselnden Höhen schwimmen. Die Höhe, in welcher sich die Wolken bilden und behaupten, ist für jede Jahreszeit und für jede Gegend je nach der Temperatur und der Richtung der Winde eine andere. Namentlich unter den von Stürmen gejagten Wolken gibt es solche, welche die Gipfel der Häuser und Bäume streifen. Andere schweben in Höhen von mehreren hundert Metern, und wieder andere finden sich in gleicher Höhe mit den höchsten Gebirgsgipfeln, und Luftschiffer, welche bei ihren Fahrten weit über diese Gipfel hinauskamen, sahen noch über sich neue Wolkenschichten. Liais hat für die höchste

Ansammlung verdichteten Wasserdampfes, die er astronomisch gemessen hat, eine Höhe von 11540 Meter gefunden, also eine Höhe, welche die des erhabensten Berges der Erde noch um nahezu 3 Kilometer übersteigt, und unzweifelhaft erheben sich manche Wolken zu noch höheren Schichten der Atmosphäre. Die mittlere Höhe der Zone, in welcher sich die Wasserdämpfe verdichten, scheint für die Länder Westeuropas zwischen 2000 und 3000 Meter zu schwanken, reicht also über die Gipfel der Vogesen hinaus, und wird nur von den Pyrenäenkämmen und den hohen Alpenmassiven überragt. Übrigens ist diese Zone wegen der Veränderlichkeit der Temperatur selbst veränderlich, und findet sich im Sommer höher, im Winter niedriger.

Die Meteorologen haben eine Einteilung der Wolken nach ihrer äußeren Erscheinung versucht; doch ist eine solche wegen der unendlichen Mannigfaltigkeit der Formen und der außerordentlichen Beweglichkeit dieser Dunstanhäufungen kaum durchzuführen. Im allgemeinen hat man die Einteilung Howards angenommen, nach welcher die Wolken auf drei Grundformen zurückgeführt werden, den Zirrus, den Kumulus und den Stratus, die sich wieder mannigfach miteinander mischen und so einige Nebenformen erzeugen, die man Zirro-kumulus, Zirro-stratus und Kumulo-stratus nennt. Fitz-Ron hat diese Formen noch durch einige Übergangsformen vermehrt, und der Amerikaner Poey wiederum hat einige der Howardschen Formen verworfen und dafür zwei neue Grundformen, die er Pallium und Fraktokumulos nennt, und mehrere neue Zwischenformen eingeführt.

Der Zirrus, unsere Federwolke, besteht aus kleinen, weißen, zarten, wie Federn oder Wollflocken aussehenden Wolken. Es sind dieselben, welche die Seeleute „Katzenschwänze" nennen, und man sieht sie stets in bedeutenden Höhen der Atmosphäre. Nach Kämtz beträgt ihre mittlere Höhe nicht weniger als 6500 Meter. Auf den höchsten Gebirgen und in den größten von Luftschiffern erreichten Höhen erblickt man noch solche zarte Wolkenfäden, die meist in parallelen Reihen in der Richtung der Passate oder Gegenpassate angeordnet sind und dadurch die große Regelmäßigkeit in den höheren Luftschichten anzeigen. Die Zirruswolken bestehen, wie man aus den von ihnen veranlaßten Lichtbrechungs- oder Zurückbrechungserscheinungen festzustellen vermochte, aus kleinen Kristallen. Wenn die Zirruswolke sich senkt und ihre Eiskristalle schmelzen, so erleidet sie allmählich eine Veränderung ihres Aussehens und verwandelt sich in einen Zirro-stratus oder Zirro-kumulus. Im ersteren Falle verschmelzen ihre zarten Streifen zu einer grauen, flockigen Masse, die einen nahen Regen verkündet, im zweiten Falle überzieht sich der Himmel mit jenen zarten Wolkenflocken, die man bei uns Schäfchenwolken oder Lämmergewölk nennt, und die durch ihren Kontrast das Blau des Himmels so wunderbar vertiefen.

Der Kumulus, unsere Haufenwolke oder der „Wollballen" der Seeleute, unterscheidet sich von dem Zirrus ebenso durch seinen Ursprung als sein Ansehen. Statt durch Winde von weit entfernten Gegenden herbeigeführt zu werden, wird er gewöhnlich an Ort und Stelle durch Verdichtung der aufsteigenden Dunstsäulen gebildet. Man sieht diese Wolken tief am Horizonte in ungeheuren, scharf gerandeten Massen sich übereinander häufen, so daß man sie manchmal mit riesigen Gebirgen vergleichen könnte, deren weiße, runde Gipfel sich scharf am blauen Himmel abheben. Ihren Fuß bildet fast immer eine horizontale, weit ausgebreitete Schicht, die genau die Grenze des Raumes bezeichnet, in welchem die von unten aufsteigenden unsichtbaren Dämpfe zu Nebeln verdichtet werden. Der schwere, mit ungeheuren Feuchtigkeitsmengen beladene Kumulus erhebt sich niemals zu ähnlichen Höhen wie der Zirrus und übersteigt kaum die Höhe von 3 Kilometer; die größte von Liais gemessene Höhe betrug 3100 Meter. Er mischt sich mannigfach bald mit dem Zirrus, bald mit dem Stratus oder den Schichtwolken, wie man die in lange parallele Streifen geordneten Wolkenschichten zu nennen pflegt. Diese letztere Form ist es, welche meist die Nebel annehmen, wenn sie sich von dem Boden losreißen. Allerdings können aber auch in Wirklichkeit völlig verschiedene Wolken als Stratus erscheinen, wenn man sie am fernen Horizont erblickt. Was den „Nimbus" anbetrifft, den manche Meteorologen ebenfalls als eine besondere Grundform gelten lassen wollen, so ist er nichts als eine Regenwolke, die sich am Himmel ausbreitet und bereits entladet.

Jede Luftschicht, welche über den Sättigungspunkt hinaus Wasserdampf enthält, muß notwendig eine gewisse Menge desselben in Form von Tropfen zu Boden fallen lassen. Wäre die Luft völlig ruhig, so würden diese Niederschläge ganz gleichmäßig und langsam erfolgen, und die Erde würde von einem beständigen Nebel enthüllt, doch niemals von eigentlichen Regengüssen erfrischt werden. Daß in Wirklichkeit fast überall auf der Erde Regen, Wolken und Sonnenschein miteinander wechseln, verdanken wir den Winden, die einander begegnen und Luft und Feuchtigkeit in mannigfaltiger Weise miteinander mischen. Sie sind es, welche die Atmosphäre von ihrem Dampfüberfluß befreien und jene Regengüsse veranlassen, ohne welche der Kreislauf des Wassers und die Bewegung des Lebens auf der Erde weit minder rascher und wechselreich sein würde. Wenn nämlich zwei ungleich erwärmte Luftmassen aufeinander treffen und sich mischen, so wird die Temperatur der wärmeren Luft sehr plötzlich erniedrigt, und infolgedessen vermindert sich auch ihre Fähigkeit, Dämpfe aufzunehmen, so daß die in ihr vorhandene Feuchtigkeit sich als Regen niederschlagen muß. Allerdings wird auch andererseits der kältere Luftstrom erwärmt und durch eine größere Dampfmenge gesättigt; aber eine wirkliche Ausgleichung findet nicht statt, da die Sättigung der Luftschichten nicht ganz im Verhältnis zu den Temperaturen steht. Wenn auch die sich mischenden Luftschichten eine Mitteltemperatur annehmen, so wird doch die Fähigkeit, Wasserdampf aufzunehmen, stärker unter dieses Mittel hinab vermindert. Daraus erklärt sich die Plötzlichkeit der Niederschläge infolge des Kampfes entgegengesetzter Winde, namentlich mit Feuchtigkeit überladener äquatorialer Gegenpassate und kalter vom Pole kommender Winde. Mit außerordentlicher Schnelligkeit sieht man die Wolken am Himmel sich auftürmen und sich plötzlich in gewaltigen Güssen entladen; wenige Stunden, oft wenige Minuten genügen, um den blauen Himmel durch dunkle Wetterwolken zu verhüllen.

Verdichtung und Niederschlag der Wasserdämpfe ist stets mit elektrischen Vorgängen verbunden. Aber die unablässig auf der Erdoberfläche tätige Kraft der Elektrizität kommt bei gewöhnlichem Regen, der kaum das atmosphärische Gleichgewicht zu stören vermag, nicht zur sichtbaren Erscheinung. Nur wenn die Wolken sich sehr plötzlich verdichten und Luft und Boden sehr verschiedene Temperatur und elektrische Spannung besitzen, bedarf es zur Herstellung des Gleichgewichtsgewaltsamer von Blitzen begleiteter Entladungen. Man erblickt dann an dem von schwarzen Wolken bedeckten Himmel jenes großartige Schauspiel blendender Blitze, die bald als lange, gewundene oder zickzackförmige Lichtstreifen, bald als breite Lichtmassen aufleuchten. Für einen Augenblick scheint der ganze Himmel zu flammen, dann wieder bedeckt ihn dichte Finsternis, und aus ihr hervor vernimmt man die gewaltige Stimme des Donners, der dumpf an Erde und Wolken widerhallt. Bei heftigen Gewittern folgen die Blitze einander bisweilen in solcher Zahl, daß die eine Seite des Horizontes beständig zu flammen scheint und gleichzeitig an verschiedenen Punkten des

Himmels die dröhnenden Schläge und langhinrollenden Donner ertönen. Gewaltig ergießt sich zugleich aus den zerreißenden Wolken der Regen. Oft schütten die Gewitter auch über den Erdboden Massen von Hagelkörnern aus, die aus konzentrierten Eisschichten bestehen, die einen kleinen sehr regelmäßig gestalteten Kristall umgeben. Übrigens hat jedes Gewitter seine eigene Art des Auftretens; die einen sind flüchtig vorübergehende Erscheinungen, andere gestalten sich zu elektrischen Tromben, wieder andere müssen als wirkliche Zyklone angesehen werden. Bei solchen furchtbaren Gewitterstürmen hat man bisweilen Blitze von 10 und sogar 15 Kilometer Länge beobachtet.

Endlich sind die Luftschichten Träger der Licht- und Wärmeschwingungen. Ohne diese Hülle würde unsere Erde unmittelbar an ihrer Oberfläche in ewiger Kälte starren und in schwarzer Finsternis durch den Himmelsraum rollen. Denn die Atmosphäre ist es, die einerseits zwar die Licht- und Wärmestrahlen durchläßt, welche die Sonne uns zusendet, andererseits aber auch den größten Teil der dunklen Strahlen auffängt, die von der Erde in den Raum entweichen. So hat die Erde sich ihre Wärme zu bewahren und zum Schauplatz des Lebens zu gestalten vermocht.

Die Atmosphäre ist aber nicht allein die Vermittlerin der wechselvollen Bewegungen auf unserer Erde, sondern sie verleiht der Natur auch den wechselvollen Schmuck der Farben. Durch die Zurückwerfung der blauen Strahlen des Sonnenlichts nimmt der Himmel jene schöne azurblaue Färbung an die mit der Höhenlage eines Ortes, mit dem Wasserdampfgehalt der Luft und der Kontrastwirkung der Wolken wechselt. Infolge der Brechung, welche die Sonnenstrahlen erleiden, wenn sie in schräger Richtung durch die Luftschichten hindurchgehen, kündet die Sonne sich an jedem Morgen im voraus durch den sanften Schimmer der Dämmerung und durch die darauf folgende blendende Pracht der Morgenröte an, wird sie selbst sogar noch vor dem Augenblicke ihres astronomischen Aufganges sichtbar, und auf einer ähnlichen Erscheinung beruht die scheinbare Verzögerung ihres Unterganges am Abend und die nach ihrem Verschwinden fortdauernde Purpurfärbung des Abendhimmels. Ohne die Gashülle unserer Erde würden Abend und Morgen all jenes entzückenden Zaubers beraubt sein, der in dem wechselnden Spiel und in den zarten Übergängen ihrer Farben beruht, auch alle jene anderen herrlichen Lichterscheinungen der Atmosphäre, deren ausführlichere Erläuterung man in meteorologischen Werken nachlesen möge, würden uns unbekannt sein, der Regenbogen, die Sonnen- und Mondhöfe, die Nebensonnen, und vor allem jenes entzückende Schauspiel des Alpenglühens, das oft mehr als 20 Minuten nach Sonnenuntergang die Schneegipfel und Firnflächen der Alpen mit rosiger Glut überflutet. Nichts kommt in der Tat jenem wundervollen Schauspiele gleich, das vornehmlich auf dem Kontrast zwischen den bereits im nächtlichen Schatten ruhenden unteren Gehängen der Gebirge und den noch von den abgelenkten Sonnenstrahlen beleuchteten Alpengipfeln beruht. Wenn die Aiguille Verte und alle die andern Nachbargipfel des Montblanc längst in die Schatten der Nacht gehüllt sind, erscheint dieser selbst wie verklärt durch das blendend von seinen Schneeflächen zurückgeworfene Licht. Man glaubt einen Gegenstand zu sehen, der nicht mehr der Erde angehört und dann verlöscht ganz plötzlich die Glut, und die noch ebenso glänzenden Farben erbleichen, um einem Anblick Platz zu machen, den man in Wahrheit einen leichenhaften nennen möchte, da nichts so an den Gegensatz von Leben und Tod im menschlichen Antlitz erinnert, als dieser Übergang vom Tageslicht zum Dunkel der Nacht auf Alpenhöhen.

Eine andere eigentümliche Erscheinung, die durch das Licht in der Atmosphäre veranlaßt wird, sind die Schattenbilder und Luftspiegelungen, und gerade sie sind vom Ballon aus verhältnismäßig häufig beobachtet worden.

„In einem Augenblicke", erzählt z. B. Camille Flammarion, „da wir nichts Besseres tun konnten, als den Gang des Hygrometers genau zu verfolgen, fanden wir uns auf der eigentümlich wellenförmigen oberen Fläche der Wolkenzone, und – vor uns, in einer Entfernung von vielleicht 30 Meter schwebt, der eben hervorgetretenen Sonne gegenüber, wiewohl nur mit dem unteren Teile sichtbar, ein Ballon, ein Ballon mit Netz und Gondel, und in dieser Gondel sitzen unverkennbar unsere eigenen Doppelgänger!

Sogar die kleinsten Einzelheiten, bis auf die Bindfäden und Instrumente lassen sich unterscheiden. Ich bewege die rechte Hand, mein Ebenbild die linke; Godard schwenkt die Fahne und das Luftgespenst erwidert den Gruß. Dabei ist die Gondel von verschieden gefärbten konzentrischen Reifen umgeben. Der innerste Kreis, von welchem sich der Gondelschatten abhebt, ist gelbweiß, dann folgt blaßblauer, hierauf ein gelber, dann ein graurotter und endlich als äußere Peripherie, ein schwach violetter, welcher unmerklich im Wolkengrau verschwimmt. Es ist keineswegs das erste Mal, daß man dieses Phänomen beobachtet. Schon seit langer Zeit verfehlen die volkstümlichen Abhandlungen über die Meteore und die

Schattenbild des Ballons mit Aureole. Beobachtet und gezeichnet von Tissandier

Atmosphäre nicht, unter ihren Abbildungen auch die von dem sogenannten „Brockengespenst" oder „Zirkel Ulloas" zu bringen. Man sieht einen Reisenden –Ulloa selbst – auf einem Berge, in einer gewissen Entfernung vor ihm seinen vollständigen Schatten, um den Kopf des Schattens aber einen leuchtenden Ring, dem eine Reihe anderer verschieden gefärbter Ringe sich anschließt.

„Anthelium" (anti=gegen; helios=die Sonne) ist der herkömmliche Name für die derartigen Erscheinungen und er ist insofern bezeichnend, als dieselben allemal der Sonne gegenüber stattfinden. Brockengespenst ist der bei uns häufigste Ausdruck, da diese Erscheinung in Deutschland zuerst auf dem Brocken beobachtet worden ist. Der andere, weniger gebräuchliche Name „Zirkel Ulloas" erinnert daran, daß dieser Forscher einer der ersten war, welcher das Phänomen wissenschaftlich erklärte. Er beobachtete dasselbe in Gemeinschaft mit Lacondamine und Bouguer in den Kordilleren. Der Schatten der Reisenden malte sich aus einem nahen Nebel, und ein hell erleuchtender Rundschein zog sich um den Kopf dieser Schattenbilder.

„Es war," sagt Bouguer, „gleichsam unsere eigene Apotheose. Jeder von uns genoß in aller Ruhe das Vergnügen, sich mit allen seinen Kronen geschmückt zu sehen, ohne etwas von denen seiner Nachbarn zu bemerken."

Ulloa seinerseits berichtet, daß jeder seinen Schatten in der Mitte von drei Regenbogen sah, die in einer gewissen Entfernung von einem vierten, jedoch nur einfarbigen Bogen umgeben waren.

„Die äußerste Farbe jedes Bogens," sagt er, „war rot, die zweite orange, die dritte dunkelgelb, die vierte hellgelb, die letzte grün. Das ganze Lichtgebilde umschwebte den Schatten wie ein Glorienschein und folgte jeder Bewegung desselben, aber während es anfangs ovale Gestalt zeigte, rundete es sich allmählich zum vollkommenen Kreise, um bald darauf zu verschwinden."

Besonders häufig sind diese Erscheinungen in den Polarregionen, und hier hat sie Scoresby genauer beobachtet. Dem berühmten Walfischfänger zufolge zeigt sich das Phänomen stets, wenn sich der tiefer stehenden Sonne eine Nebelschicht gegenüber lagert. Dann zeichnet sich auf diesem grauen Vorhange ein farbiger Ring, noch gewöhnlicher aber reihen sich um denselben noch mehrere andere konzentrische Ringe, deren gemeinsamer Mittelpunkt sich in einer geraden Linie befindet, welche man sich von dem Auge des Beschauers in die Nebelwand gezogen denken kann. Die Zahl der Ringe steigt wohl bis auf fünf; ganz besonders zahlreich und gefärbt erscheinen sie, wenn die Sonne sehr klar und der Nebel sehr dicht ist.

Auch der Meteorolog Kämtz hat in den Alpen diese Vorgänge wiederholt beobachtet.

Aber es fragt sich nun, welchem Spiele des Lichts das Phänomen seine Entstehung verdanke. Bouguer stellt die Ansicht auf, es rühre von dem Durchgange des Lichts durch die prismatischen Eisnadeln her, welche in allen kälteren Luftzonen die Atmosphäre erfüllen. Dieselbe Meinung haben Saussure und Scoresby ausgesprochen.

Die im Ballon gemachten Beobachtungen scheinen jedoch auf einen anderen Zusammenhang hinzuweisen, und ich lege hierauf einiges Gewicht, weil der Ballon den Beobachter mitten in die Wolken, mitten in die Erscheinung selbst versetzt und ihn somit nicht auf bloße Vermutungen beschränkt. In dem Augenblicke, als das Phänomen sich vor uns entwickelte, waren wir in 1400 Meter Höhe an die obere Wolkengrenze gelangt. Das Thermometer zeigte 2 Grad über Null, und das Hygrometer, nachdem es 250 Meter tiefer als das Maximum von Feuchtigkeit, nämlich 77 Grad, gezeigt, war bereits wieder bis auf 73 gestiegen. Der in der Wolke enthaltene

Wasserdampf aber befand sich in dem gewöhnlichen Zustande, ohne die mindeste Spur von Eisteilchen erkennen zu lassen.

Ich nehme deshalb mit Kämtz und Frauenhofer an, daß die Erscheinung einfach durch eine Brechung des Lichts in den Wasserbläschen des Nebels hervorgerufen wird.

Die sogenannten „Kronen" der Sonne und des Mondes werden dagegen durch die Beugung, nicht durch die Brechung der Lichtstrahlen bewirkt. Auch hier geht das Licht durch die Bläschen des Wasserdunstes, aber das Phänomen zeigt sich nur, wenn diese Dämpfe sich zwischen das Gestirn und den Beobachter geschoben haben. Besonders häufig bilden sich Kronen um den Mond, indem Haufwolken an demselben vorüberziehen.

Sobald unser Ballon sich über die Wolken erhob, sahen wir sein Schattenbild kleiner und die farbige Aureole größer werden, so daß sie endlich das erstere ganz umgab. Zugleich aber wurden die Farben unmerklich bleicher, und die ganze Erscheinung gestaltete sich dann, wie schon früher einmal, zu einem hellen Schatten mit dunklem Kern.

Sehr interessant ist auch die Beobachtung Wilhelm von Fonvielles über das Schattenbild, das er bei seinem Aufstieg beobachtete.

„Auf der wellenförmigen Oberfläche des Wolkenlagers zeichnet sich der Schatten des Ballons in scharfen Umrissen. Er zieht uns jedoch nur säumig nach, da die Sonne um diese Stunde – es ist über fünf Uhr nachmittags – sich bereits weit vom Zenit entfernt hat. Unsere Gondel, unsere Köpfe und unsere beiden Fangseile heben sich schwarz aus dem blendend weißen Grunde ab, und mit einem passenden Apparate könnten wir uns selbst photographieren.

Über diesen Schatten haben wir freilich kein Wort zu verlieren. Jeder Knabe würde wissen, daß der Ballon dem Lichte den Weg sperrt und eben deshalb einen dunkleren Raum (mit andern Worten sein Schattenbild) hinter sich zurückläßt. Aber einen Teil des Lichts nimmt unzweifelhaft der Ballon in sich auf. Es ist der Teil, der das Gas ausdehnt und den in ihm enthaltenen Wasserdunst in Nebel verwandelt. Und wiederum, abgesehen von diesem in Wärme verwandelten Teile des Sonnenlichts, gibt es noch einen andern, der ebenfalls nicht durch den Ballon hindurchgeht, sondern vielmehr von demselben wie von einem Metallspiegel zurückgeworfen wird. Denn erst zwei oder drei Tage vor der Abfahrt hat man dem Ballon einen neuen Firnisanstrich gegeben, und die von demselben widergespiegelten Strahlen fallen nun auf die Wolkenfläche unter uns, indem sie jedoch auf diesem Wege die eigentümlichsten Formen annehmen. Ich werde versuchen dieselben zu beschreiben, ohne mich an eine Erklärung zu wagen.

In der Mitte der seltsamen Spiegelung tritt deutlich ein dunkler Punkt hervor. Er hat eine tiefe, aber feinabgeschattete Färbung und einen Durchmesser, der etwa dem Viertel des Monddurchmessers gleichkommt. Rings um denselben zieht sich ein Kreis in allen Farben des Regenbogens und von einem Durchmesser, der ungefähr sechzehnmal größer ist, als der innere dunkle Kern. Aber dieser erste farbige Ring wird wiederum von einem zweiten umschlossen, der fast die doppelte Weite des ersten hat und ebenfalls die Farben des Spektrums trägt.

Der Anblick war wirklich überraschend: zu unserer Linken der echte schwarze Schatten unsres Ballons, zu unserer Rechten ein wunderbarer Reflex, der mit uns zugleich die Stelle veränderte und auf den weißen Wolkenflächen hinglitt.

Die Technik des Ballons

Zur Füllung des Ballons pflegt man entweder Wasserstoffgas oder Leuchtgas zu verwenden. Die Dichtigkeit (oder das sogenannte spezifische Gewicht) des letzteren ist nur halb so groß als die der atmosphärischen Luft, während die erstere vierzehnmaI leichter als diese ist. Wenn sich somit das reine Wasserstoffgas für unseren Zweck in höherem Maße zu empfehlen scheint, so bedient man sich dennoch fast allgemein des Leuchtgases, weil dasselbe nicht für jede einzelne Auffahrt mit großen Kosten hergestellt zu werden braucht, sondern sich unmittelbar aus einer Gasanstalt entnehmen läßt. Mag man aufsteigen, wo man will: immer kann man das Gas mit leichter Mühe aus den nächstgelegenen Leitungsröhren erhalten und sich dabei genau auf das dem Ballon entsprechende Maß beschränken.

Dagegen ist schon die Bereitung des reinen Wasserstoffgases eine ebenso langwierige als mühevolle Arbeit. Denn da gilt es zunächst, ganze Batterien von Tonnen mit Eisenfeilspänen, Schwefelsäure und Wasser zu füllen, dann das auf diese Weise gewonnene Gas in einen Bottich zu leiten, um es zu „waschen", hierauf mittels Kalk zu trocknen und endlich durch einen Wasserstrom abzukühlen; und nun erst kann es durch eine lange Röhre dem Ballon zugeführt werden.

Übrigens ist das reine Wasserstoffgas zugleich diejenige Luftart, welche unter allen die Erscheinung der sogenannten Endosmose im höchsten Maße zeigt. Es durchdringt alle Häute und Gewebe, pflanzliche sowohl als tierische mit der größten Leichtigkeit. Ein Strahl Wasserstoffgas, welcher in senkrechter Richtung ein Blatt Papier trifft, geht durch dasselbe beinahe ebenso widerstandslos hindurch, als ob überhaupt gar kein Hindernis vorhanden wäre.

Die Gasmengen, welche durch irgend einen beliebigen Stoff dringen, stehen im umgekehrten Verhältnis zu den Quadratwurzeln ihrer Dichtigkeiten. Da nun die Dichtigkeit das spezifische Gewicht des reinen Wasserstoffgases vierzehn und einhalbmal geringer ist als die der Luft, so begreift man, daß ungefähr viermal mehr Wasserstoffgas durch die Ballonhülle in die Luft hinausdringt, als Luft in das Wasserstoffgas hineindringt.

Dieser fortwährende Gasverlust, welchem nur mit großer Schwierigkeit abgeholfen werden kann, ist ein weiterer Grund, um für eine Füllung der Ballons dem Leuchtgase den Vorzug zu geben.

Alle aerostatischen Versuche haben bisher gelehrt, daß es wichtig ist, den Ballon nicht vollständig zu füllen, denn da der atmosphärische Druck sich in eben dem Maße verringert, als man aufsteigt, so dehnt sich das Gas zufolge seiner Expansivkraft auch immer mehr aus und zuletzt müsste selbst die festeste Hülle bersten. Daher bleibt der untere Teil des Ballons, das schon erwähnte „Anhängsel" stets offen; es blüht sich beim Emporsteigen gleichsam segelartig auf und läßt das überschüssige Gas ungehindert ausströmen. Allerdings genügt zuweilen schon ein kalter Luftstrom, ja der Schatten einer Wolke, um an Stelle der bisherigen Ausdehnung plötzlich eine Verdichtung und Zusammenziehung des Gases zu erzeugen, und dann fließt dasselbe nur noch spärlich aus.

Wollte man dagegen den Ballon verschließen, so würde man, auch bei einer sehr mäßigen Füllung, unaufhörlich der Gefahr ausgesetzt sein, ihn plagen zu sehen. Denn wer in aller Welt könnte im Augenblicke des Aufsteigens wissen, bis zu welchem Grade das Gas sich ausdehnen werde, wie groß der Luftdruck, wie stark die Einwirkung der Sonnenstrahlen, wie feucht oder trocken die Atmosphäre in den verschiedenen Schichten sein werde. Die Ballons werden aus langen Baumwolle- oder Kalikostreifen gefertigt, die man zusammennäht und mit Ölfirnis bestreicht, um sie luft- und wasserdicht zu machen. Der obere Teil des Ballons ist durch einen hölzernen Reifen geschlossen; derselbe hat bei Ballons von 1000 Kubikmeter Inhalt etwa 30 Zentimeter im Durchmesser. In ihm ist das Ventil befestigt, welches aus zwei halbkreisförmigen Scheiben besteht, die in der Mitte gelenkartig ineinandergreifend, sich öffnen und wieder schließen können. Sie drücken nach außen gegen die obere Wölbung des Ballons und öffnen sich nach innen. Ein an dem Ventil befindlicher Strang geht durch das Innere des Ballons bis in die Gondel hinab, so daß der Luftschiffer ihn in jedem Augenblicke zur Hand hat. Zugleich bezeichnet diese Schnur den senkrechten Durchmesser des Ballons. Steht man aufrecht in der Gondel, so kann man die ganze Höhlung des Ballons übersehen, dessen seidene Wände dann aus lauter Bändern bestehen, welche sich strahlenähnlich in dem Reifen des Ventils vereinigen. Ebenso wichtig als dieser

Reifen ist ferner jenes an ihm befestigte Netz, welches mit seinen dichten Maschen den oberen Teil des Ballons umschließt, denn an ihm hängt die Gondel. Man kann sich denken, daß es fest genug gewebt und verknüpft ist. Nicht bloß, daß alle seine Hauptfäden abermals mit einem großen, etwa 1 ½ Meter starken Holzreifen verbunden sind: es hängen auch von eben diesem zweiten Reifen noch 6 oder 8 starke Tragseile herab, während 6 oder 8 andere Taue mit in die Ruten der Gondel verflochten sind und sich im Boden derselben kreuzen. Ja auch damit noch nicht begnügt, hat man wohl die frei aus dem Geflecht hervorragenden Enden der Taue mit Ringen versehen, mittels deren sie nochmals an den eisernen Haken des Reifens befestigt werden. Ist dies geschehen, so können die Aeronauten, mit ihren Instrumenten, ihren Karten und ihrem Ballast versehen, auf dem Bänkchen der Gondel Platz nehmen und sich unbesorgt der Kraft des Ballons und der Luftströmung überlassen.

Daß der Ballast in Form von Sandsäcken mitgenommen wird, weiß heutzutage jeder. Und über die Reißbahn und das Schleppseil enthält das vorangehende Kapitel alles Wissenswerte.

Früher gehörte zur Ausrüstung eines Ballons häufig auch der „Fallschirm" als Retter in der Not. Kommt auch der Fallschirm heute kaum noch in Frage, so ist doch seine Erfindung eine höchst interessante, und obendrein hat sie zweifellos Anregung zur Konstruktion der Flugmaschinen mit Gleitflächen gegeben.

Der berühmte Leonardo da Vinci war der erste, der das Projekt eines Fallschirmes beschrieb und zeichnete. Hundert Jahre später regte der venezianische Architekt Fausto Veranzio die Idee von neuem an. Die Projekte blieben unausgeführt. Als nun der Luftballon erfunden wurde, dachte man gegen das Ende des 18. Jahrhunderts auch an den Fallschirm; denn man hatte inzwischen auch erfahren, daß chinesische Gaukler mit aufgespannten Schirmen von hohen Türmen sich herabgelassen haben sollten, und solche Apparate mochten manchen als gute Rettungsgeräte in Feuersgefahr erscheinen. In der Tat gelang es Sebastian Lenormand in Montpellier, mit einem ausgespannten und gegen das Umkippen gesicherten Regenschirm sich von seiner Wohnung auf die Straße herabzulassen. Die Versuche wurden fortgesetzt, man ließ zuerst Tiere an Fallschirmen hinab, und endlich erfand im Jahre 1797 Jacques Garnerin einen brauchbaren Fallschirm. Der kühne Mann wagte am 22. Oktober desselben Jahres in Paris den Sprung vom Ballon aus einer Höhe von 1000 Meter und langte glücklich auf der Erde an. Seine Tat ist bis jetzt von anderen schwerlich übertroffen und auch sein Fallschirm wesentlich nicht verbessert worden. Er hatte die Form einer Kugelkalotte von 7,8 Meter größtem Durchmesser und auch das kleine Loch in der Mitte, durch welches die komprimierte Luft abfließen konnte und welches so viele des 19. Jahrhunderts als ihre ureigenste Erfindung ausgegeben haben.

„Der Fallschirm kam später in Mißkredit," führte ein leider anonym gebliebener Kenner, dem ich auch das Vorstehende verdanke, in der „Gartenlaube" 1889 aus, „und schuld war daran eine „Verbesserung" desselben. Der englische Gelehrte Cayley, der Erfinder der Luft- oder Flugschraube, verfiel auf den Gedanken, einen Fallschirm von der Form der Samenkrone der Kompositen zu konstruieren. Es fand sich ein „Amateur", der seine ganzen Glieder der Idee anvertraute. Am 27. September 1836 nahm der Luftschiffer Green den Amateur Loking in seinem Ballon von Vauxhall in London aus in die Höhe. Loking ließ sich, als der Ballon die Höhe von 1200 Meter erreichte, nieder, aber der neue Fallschirm funktionierte schlecht; der Unglückliche sauste herab und wurde auf dem Erdboden zerschmettert. Erst nach geraumer Zeit nahm man wieder Fallschirmexperimente auf, wobei man im großen und ganzen dem Modell Garnerins treu blieb. In Amerika wurden diese Schaustellungen, die ja ohne Zweifel interessant sind, mode und die amerikanischen Luftstürzler kamen auch nach Deutschland.

Der Fallschirm des Luftschiffers Leroux hat in den achtziger Jahren in der deutschen Hauptstadt nicht nur Tausende von Neugierigen angelockt, sondern auch seitens der militärischen Behörden Beachtung gefunden. In dem Gehöfte der Luftschifferabteilung auf dem Tempelhoferfelde wurde ein zwischen 11 und 12 Meter hoher seidener Ballon mit etwa 700 Kubikmeter Leuchtgas gefüllt und dann, trotz ungünstigen Wetters, für die Auffahrt in Bereitschaft gesetzt. Der Fallschirm des Luftschiffers war an der Seite des Ballons befestigt, von wo er durch eine einfache Vorrichtung leicht gelöst werden kann. Bis zu der schwindelnden Höhe von 1000 Meter war Leroux bereits emporgestiegen, als sich durch starke Ferngläser seine Vorbereitungen zum Fall erkennen ließen. Er löste den Schirm und im nächsten Augenblicke glaubte man ihn auf die Erde niederstürzen sehen zu können, aber schon hatte sich der Schirm entfaltet, aufgebläht und schwebte nun ruhig und langsam zur Erde nieder. Das Experiment war gelungen. Der Aufstieg in dem Ballon ist in Berlin wiederholt worden und jedesmal der Absturz mit dem Fallschirm ohne Unfall vonstatten gegangen.

Charles Leroux ist ein Amerikaner und vor 32 Jahren in Waterbury (Connecticut) auf die Welt gekommen. Seine ersten Versuche mit dem Schirm machte er in Neuyork von sechs- und siebenstöckigen Häusern herunter. Das Interesse der Militärbehörden für den Fallschirm läßt seine Verwendung in Kriegszeiten nicht unmöglich erscheinen. Wie ja überhaupt der Fallschirm in kritischen Augenblicken dem Luftschiffer wesentliche Dienste leisten kann."

Wir kommen nunmehr zum Aufstiege des Ballons! Es darf als eine besonders günstige Reisebedingung betrachtet werden, wenn auf der Erdoberfläche Windstille herrscht. Wenigstens ist ein langsames und allmähliches Aufsteigen für den wissenschaftlichen Beobachter fast notwendig, wäre es auch nur, um die verschiedenen Instrumente ordnen und sichern zu können und sofort zuverlässige Angaben über die eigentümlichen Zustände der Atmosphäre zu gewinnen.

Zu diesem Zwecke pflegt man auch den Ballon genau zu wägen und im Augenblicke der Abfahrt in vollkommenes Gleichgewicht zu bringen. Die Gondel berührt dann kaum noch den Boden. Starke Hände halten den unruhigen Ball an den Stricken zurück, welche die Luftfahrer stets unter der Gondel herabhängen lassen. Endlich, nachdem einige Kilogramm Ballast ausgeworfen, kann das Aufsteigen beginnen. Man kommandiert: „Los!" und der befreite Ballon erhebt sich langsam und majestätisch.

Es steigt zumeist in einer schrägen Linie, die gleichsam die Mitte zwischen der eigenen senkrechten Richtung des Ballons und zwischen dem wagerechten Zuge des Windes hält. Erst wenn er in Luftschichten kommt, deren Dichtigkeit seinem eigenen Gewichte gleich, hört er auf zu steigen, wofern man nicht etwa die Waffe des Ballastes verringert und er folgt nun lediglich einer horizontalen Bahn, d.h. er treibt im Bette der Luftströmung dahin.

Der Ballon geht wirklich mit dem Winde, oder vielleicht noch deutlicher gesagt, in dem Winde; denn nicht er, sondern die Luft bewegt sich; er wird gleichsam mit seiner eigenen Atmosphäre in und von der wandernden Luft fortgetragen. Deshalb fühlen wir in der Gondel eines Ballons, selbst wenn wir mit der Geschwindigkeit eines Eilzugs entlangfliegen, nicht den mindesten Lufthauch und der Forscher kann seine Beobachtungen in völliger Ruhe anstellen und verzeichnen.

Es erhellt, daß die Steigkraft eines Ballons sich um so mehr erhöht, je leichter er ist, d. h. je mehr sein eigenes Gewicht hinter dem Gewicht der

Zeppelins Luftschiff im Fluge, mit der Königin von Württemberg an Bord

durch ihn verdrängten atmosphärischen Luft zurückbleibt; und so bedarf es denn kaum noch der Bemerkung, daß aus diesem gegenseitigen Gewichtsverhältnis sich auch die Trag- und Flugkraft eines Ballons im voraus berechnen läßt. Man kann mit Sicherheit bestimmen, welcher Belastung er fähig ist und bis zu welchen Höhen er empordringt.

Der Ballon senkt sich dann von selbst in dem Augenblicke, wenn er diejenige Höhe erreicht hat, zu welcher die jedesmalige Steigkraft ihn eben emportragen kann. Obwohl er aus einer zwiefachen Hülle von Stoff besteht, so ist er doch nicht völlig undurchdringlich, und überdies bleibt, wie mehrfach erwähnt, sein unterer Teil allezeit offen. Sobald daher die Sonnenwärme das Gas ausdehnt, kann es nach unten entweichen. Werden dagegen die Luftströmungen kälter, so schrumpft der Ballon ein wenig zusammen, und wird nun, da er ein geringeres Volumen einnimmt, etwas schwerer. Demzufolge fällt er. Ein geschickter Luftschiffer berührt die Schnur des Ventils nicht eher, als im Augenblicke der eigentlichen Niederfahrt. Bis dahin hilft er sich lediglich durch ein zweckmäßig berechnetes Auswerfen von Ballast. Es könnte nichts verkehrter sein, als etwa abwechselnd das Ventil zu ziehen und Ballast über Bord zu werfen. Denn der Aeronaut würde damit nicht bloß nichts erreichen, sondern auch den Mechanismus des Ballons in bedenklicher Weise lähmen. Kurz, es will eben alles auf der Welt gelernt sein, und der größte Gelehrte ist den Wechselfällen einer Luftreise weniger gewachsen, als ein Luftschiffer von Fach, sollte derselbe auch weder lesen noch schreiben können.

Man hat mich oft gefragt, welches Mittel der Luftschiffer besitze, um zu wissen, wo er sich befinde. Die Sache ist aber sehr einfach. Denn sogleich von den ersten Minuten seiner Abfahrt an kennt der Aeronaut die Richtung, in welcher er fortgetragen wird. Steigt man in Berlin aus, so zeigt jede irgend leidliche Karte den Weg des Ballons im voraus, und man kann allezeit bestimmen, über welchem Fluß, welchem Turm, welcher Straße oder welchem Punkte man eben schwebt.

In Nebel und Wolken hört freilich jede Orientierung auf, und über den Wolken kann höchstens die astronomische Orientierung in Frage kommen, kann sich der Luftschiffer nur nach den Gestirnen richten.

Die wissenschaftlichen Luftreisen

Kaum hatten die Brüder Montgolfier den ersten ihrer Ballons in die Lüfte steigen lassen, als die Hoffnung denkender Köpfe auch schon den Tag begrüßte, an dem diese Erfindung auf das genauere Studium des großen Ozeans angewendet werden würde, auf dessen Boden wir atmen.

Es war kein geringerer, als Benjamin Franklin, der den meteorologischen Gebrauch des Luftschiffes voraussagte. Nachdem er in Frankreich selbst gewissermaßen Zeuge der Erfindung geworden, verkündete er die wissenschaftliche Zukunft des Ballons. Indessen sind nur die wenigsten der folgenden Luftreisen eigentlich wissenschaftlichen Zwecken gewidmet worden.

Und doch war die Anwendung der neuen Erfindung auf das meteorologische Studium ebenso naheliegend als wichtig. Das Flügelroß, von dem der alte Mythus erzählt, war lebendig geworden; es stellte sich dem Menschen zu Dienst und trug ihn gehorsam in die Werkstätte des Donners und der Blitze, der Winde und Stürme, des Regens und Schnees empor. Wie hätte man da nicht hoffen sollen, daß die großen Strömungen der Luft bald ebenso genau bestimmt und gemessen werden könnten, als die Bahnen der Gestirne, und daß der Mensch ebenso leicht, als er Sonnen- und Mondfinsternisse vorhersagt, Perioden der Dürre und Nässe, der Hitze und Kälte verkünden würde? Ja, konnte es zuletzt seinem forschenden Eifer nicht auch gelingen, die Gesetze dieser elementaren Mächte zu enthüllen und sie seinem Wissen botmäßig zu machen, so daß er endlich nur über eine Erde voll fruchtbarer Ernten hinwandelte? Träume, nichts als Träume! Man weiß, welch eine Ära auf jene Jahre der jungen Erfindung folgte.

Die Revolution schreitet über ganz Europa; die Völker stehen widereinander auf; eine Zeit des Krieges und des Ehrgeizes ohnegleichen beginnt. Endlich nach Jahrzehnten kehrt der Friede wieder und ein anderer Geist scheint die Welt zu erfüllen. Nur für die Luftschiffahrt brach keine fruchtbare Epoche an. Sie diente in der Folge, statt auf die Erforschung der großen atmosphärischen Kräfte angewendet zu werden, meistens nur der gewöhnlichen Schaulust. Die Menge sah in der Füllung und im Aufsteigen eines Ballons eine bloße Merkwürdigkeit, die aber seit den Tagen der Republik zu allen sogenannten Volksbelustigungen gehörte.

Napoleons Krönungsfest von 1804 würde eines seiner größten Reize entbehrt haben, wäre nicht am Abend des 16. Dezember ein Ballon von

Paris aufgeflogen, der denn auch wirklich am nächstfolgenden Morgen in der Campagna niederfiel, um den Römern durch seine Aufschrift zu verkündigen, daß Napoleon soeben durch Pius VII. gekrönt worden; 10 Jahre später bei dem Wiedereinzuge Ludwigs XVlll. (am 3. Mai 1814) stiegen ganze Schwärme von Ballons, und so will denn noch heute jeder Jahrmarkt durch einen Aerostaten vervollständigt sein. Bei bescheideneren Ansprüchen begnügt man sich freilich mit einem Ballon von Goldschlägerhaut oder einer kleinen Montgolfiere ohne Luftschiffer; die großen Volksfeste dagegen verlangen mehr; sie wollen einen „wirklichen Ballon" mit einem Aeronauten von Fleisch und Blut.

Die erste Luftfahrt im Dienste der Wissenschaft ward von Robertson und Lhoëst am 18. Juli 1803 unternommen.

Aus den Berichten, die die beiden Gelehrten an die Petersburger Akademie erstatteten, geht hervor, daß sie um 9 Uhr vormittags von Hamburg aufstiegen, und nach einer Fahrt von 5 ½ Stunden bei Hannover niedergingen. Sie hatten demnach eine Strecke von ziemlich 19 geographischen Meilen zurückgelegt. Die größte Höhe, welche der Ballon erreichte, betrug 23526 Fuß, und hier fiel das Reaumursche Thermometer bis auf 5 ½ Grad unter Null, während auf der Oberfläche des Bodens eine Wärme von 16 Grad herrschte.

Mehrfache Experimente waren von diesen beiden Luftschiffern angestellt worden, deren erstes die Reibungselektrizität zum Gegenstand hatte. Das Ergebnis war, daß in der eben erwähnten Höhe Glas, Schwefel und Siegellack ungeachtet starker Reibung nur einen geringen Grad von Elektrizität entwickelten.

Das zweite Experiment galt der Voltaischen Elektrizität. Eine aus 60 Silber- und Zinkplatten zusammengesetzte Voltaische Säule übte auf das Elektrometer nicht mehr als fünf Sechstel des auf der Erdoberfläche hervorgebrachten Wirkungsgrades aus.

Dagegen nahmen die Oszillationen einer Neigungsnadel mit der Höhe in merklicher Weise zu.

Ein vierter Versuch sollte die Stärke des Schalls bestimmen. Man ließ 10 Gramm chlorsaures Natron explodieren, und der Knall, obwohl noch immer lebhaft, erschien ungleich schwächer, als er auf ebener Erde zu sein pflegt.

Ferner wollte der Experimentator den Siedepunkt des Wassers in dieser Höhe feststellen. Allein infolge einer Zerstreutheit, gleich der Newtons, der seine Uhr ins Wasser legte und das Ei in der Hand behielt, setzte Robertson sein Thermometer statt in das siedende Wasser in das Feuer, so daß es augenblicklich zersprang. Doch konnte der Luftschiffer in dem Augenblicke, als das Wasser aufkochte, seine Hand in dasselbe tauchen, ohne Schmerz zu empfinden.

Von zwei Vögeln, die man in einem Käfig mitgenommen, war der eine gestorben, der zweite, nur eben betäubt, ward geweckt und auf den Rand der Gondel gesetzt. Er schlug mit den Flügeln, ohne sich von der Stelle zu rühren und fiel, als man ihn in den Raum hinausstieß, wie ein Gewicht.

Schließlich beobachtete man, daß der Himmel in den höchsten Regionen dunkelgrau erschien und die Sonnenwärme äußerst schwach war; nur im Innern der Gondel machte die letztere sich noch einigermaßen fühlbar.

Eine zweite, am 14. August 1803 unternommene Reise sollte über das Mischungsverhältnis der Gase in den höheren Schichten der Atmosphäre Aufschluß geben. Sie führte zu der Annahme, daß dort eine merkliche Verminderung des Sauerstoffes stattfinde. Doch haben spätere Luftfahrten das Irrtümliche dieser Ansicht unzweifelhaft dargetan.

Inzwischen beschloß die Akademie der Wissenschaften zu Petersburg, die bei der Hamburger Expedition angestellten Versuche durch Robertson selbst zu wiederholen und ihn von einem ihrer Mitglieder, dem ausgezeichneten Physiker und Chemiker Sacharoff begleiten zu lassen.

Diese neue Luftfahrt erfolgte am 30. Juni 1804. Die Gelehrten stiegen um 7 Uhr 45 Minuten abends in Petersburg auf und gingen genau 3 Stunden später bei Sivoritz, in einer Entfernung von 15 geographischen Meilen nieder.

Regelmäßige magnetische Beobachtungen konnten Robertson und Sacharoff nicht anstellen, doch bemerkten sie wiederholt, daß die Deklinationsnadel nicht mehr in wagrechter Linie schwebte; vielmehr schien ihr Nordpol sich um etwa 10 Grad gehoben zu haben.

Unabhängig von den russischen Gelehrten hatte im Anfange desselben Jahres (1804) Laplace der Pariser Akademie vorgeschlagen, vermittelst der Luftschiffahrt die Physik der Atmosphäre und namentlich die Stärke des Magnetismus in großen Höhen wissenschaftlich zu untersuchen, indem er unter anderem darauf hinwies, daß schon de Saussure bei seinen Experimenten auf dem Col de Géant eine merkbare Schwächung der magnetischen Kräfte zu erkennen geglaubt habe.

Dieser auch anderweitig unterstützte Vorschlag hätte kaum unter günstigeren Umständen gemacht werden können; denn eins der hervorragendsten Mitglieder des Instituts, Chaptal, war damals Minister des Innern. Die Entscheidung erfolgte in der Tat sofort, und Biot und Gay-Lussac wurden mit der Ausführung beauftragt.

Die beiden Physiker stiegen am 24. August 1804 vom Garten des Konservatoriums der Künste und Handwerker auf. In einer Höhe von 13124 Fuß versuchten sie mit Hilfe einer horizontalen Magnetnadel den Stärkegrad der magnetischen Wirkung zu bestimmen, wie dies der eigentliche Zweck ihrer Reise war; allein die beständig kreisende Bewegung des Ballons setzte ihnen ein ebenso unvorhergesehenes als unüberwindliches Hindernis entgegen.

Man verschob deshalb die Experimente auf eine neue Reise, welche Gay-Lussac allein unternahm. Am 16. September 1804 stieg er um 9 Uhr 40 Minuten von demselben Orte wieder auf und landete, nachdem er volle 6 Stunden in den verschiedensten Luftzonen verweilt, 30 geographische Meilen von Paris entfernt, zwischen Rouen und Dieppe.

Der berühmte Physiker hatte seinen Ballon mit langen Tauen versehen, um dadurch der drehenden Bewegung desselben möglichst Einhalt zu tun, und somit die Oszillationen der Magnetnadel leichter zählen zu können.

Er beobachtete auf diese Weise, daß die mittlere Dauer von je 10 Oszillationen in allen Höhen 42 Sekunden betrage, und schloß hieraus, daß die magnetische Kraft auch in den größten uns erreichbaren Höhen keine merklichen Veränderungen erleide.

Das Hauptergebnis von Gay-Lussacs Luftreise ist die Ermittlung einer durchaus gleichmäßigen Zusammensetzung der Luft bis zur Höhe von 22966 Fuß. Der berühmte Physiker war der erste, dem es vergönnt war, aus diesen hohen Regionen Luft mit herabzubringen und davon eine Analyse zu geben, deren Richtigkeit durch sämtliche später angestellte Experimente bestätigt worden ist.

Eine nicht weniger wichtige Tatsache ist der große Unterschied, den Gay-Lussac zwischen den Temperaturen unmittelbar über der Erdoberfläche und in den höheren Luftregionen festgestellt hat. Bei seiner Abfahrt zeigte das Barometer 30 Zoll und das hundertteilige Thermometer nahe 28 Grad; während auf dem höchsten Punkte der Luftdruck bis unter 13 Zoll und die Temperatur bis unter 9 Grad herabsank. Der mutige Forscher hat sich mithin zu einer Höhe von 7016 Meter über dem Meeresspiegel erhoben und dabei einen Temperaturwechsel ertragen, der nicht weniger als 37 Grad betrug.

Von 1804 bis 1850 haben wir keine wissenschaftlichen Ballonreisen zu verzeichnen.

In dem letztgenannten Jahre aber stiegen Barral und Bixio zweimal auf, um verschiedene noch immer nicht hinreichend erkannte Erscheinungen und Verhältnisse der Atmosphäre von neuem zu beobachten. Man wollte das Gesetz ermitteln, nach welchem Wärme und Feuchtigkeit der Luft in den Höhen abnehmen; man wollte sich darüber vergewissern, ob die chemische Zusammensetzung der Atmosphäre überall dieselbe sei; wollte die wärmende Kraft der Sonnenstrahlen in den höchsten Regionen bemessen, wollte untersuchen, ob das von den Wolken reflektierte und durchgelassene Licht polarisiert sei oder nicht usw.

Die Aufsteigung fand Sonnabend, am 29. Juni 1850 im Garten des Pariser Observatoriums statt. Der Ballon war mit reinem, aus Salzsäure und Eisen gewonnenem Wasserstoffgas gefüllt, und die beiden Physiker gedachten sich damit zu einer Höhe von 10000 bis 12000 Meter zu erheben.

Allein infolge des sturmartig wehenden Windes zerriß derselbe an mehreren Stellen, und während man sich in aller Eile bemühte die Schäden notdürftig aufzubessern, stürzte der Regen in Strömen herab. In der Tat, diese Vorzeichen waren abschreckend. Dennoch schwangen sich Barral und Bixio empor, und zwar so rasch und gewaltsam, daß sie selbst nicht einmal vermochten, in der üblichen Weise die Steigungskraft des Ballons festzustellen. Wie ein Pfeil drang derselbe aufwärts, um sofort in den Wolken zu verschwinden.

Aber hier wartete der Reisenden ein neues Ungemach. Der mächtig aufschwellende Ballon drohte die Maschen des engen Netzes zu sprengen und senkte sich bald auf die Reisenden, deren Gondel an viel zu kurzen Tauen hing, herab, so daß sie wie mit einem schweren Hute bedeckt waren.

Die beiden Physiker sahen sich in einer ungemein kritischen Lage. Da riß, als sei des Unheils noch nicht genug, einer von ihnen bei seinen Bemühungen, die Leine des Ventil freizumachen, in die untere Verlängerung des Ballons ein Loch. Es befand sich fast unmittelbar über ihren Häuptern, und die augenblicklich hervorquellenden Massen des Wasserstoffgases brachten sie wiederholt der Ohnmacht nahe, von anderen Wirkungen ganz zu schweigen.

Ein Blick auf das Barometer ließ sie erkennen, daß sie mit reißender

Schnelligkeit abwärts gingen: der Ballon war wirklich zersprengt; gerade über dem Reifen klaffte ein 6 Fuß langer Riß. Das höchste, was die kühnen Männer hoffen konnten, war, mit dem Leben davonzukommen. Sie entledigten sich schnell alles noch vorrätigen Ballastes, warfen die Decken, welche sie mitgenommen, um sich gegen die Kälte zu schützen, ja sogar ihre Pelzstiefeln über Bord; nur von ihren Instrumenten trennten sie sich nicht.

Um 11 Uhr 14 Minuten gingen sie endlich in einem Weinberge bei Lagny nieder. Feldarbeiter und Winzer eilten herbei und fanden die beiden Physiker, die mit aller Kraft die Pfähle der Weinstöcke umklammerten, um die noch immer hin und her schleudernde Bewegung der Gondel so viel als möglich zu hemmen.

Eine Reise unter derartigen Hindernissen konnte für die Wissenschaft keine große Ausbeute geben. Die beiden Unternehmer trafen daher sofort Vorbereitungen zu einer neuen Fahrt, und einen Monat später, am 27. Juli, stiegen sie wiederum vom Garten des Observatoriums auf, wiederum von Regengüssen überschüttet. Wir müssen jedoch hinzusehen, daß auch diesmal Uragos kundiges Auge die Abfahrt übermachte, und daß von seiner Seite nichts unterlassen ward, um die Reise in wissenschaftlicher Beziehung fruchtbar zu machen.

Eine interessante optische Erscheinung zeigte sich den beiden Beobachtern, ehe sie noch die äußerste Höhe erreicht hatten. Denn während die Wolkenschichten, welche sie vom Augenblicke der Aufsteigung umgaben, sich lockerten, trat allmählich die weiße, glanzlose Sonnenscheibe hervor; aber gleichzeitig ward in den Dunstflächen unter der Gondel eine zweite Scheibe sichtbar, gerade als ob die Sonne ihr Bild in einer Wasserfläche verdopple. Und in der Tat konnte diese Nebensonne nur eine Spiegelung sein, welche durch die in der Atmosphäre schwebenden Eiskristalle hervorgebracht wurde.

Das bedeutendste Resultat lieferten jedoch die thermometrischen Beobachtungen. Gay-Lussac hatte seine Luftfahrt bei heiterem oder doch nur leicht bedecktem Himmel unternommen und in der Höhe von 7016 Meter eine Temperatur von 90 Celsius unter Null gefunden. Eben dieselbe Temperatur fanden Barral und Bixio, als sie von Wolken umhüllt zu einer Höhe von 6000 Metern gelangt waren. Über diesen Punkt hinaus aber, auf einer neuen Höhenstrecke von 2000 Fuß, wechselte die Temperatur in ganz außerordentlicher Weise, bis bei 7049 Meter das hundertteilige

Thermometer auf 39 Grad, d. h. 30 Grad tiefer fiel, als Gay-Lussac in derselben Höhe bei heiterer Atmosphäre gefunden hatte.

Diese Tatsache war überraschend genug, um den Scharfsinn der Physiker zu beschäftigen. Indessen muß man gestehen, daß keine der versuchten Erklärungen ausreichend ist. Die Wissenschaft weiß eben noch nicht, was in jenen Höhen unserer Atmosphäre vorgeht.

Zwei Jahre nach der Expedition von Gay-Lussac beschlossen die Direktoren des Observatoriums von Kern bei London, eine Reihe Luftfahrten zum Zwecke einer wissenschaftlichen Untersuchung der höchsten Regionen der Atmosphäre anstellen zu lassen, und damit beginnt eine glänzende Ära.

Die fruchtbarsten Luftexpeditionen, die damals unternommen wurden, verdankt die Wissenschaft der Ausdauer und Umsicht James Glaishers, des gelehrten Direktors der königlichen Sternwarte zu Greenwich, desselben Glaishers, dessen höchste Luftfahrt wir bereits oben geschildert haben. Nicht weniger als 30 Luftreisen hat Glaisher zu wissenschaftlichen Zwecken unternommen, und wenn auch heute durch verbesserte Instrumente seine Beobachtungen und Ergebnisse überholt sind, bleibt seine Bedeutung als Nestor der wissenschaftlichen Luftschiffahrt doch unangetastet. Er selber faßte die hauptsächlichsten Resultate, zu denen er gelangt war, in folgender Weise zusammen:

„So gering die Zahl der von mir geschilderten Luftfahrten ist, so genügt sie doch, um den Glauben an eine regelmäßige Abnahme der Temperatur in den hohen Luftschichten zu widerlegen. Denn sie liefert den tatsächlichen Beweis, daß der Satz der Theoretiker, demzufolge auf jede Erhebung von 100 Meter eine Temperaturerniedrigung von 1 Grad zu rechnen sei, als völlig unhaltbar aufgegeben werden muß; eine solche ideale Regelmäßigkeit in den Wärmeströmungen des planetarischen Luftraumes besteht nicht. Die Abweichungen sind vielmehr unberechenbar, und selbst bei klarem Himmel (wiewohl dieser der Feststellung eines Durchschnittswerts am günstigsten ist) schwanken die Zahlen in dem Verhältnis von 1 bis 6 Grad.

Ich habe niemals eine Luftfahrt ausgeführt, bin niemals in einem Ballon aus- oder niedergestiegen, ohne daß der Feuchtigkeitsgrad der Luft bedeutend geschwankt hätte. Es ist unmöglich, vornherein zu behaupten: es könne über einer trockenen Luftschicht nicht einige tausend Fuß höher eine mit Feuchtigkeit gesättigte Luft lagern.

Der gewöhnliche Zustand der Atmosphäre zeigt viel eher das Gegenteil. Denn meist wechseln trockene und feuchte Schichten in einer gewissen Reihenfolge ab.

Nichts läßt sich leichter beobachten, als daß die Zahl der Pulsschläge ebenso wie die Atemzüge in größeren Höhen zunimmt. An meinem eigenen Pulse zählte ich gewöhnlich vor der Auffahrt 76 Schläge in der Minute, sie stiegen auf 90 in Höhen von 10 000 Fuß, auf 100 bei 20 000 Fuß und endlich darüber hinaus bis auf 110. Die beobachteten Zahlen zeigen indes nichts weniger als Gleichmäßigkeit, da offenbar die Erhebung über den Boden nicht die einzige Ursache ist, welche auf den Luftschiffer wirkt, vielmehr auch das Temperament, die gesamte physische Eigentümlichkeit und das augenblickliche Verhalten jedes Individuums in Anschlag gebracht werden muß. Wenn daher die an einem bestimmten Tage gefundenen Zahlen von dem bei einem späteren Aufsteigen erhaltenen abweichen, so ist dies um nichts wunderbarer als die unten, auf der Oberfläche des Bodens wiederkehrenden Abweichungen, die je nach dem Gesundheitszustande oder selbst nach der moralischen Verfassung der einzelnen Individuen bald mehr, bald weniger hervortreten. Ganz dasselbe gilt von der Veränderung der Gesichtsfarbe. Sie ist bei einzelnen vielleicht in Höhen von 10 000 Fuß noch völlig unwahrnehmbar, während andere schon wie von einem inneren Feuer getötet sind. Ich selbst fühlte bei derartigen Erhebungen die eintretende Entfärbung, ehe sie mir noch der Spiegel bezeugte: bei 17000 Fuß wurden meine Lippen blau; bei 19000 Fuß vertiefte sich dieses Blau ins Schwärzliche und breitete sich auch über die Hände aus. In einer Höhe von 6400 Meter klopfte mein Herz hörbar, der Atem ward flach und matt, bis mich bei 29000 Fuß das Bewußtsein verließ.

Ohne Zweifel ist der Mensch im Schiffchen eines Ballons selbst wiederum ein würdiger Gegenstand des Studiums, namentlich des physiologischen, und doch hat man kaum noch einen Anfang dazu gemacht.

Auf die glänzende Reihe der Ballonfahrten Glaishers folgten zahlreiche wissenschaftliche Aufstiege in Frankreich von Tissandier, Flammarion und andern. Ende der achtziger Jahre begann sich endlich auch Deutschland an den wissenschaftlichen Ballonfahrten zu beteiligen, und dank der Unterstützung des Kaisers und der Akademie der Wissenschaften, sowie zahlreicher Gönner kann sich heute der Deutsche Verein zur Förderung der Luftschiffahrt einer großen Zahl wichtiger und ergebnisreicher Fahrten rühmen. Die bisherigen Ergebnisse der wissenschaftlichen Ballonfahrten auseinanderzusetzen, ist hier nicht der Ort. Nur das mag hervorgehoben werden, daß die neueren wissenschaftlichen Ballonfahrten ein wesentlich verändertes Bild von den Zuständen der Lufthülle geschaffen haben, dank den neueren Instrumenten und insbesondere mit Hilfe des von Aßmann erfundenen Aspirationsthermometers, das in der Tat geradezu epochemachend war. Weiter mögen die Registrierballons (Ballons fondés) hier noch erwähnt sein. So nennt man kleine unbemannte Ballons, die nur selbstregistrierende Instrumente hochzunehmen haben, also selbsttätig die erreichten Höhen, Temperaturen usw. verzeichnen, nach einer gewissen Zeit niedergehen und wenn sie aufgefunden werden, schätzenswerte Nachrichten aus der Atmosphäre bringen. Vor allem können sie Aufschluß geben über die höchsten atmosphärischen Schichten, in die der Mensch nicht aufzusteigen vermag.

So verriet ein in Paris 1893 aufgestiegener Registrierballon bei seiner Auffindung, daß in 14000 Meter Höhe 55 Grad Celsius unter Null geherrscht hatten, und auf die nämliche Weise wurde in Berlin in 18000 Meter Höhe eine Kälte von − 67 Grad nachgewiesen. Andererseits ist festgestellt worden, daß in einer Höhe von 11 Kilometer die Abnahme der Temperatur für gewisse Schichten ganz aufhört und hier sogar Erwärmung eintreten kann.

Es ist ganz sicher, die wissenschaftlichen Ballonfahrten werden uns noch merkwürdige und ungeahnte Aufschlüsse über das Luftmeer bringen. Und wenn dereinst, so schließe ich mit den Worten Sohnckes, der Schleier, mit dem die Natur die atmosphärischen Vorgänge geheimnisvoll verhüllt hat, gelüftet sein wird; wenn spätere Geschlechter das für uns noch so verworrene Getriebe der Luftströmungen klar durchschauen, so daß sie den kommenden Witterungszustand nicht nur mit einiger Wahrscheinlichkeit, sondern mit voller Sicherheit vorauszuerkennen vermögen, so werden sie dies in erster Reihe dem Umstande zu verdanken haben, daß in unserer gegenwärtigen Zeit die Erkenntnis sich Bahn gebrochen hat von der eminenten Bedeutung der wissenschaftlichen Ballonfahrten.

Gebirgsartige Form des Wolkenmeeres. Beobachtet im Ballon und gezeichnet von Tassandier

Die Verwendung des Luftschiffes im Kriege

Als Montgolfiers Ball zum ersten Male in die Luft stieg und Pilatre de Rozier sich kühnen Herzens der Gondel anvertraute, dachten weder diese Männer, noch Franklin und Lavoisier an etwas anderes, als an die Vorteile, welche der Wissenschaft und im weiteren Sinne der menschlichen Wohlfahrt aus der neuen Erfindung erwachsen könnten. Natürlich genug! Denn der Geist der Erfindungen ist seinem eigensten Wesen nach ein friedlicher. Geboren im Schweiß der Arbeit und in stillem Sinnen, denkt er nur daran, zu schaffen und haßt die Zerstörung. Aber der Friede, den wir suchen und den unsere Dichter besingen, wo hat er seine Stätte? Kaum dann und wann geht er dem Menschengeschlechte wie ein kurzer Sonnenblick vorüber, und überall sonst folgt uns immer wiederkehrend das Bild des Völkerhaders und der Völkerkriege. Es ist wahr, was la Bruyère sagt: wenn auf Erden nur zwei Menschen lebten und jeder von ihnen die halbe Welt besäße, sie würden doch Mittel und Wege suchen und finden, sich feindlich zu begegnen. Und so arbeitet denn der Friede allzuoft nur für den Krieg.

Auch die Geschichte der Luftschiffahrt hat das bewiesen. Bereits in den Kriegen der französischen Revolution schuf Guyton Morreau, der erste Direktor der polytechnischen Schule zu Paris, eine Luftschifferkompagnie. Dieselbe erwies sofort ihre praktische Bedeutung, indem sie in der Schlacht von Fleurus das französische Heer aus einer bedenklichen Lage befreite. Während dieser Schlacht beobachtete der Ingenieur Coustelle während 9 Stunden im Ballon die Bewegungen des Gegners und trug nach dem Zeugnis des Oberbefehlshabers Jourdans dadurch wesentlich zum Siege des französischen Heeres bei. Ebenso tat der Luftballon in der Belagerung von Charleroi seine Dienste, und alsbald, noch im Jahre 1794 wurde eine Luftschifferschule in Meudon begründet.

Bald suchten auch die Russen sich diese Vorteile anzueignen, und als im Jahre 1849 die Österreicher Venedig blockierten, fehlte es nicht an ähnlichen Versuchen; aber weit mehr noch fällt ins Gewicht die Rolle, welche die Aeronautik in dem amerikanischen Bürgerkriege spielte. Man weiß, daß der letzte entscheidende Schlag des Krieges – die Eroberung von Richmond im Jahre 1862 – dem General Mac Clellan nur infolge der wiederholten sorgfältigen Rekognoszierungen und Ausnahmen mittels der Luftballons möglich geworden ist.

Napoleon l. hatte für die Ballons ebensowenig Verständnis als für die Verwendung des Dampfes zur Seeschiffahrt. Er behandelte die Aeronauten auf dieselbe Weise wie den Amerikaner Fulton, indem er auf seinen Adlerblick vertraute, der ihn gleichwohl bei Waterloo Blücher mit Grouchy verwechseln ließ.

Jene Kompagnie ward entlassen, die in Meudon errichtete aerostatische Schule geschlossen und ihrer Dienste kaum noch Erwähnung getan, bis nach mehr als einem halben Jahrhundert, am 16. August 1867, die aeronautische Gesellschaft in Paris abermals ein aus vierzig Mann bestehendes freiwilliges Luftschiffercorps stellte, welches sich aus Gelehrten, Künstlern und tüchtigen Handwerkern gebildet hatte.

Niemand konnte ahnen, wie bald die Dienste der französischen Luftschiffer im Kriege in Anspruch genommen werden sollten und welche wichtige Rolle sie spielen würden.

Als nämlich im deutsch-französischen Kriege trotz aller militärischen gegenteiligen Versicherungen Paris sich als in optima forma blockiert betrachten mußte, als Graf Moltke das unerhörte Problem gelöst hatte, eine Stadt von zwei Millionen Menschen einzuschließen – da tauchten plötzlich die lange vergessenen Luftschiffe, die merkwürdige Erfindung Montgolfiers, wieder auf. Sie sollten mitarbeiten an der Verteidigung des Vaterlandes, indem sie diesem durch die Lüfte die Seele seiner Hauptstadt zutrugen ... denn Paris konnte sich unmöglich lebendig begraben lassen. Ohne die Ballons wäre ja kein Brief über den Gürtel der Forts hinaus und nicht eine einzige Depesche über dieselbe hineingedrungen! Rasch würde die geknebelte Stadt um Gnade gebeten haben.

So ward die wunderbare Luftpost organisiert, die, einschließlich der gefiederten Briefboten, der Tauben, in der Tat weit mehr geleistet hat, als man anfangs für wahr zu halten geneigt war. Vom 23. September an, wo Duruof vom Montmartre aus mit 125 Kilogramm Depeschen sich in die Lüfte erhob, um nach 11stündiger Fahrt bei Goreux unversehrt wieder auf die Erde hinabzugelangen, bis zum 28. Januar 1871, wo General Cambronne vom Pariser Ostbahnhof aus aufstieg, um der Provinz die Nachricht vom

Der König von Württemberg und Graf v. Zeppelin, in der Gondel zum Aufstieg bereit

Abschluß des Waffenstillstandes zu bringen, haben nicht weniger als 64 Luftfahrten stattgefunden. Diese 64 Ballons haben außer dem Aeronauten selbst 91 Passagiere, 363 Brieftauben, und 9000 Kilogramm Depeschen befördert, welche letztere ungefähr 3 Millionen gewöhnlicher Briefe im Gewichte von 3 Gramm das Stück repräsentieren. 5 Ballons sind den deutschen Truppen in die Hände gefallen und zwei andere im Meere zugrunde gegangen; alle übrigen haben mehr oder weniger ihren Zweck erfüllt. Mithin darf man den Franzosen wohl das Recht zugestehen, sich dieses Zweiges ihrer Kriegsführung zu rühmen. Die hervorragendste Pariser Autorität auf dem Gebiete der Luftschiffahrt war damals Gaston Tissandier, der nicht nur der Theorie der Luftschiffahrt seine Aufmerksamkeit zugewandt, sondern auch eine Reihe wissenschaftlich erfolgreicher Ballonreisen mit anderen schon unternommen hatte. Natürlich ließ sich die französische Regierung einen theoretisch so gebildeten und praktisch erfahrenen Aeronauten wie Professor Gaston Tissandier nicht entgehen. Schon am 29. September wurde er vor die Oberpostbehörde zitiert.

„Sind Sie geneigt, sich als Luftschiffer uns zur Verfügung zu stellen?" frug man ihn.

„Sobald und so oft Sie es wünschen."

„Gut. So rechnen wir auf Sie morgen früh um 6 Uhr in der Gasanstalt von Vaugirard. Dort werden Sie Ihren Ballon gefüllt und die zu befördernden Depeschen bereit finden."– – – – – – – – – – – – –

„Mit zweien meiner Brüder, welche mir bis zur Station das Geleite geben wollten, verlasse ich denn um 5 Uhr meine Wohnung", erzählt Tissandier. „In der angewiesenen Gasanstalt sehe ich allerdings meinen Ballon, allein er liegt auf der Erde gleich einem Haufen Lumpen. Es ist der ‚Céleste', ein kleines Vehikel von 700 Kubikmeter, den sein Eigentümer der Regierung überlassen hat. Mir ist's ein alter Bekannter, welcher mir im verflossenen Jahre beinahe den Hals gebrochen hätte. Ich betrachte ihn deshalb mit einer gewissen Pietät. Aber in welcher entsetzlichen Verfassung muß ich ihn erblicken! Es hat letzte Nacht gereift und der Bursche ist ganz gefroren; sein Zeug steif und brüchig. Guter Gott! Und bei dem Ventil sehe ich Löcher, in welche man den Finger legen kann: Rundherum aber zieht sich ein Kranz von kleineren Öffnungen. Das ist ja kein Ballon mehr, das ist ein Schaumlöffel!!

Mittlerweile erscheinen die Aeronauten, die den Ballon füllen sollen. Sie bringen eine brave Näherin mit, die die Beschädigungen ausbessert, während mein Bruder all jene kleinen Öffnungen mit Papierstreifen überklebt. Das alles kann mich jedoch noch nicht groß beruhigen, wenn ich bedenke, daß ich in diesem elenden Gefährt allein in die Lüfte emporsteigen soll. Meine Phantasie zeigt mir schon die Preußen – auf mich wartend. Ich sehe, wie sie ihre Gewehre auf mich anlegen und mein armseliges, von Alter und Gebrauch hinfällig gewordenes Luftschiff mit einem Kugelregen überschütten.

Als ich das letztemal mit dem Céleste aufstieg, konnte ich mich nur 35 Minuten in der Luft halten. Alle diese Erinnerungen und Perspektiven waren eben nicht tröstlicher Art.

Meine Freunde gaben sich deshalb auch alle Mühe, mich von dem Wagnis mit einem solchen Ballon zurückzuhalten. Schon beginne ich zu schwanken, da trifft die Post mit ihren Briefschaften ein. Überdies ist der Wind sehr günstig. Er weht aus Osten und so werde ich mich in der Normandie wieder zur Erde herablassen können. Währenddem erscheint noch Ernst Picard und überbringt mir ein kleines Bündel wichtiger Depeschen für Tours, welche ich im Falle der Not, so empfiehlt er mir, entweder verschlucken oder verbrennen solle. Mithin gibt es kein Zaudern mehr! Mit offenen Augen, mit tapferem Herzen und tapferen Armen gebe ich mich meinem Schicksal anheim. Bis jetzt ist ja Gott noch immer mit uns Aeronauten gewesen!

Um 9 Uhr ist der Ballon gefüllt. Das Schiffchen wird an ihm befestigt. Ich lege die Ballastsäcke und drei Briefpakete, zusammen ein Gewicht von 80 Kilo, hinein. Eben will ich einsteigen, da kommt noch ein Herr angekeucht, einen Käfig mit drei Tauben unter dem Arme. Es ist van Roosebeke, dem die offizielle Sorge für diese kostbaren Boten obliegt.

‚Haben Sie ja recht Obacht auf meine Pfleglinge', sagt er zu mir. ‚Sowie Sie sich zur Erde niedergelassen haben, geben Sie ihnen zu trinken und einige Körner Gerste. Wenn sich die Vögel gesättigt haben, lassen Sie zwei davon fliegen, um uns durch sie die Meldung von Ihrer gemütlichen Luftfahrt zu senden. Die dritte Taube, die mit dem braunen Kopfe – sie hat schon große Reisen gemacht und wäre mir nicht für 500 Franken feil –, nehmen Sie mit sich nach Tours. Sehen Sie aber ja darauf, daß sie sich auf der Eisenbahn nicht zu sehr ermüdet.'

Endlich stehe ich in der Gondel. Ich umarme meine Brüder und Freunde. Der Augenblick ist ernst und feierlich; das Herz klopft mir laut vor Erregung, nicht vor Angst. Denn der Gedanke, daß das Vaterland in Gefahr ist, daß um mich herum brave Soldaten für dasselbe bluten, erfüllt mir die Seele.

,Los!' rufe ich und schwebe schon mitten in der Luft! –

Der Ballon erhebt sich mit sehr mäßiger Geschwindigkeit. Die Gasanstalt von Vaugirard und die Gruppe der Freunde, welche mir wieder und immer wieder ihre Abschiedsgrüße zuwinken, schwinden mir nur langsam aus den Augen. Energisch schwenkte ich meinen Hut zum Gegengruße – bald jedoch erweitert sich der Horizont. Zu meinen Füßen dehnt sich das ungeheure Paris aus; die Festungswerke umgeben es wie eine Schnur. Dort, bei Vaugirard, unterscheide ich den Dampf der Geschütze, deren Donner dumpf und düster bis zu mir herausschaut. Die Forts von Issy und Vanves erscheinen mir wie Miniaturfestungen. Jetzt schwebe ich über der Seine, angesichts der Insel Billancourt.

Es ist 9 Uhr 50 Minuten; schon bin ich 3500 Fuß hoch. Meine Augen können sich nicht trennen von der Landschaft. Doch welch herzzerreißendes Schauspiel bietet sich meinen Blicken dar! Ich werde es nimmermehr vergessen! Sind das die sonst so lachenden und belebten Umgebungen von Paris? Ist das die Seine mit ihren Booten und Nachen? Nein, das ist die Wüste in all ihrer Öde und Entsetzlichkeit! Kein Mensch auf den Straßen, kein Wagen, kein Bahnzug. Alle Brücken zerstört, Trümmer über Trümmer! Kein Soldat, keine Schildwache, nichts, nichts! Überall das Schweigen des Kirchhofs! Man könnte sich vor die Tore einer durch die Zeit zerstörten Stadt des Altertums versetzt glauben; man muß sein Gedächtnis anstrengen, um sich zu erinnern, daß neben dieser Wüste zwei Millionen Menschen hinter einer ungeheuren Mauer eingekerkert sind!

10 Uhr. Die Sonne glüht und leiht meinem Ballon Schwingen. Unter der Einwirkung der Sonne dehnt sich das Gas im Céleste aus. Mit reißender Geschwindigkeit strömt es über meinem Kopfe durch den sogenannten Anhang aus und belästigt mich augenblicklich durch seinen Geruch. Neben mir ertönt ein leises Gurren. Es sind meine Tauben, die sich in ihrer Lage nichts weniger als behaglich zu fühlen scheinen und mich ängstlich ansehen. Der Zeiger meines Brequetbarometers dreht sich ziemlich rasch um das Zifferblatt. Er kündet mir an, daß ich ununterbrochen höhenwärts steige. Mit einem Male bleibt er stehen bei dem Punkte, der einer Höhe von 6300 Fuß entspricht.

Die Hitze wird wahrhaft unerträglich. Die Sonne sendet mir ihre Strahlen voll ins Gesicht und verbrennt mich; kaum daß ich mich mit etwas

Wasser kühlen kann. Ich ziehe meinen Paletot aus, setze mich auf meine Depeschensäcke, stütze den Ellenbogen auf den Rand meines Schiffchens und betrachte schweigend das wundervolle Panorama, welches sich vor mir ausbreitet.

Der Himmel ist indigoblau. Seine Klarheit, sein intensiv warmer Ton könnten mich denken lassen, ich befinde mich in italienischer Atmosphäre. Schöne Silberwolken schweben über den Landschaften in der Tiefe; manche so weit unter mir, daß es scheint, als ruhten sie weich auf den Bäumen aus. Ein paar Augenblicke überlasse ich mich einer sanften Träumerei, jenem eigentümlichen Reize der Luftfahrten; es ist mir, als glitte ich in einem Zauberlande dahin, in einer Welt ohne lebende Wesen, der einzigen, die der Krieg noch nicht heimgesucht hat mit seiner Geißel. Der Anblick von Saint Cloud jedoch, welches ich jetzt zu meinen Füßen erkenne, drüben am andern Seineufer, führt mich in die Wirklichkeit zurück, in die traurige Gegenwart. Ich lenke meine Blicke der Richtung von Paris zu, allein dort liegt alles schon unter einem Nebelschleier verborgen.

Indessen treibt mich der Wind konstant vorwärts, wie ich aus meinem Kompaß ersehe. Unter mir beginnt Versailles die Wunder seiner Gärten und Bauten zu entfalten.

Bis hierher habe ich nur Wüsten und Einöden geschaut. Jenseits des Parkes von Versailles ändert sich das Bild. Die Preußen sind es, welche ich tief unter meinem Schiffchen sich bewegen sehe. Ich bin 5600 Fuß über dem Niveau der See, keine Kugel also könnte mich erreichen. So nehme ich denn mein Augenglas und beobachte aufmerksam diese Soldaten, die, von meinem Luftschiff aus gesehen, sich noch winziger darstellen als die Krieger eines liliputanischen Heeres. Deutlich bemerke ich, wie vom Trianon Offiziere auf die Straße heraustreten und mich mit ihren Lorgnetten fixieren. Sie verfolgen mich lange Zeit – und allenthalben zeigt sich eine gewisse Bewegung. Sie heben sich in die Höhe und recken die Köpfe nach meinem Céleste. Welcher Trost für mich, daß ich ihren Gelüsten entrückt bin, daß sie meine Briefe nicht absangen und meine Depeschen nicht lesen können! Doch da fällt mir ein, daß mir 10000 Proklamationen in deutscher Sprache an die Adresse der feindlichen Armee übergeben worden sind.

Schnell nehme ich einige Hundert davon in die Hand und schleudere sie hinab. Ich sehe sie in der Luft flattern und langsam zur Erde niederfallen. So werfe ich nach und nach wohl 1000 Stück hinab; den Rest meines

Vorrates bewahre ich für die anderen Preußen auf, denen ich unterwegs vielleicht begegne.

Die Céleste hält sich in einer Höhe von 5600 Fuß. Auch nicht eine Hand voll Ballast habe ich auszuwerfen, so heiß ist die Sonne. Es ist nicht mehr zweifelhaft, mein Ballon schneidet mit Windesschnelle durch die Luft; ohne die außerordentliche Wärme aber würde mein elendes Fahrzeug bald genug gesunken und ich vielleicht mitten unter die Preußen zur Erde hinabgekommen sein. Hinter Versailles schwebe ich über einem kleinen Gehölz, dessen Name und genaue Lage mir unbekannt sind. Alle Bäume sind gefällt, der Boden ist geebnet, und eine doppelte Reihe von Zelten erhebt sich auf zwei Seiten des Parallelogrammes. Kaum stehe ich über diesem Lager, so bemerke ich, wie die Soldaten aufmarschieren; ich sehe von weitem ihre Bajonette funkeln. Die Gewehre werden erhoben, und aus einer Rauchwolke zuckt es auf von 100 Blitzen. Erst einige Sekunden darauf höre ich unter meinem Schiffchen das Zischen der Kugeln und die Detonation der Musketen. Noch eine zweite Füsillade wird mir zugesandt, und so weiter, bis der Wind mich diesen ungastlichen Gebreiten entführt. Statt jedweder Erwiderung überschütte ich meine Angreifer mit einem wahren Platzregen von Proklamationen.

Das Panorama, welches sich den Augen des Aeronauten entrollt, erneut sich mit jeder Minute. Im unendlichen Raume schwimmend, sieht er unter seiner Gondel die Erde sich höhlen wie ein ungeheures Becken, dessen Ränder in der Ferne mit dem Himmelsgewölbe verschmelzen. Ist der Wind rapid, so hat man keine Zeit, sich die Landschaft mit Muße zu beschauen; mit jedem Augenblick ist die Szene unten auf der Erdoberfläche eine neue. Bald sind mir die Preußen, die mir ihr Pulver umsonst nachgeschossen haben, aus den Blicken entschwunden; andere Bilder harren meiner. Ich entdecke einen Wald, auf den ich mit großer Geschwindigkeit zutreibe, nicht ohne eine gewisse Unruhe, denn der Céleste beginnt zu sinken. Ballast auf Ballast werfe ich aus und mein Vorrat ist kein überreichlicher. Indes kann ich von Paris noch nicht sehr weit entfernt sein. Der Empfang, welchen mir der Feind zuteil werden läßt, wenn ich über einem seiner Lager hinschwebe, macht mir keine Lust, schon niederzusteigen.

Mit Erstaunen habe ich immer beobachtet, daß der Aeronaut, selbst in ziemlich beträchtlicher Höhe, in sehr fühlbarer Weise den Einfluß des Terrains verspürt, über welchem er in den Lüften dahinsegelt. Schwebt er über den Kreidesteppen der Champagne, so empfindet er eine intensive

Wärme; zu ihm herauf dringt der Reflex der Sonnenstrahlen. Zieht er über einem Walde hin, so fächelt den Luftreisenden plötzlich eine merkwürdige Kühlung an, als träte er zur Sommerzeit in den Keller. Dieser Eindruck wird mir, während ich ¾ nach 10 Uhr in einer Höhe von ziemlich 5000 Fuß über Bäumen hinwegschwimme, die ich alsbald als dem Walde von Goudon angehörig erkenne. Kompaß und Landkarte gestatten mir in dieser Hinsicht keinen Zweifel. Allein das Gas empfindet gleich mir den Einfluß dieser plötzlichen Frische nach glühender Ausstrahlung. Es kühlt sich ab und sinkt zusammen; der Ballon sinkt, als riefen ihn die Bäume zu sich, als wolle er sich wie ein Vogel auf ihnen niederlassen.

Ungestüm stürze ich mich auf einen meiner wenigen Ballastsäcke und entleere ihn über Bord; mein Barometer zeigt mir jedoch an, daß ich fortwährend sinke. Die Kälte dringt mir in Mark und Bein. 3500, dann 2800, jetzt gar nur 2000 Fuß – so tief bin ich in wenigen Sekunden herabgekommen; und nun fällt der Céleste fort und fort! Ich entleere nacheinander drei Säcke Ballast, um meinen Ballon wenigstens in 1800 Fuß Höhe zu erhalten, denn von Steigen ist keine Rede mehr!

In diesem Moment schwebe ich über einem Kreuzwege. Ein Haufen Menschen hat sich daselbst versammelt. Gott im Himmel! es sind Preußen. Etwas weiterhin stehen noch mehrere; dort sind gar Ulanen, die von allen Seiten angesprengt kommen! Und ich besitze bloß noch einen einzigen Sack Ballast. Ich schleudere mein letztes Bündel Proklamationen hinunter; inzwischen sinkt der Ballon immer tiefer und tiefer. Seine Steigungskraft ist durch den Verlust und die Abkühlung des Gases gleich Null geworden.

Ich befinde mich nur noch etwa 1500 Fuß hoch. Eine Kugel könnte mich leicht erreichen. Aufmerksam blicke ich hinab. Wenn ein Soldat das Gewehr auf mich anlegt, werde ich ihm ein ganzes Briefpaket von 40 Kilogramm auf den Kopf schleudern. Von solcher Last erleichtert, wird mein armes Luftschiff bald seine Flugkraft wieder gewinnen. So lebhaft mich der Wunsch beseelt, meine Sendung pünktlich erfüllen zu können, so werde ich doch sofort meine sämtlichen Depeschen opfern, wenn ich dadurch mein Leben retten kann.

Zum Glück ist der Wind sehr heftig. Wie ein Pfeil sause ich über den Bäumen dahin. Erstaunt sehen mir die Ulanen nach, ohne daß mich eine einzige Kugel bedroht. Über grüne Wiesen geht es fort, über Gebüsch und Weißdornhecken. Es ist gleich Mittag; schon bin ich der Erde sehr nahe. Wiederum sind Menschen versammelt und gehen zu mir herauf. Diesmal aber sind's französische Bauern, in Blusen und Holzschuhen. Sie recken die Arme in die Höhe, als winkten Sie mir. Doch ich bin noch dem Walde zu nahe. Ich setze daher meine Fahrt lieber noch fort, so lange wie immer möglich. Dafür werfe ich den Leuten einige Exemplare einer Pariser Zeitung hinab, die mir der Redakteur derselben beim Abfahren übergeben hat. Wie die Bauern nach diesen Blättern springen, welche in ihrem Falle auseinandergegangen sind und vom Winde getrieben umherwirbeln! Da erscheint am Horizont eine kleine Stadt. Es ist Dreux mit seinem dicken viereckigen Turm. Jetzt hindere ich das Sinken meines Céleste nicht länger. Eine Menschenwoge wälzt sich mir entgegen. Ich rufe mit aller Anstrengung meiner Lunge hinab:

„Liegen Preußen in der Gegend?"

Laufend Stimmen antworten zugleich:

„Nein, nein. Kommen Sie herab!" Ich befinde mich nur noch 175 Fuß über der Erdoberfläche. Mein Leitseil streift schon die Bäume – da aber packt mich ein Windstoß und schlägt mich jählings wider einen Hügel. Der Ballon neigt sich. Ich empfange einen furchtbaren Stoß, der mir heftige Schmerzen verursacht. Meine Gondel schlägt um und mein Kopf prallt auf dem Boden an. Ich will meinen letzten Sack Ballast auswerfen, um das allzurasche Fallen zu paralysieren, in diesem Augenblicke aber entgleitet das Messer, mit dem ich die Ankertaue von den sie zusammenhaltenden Bändern zu lösen im Begriff bin, meinen Händen. Von neuem erhebt sich der Céleste plötzlich auf 200 Fuß, dann stürzt er schwerfällig zur Erde nieder. Diesmal ist es mir gelungen, den Anker hinabzulassen und die Ventilschnüre zu zerschneiden. Der Ballon steht. In Scharen kommen die Bewohner von Dreux herbeigeströmt. Ich selbst habe mir zwar einen Arm verstaucht und eine Beule am Kopf, aber voller Freude steige ich ans Land – denn ich bin unter Freunden.

Alles will mir die Hand drücken. Wie steht es in Paris? Was denkt man in Paris? Wird Paris sich halten können? So gehen die Fragen durcheinander. Ich antworte, so gut ich kann, und lasse eine kleine gefühlvolle Rede vom Stapel. Dann entleere ich den Céleste und ein Wagen nimmt uns alle auf, mich, meine Depeschen und mein Taubenbauer. Die armen Tiere scheinen sich von ihrer Aufregung noch immer nicht erholt zu haben!

Im Postamte gebe ich meine Briefschaften ab. Ich kann sie nicht ohne gewisse Rührung betrachten. Da liegen vor meinen Augen mehr als 30000 Briefe aus Paris? 30000 Familien werden dem Ballon danken, der ihnen

Ein zum Beschießen von Luftballons konstruiertes preußisches Geschütz während der Belagerung von Paris

hoch über Wolken hinweg Kunde von den Belagerten gebracht hat! Welche Freudentränen umschließen diese Briefbündel! Welche Romane, welche Geschichten, welche Tragödien vielleicht bergen sich unter der groben Hülle des Postsackes! . . .

Jetzt zu meinen Tauben. Ich eile denn zum Souspräfekten, bei dem ich meine geflügelten Boten in Sicherheit gebracht habe. Sie sind inzwischen gespeist und getränkt worden und regen munter die Flügel in ihrem Käfig. Willig läßt sich die eine von mir ergreifen. Nachdem ich ihr unter das Gefieder meine Miniaturdepesche festgebunden habe, lasse ich sie los. Aber – ruhig setzt sie sich zu meinen Füßen nieder und bleibt sitzen. Ich wiederhole das gleiche Manöver mit der zweiten Taube – sie nimmt neben ihrer Gefährtin Platz. Wir betrachten sie aufmerksam. Ein paar Augenblicke rührt sich keine von der Stelle. Plötzlich beginnen beide mit den Flügeln zu schlagen und schießen mit einem Schwunge hoch in die Luft empor, wohl 300 Fuß hoch. Dort kreisen sie zunächst nach allen Richtungen der Windrose herum, um sich zu orientieren. Ihr Schnabel·oszilliert wie die Magnetnadel eines Kompasses, als suche er einen geheimnisvollen Punkt. Bald aber haben sie den Weg erkannt, welchen sie einschlagen müssen; wie Pfeile fliegen sie davon, in gerade Linie gen Paris." – –

Auch das preußische Kriegsministerium hatte bei Beginn des französischen Krieges eine Luftballonabteilung von 50 Mann gebildet, die zur kartographischen Aufnahme des Landes und zur Rekognoszierung des Feindes dienen sollte. Die Schnelligkeit jedoch, mit welcher die Ballons gearbeitet wurden, sowie die mangelhafte Konstruktion des Apparates für die Gasbereitung waren Schuld, daß das ganze Unternehmen mißlang und schon nach wenigen Monaten vollkommen aufgegeben wurde.

Die glänzenden Erfolge der französischen Luftschiffahrt während der Belagerung von Paris konnten nicht verfehlen, das Interesse an der Luftschiffahrt aufs neue zu beleben. Insbesondere dachte man bald in Deutschland daran, auch dem Heere eine besondere Luftschifferabteilung zu geben.

Im Jahre 1884 wurde eine Versuchsstation für Fesselballons beim Eisenbahnregiment in Berlin errichtet und am 1. April 1887 dieselbe in eine etatmäßige Luftschifferabteilung umgewandelt. Seit 1890 hat außer Preußen auch Bayern eine Luftschifferabteilung, die in München stationiert ist. Die Uniformierung der Luftschiffertruppen ist dieselbe wie die der Eisenbahntruppe, nur haben die Mannschaften statt des E ein L auf den Achselklappen und tragen einen Tschako mit silbernen Beschlägen als Kopfbedeckung.

Die Offiziere der Luftschifferabteilung haben sich bald rühmlichst bekannt gemacht. Buchholtz, v. Sigsfeld, Moedebeck und namentlich Major Groß und Parseval sind Namen, denen jeder Zeitungsleser begegnet ist und denen die moderne Luftschifftechnik ja auch die Wissenschaft unendlich viel verdankt. Bei dem ausgezeichneten Geiste, der unsere Luftschifferabteilung beseelt, brauchen wir keinen Augenblick daran zu zweifeln, daß auch dieser jüngste Teil des deutschen Heeres im Ernstfalle allen, auch den hochgespanntesten Erwartungen entsprechen wird.

Luftballonexperimente im Hause

Sowie der Luftballon erfunden war, wurden eine Reihe Experimente erdacht, die die Erscheinungen und das Kräftespiel beim Luftballon sehr hübsch dartaten und dabei ohne Kosten in jedem Haushalt angestellt werden können. Da ich in diesem Punkte des Interesses meiner Leser sicher bin, beschreibe ich hier ein paar solcher Versuche. Ich beginne mit dem leichtesten, der „Weinbeere als Luftballon".

Zu diesem anmutigen Experiment, das zu so vielen Gelegenheiten im fröhlichen Kreise versucht werden kann und gewiß überall die gleiche Freude bereitet, gehören ein hohes Glas gefüllt mit Champagner oder kohlensaurem Wasser und eine frische Weinbeere oder in Ermangelung dieser eine Traubenrosine. Wirft man die Beere in das schäumende Naß, so setzen sich unzählige kleine Gasperlen rings um die Frucht an und heben sie bis zur Oberfläche empor, um hier zu zerplatzen. Die der Bläschen entledigte Beere fällt auf den Boden des Glases zurück, um sofort wieder von neuen Gasbläschen, die man mit kleinen Luftballons vergleichen kann, emporgehoben zu werden. Die kleine Beere kann, solange sich Kohlensäure im Getränk befindet, nicht zur Ruhe kommen, und aus purem Mitleid leert man dann gern das Glas – zur Rast der kleinen Frucht, zum Wohle der Anwesenden!

Seifenblase als Luftballon

Auch der so einfachen, leichten und zerbrechlichen Seifenblase hat sich die moderne mechanische Spieltechnik bemächtigt und bringt es mittels eines kleinen Apparates fertig, aus der dünnen, in allen Regenbogenfarben schillernden Blase eine ziemlich dauerhafte „Montgolfiere", einen regelrechten Luftballon von überraschender Ausdehnung herzustellen. Freilich darf man sich zu diesem Zwecke nicht des gewöhnlichen Seifenwassers bedienen, sondern man verwendet eine Mischung von einem Teil chemisch reinen Glyzerins und zwei Teilen ölsauren Natrons, das in destilliertem Wasser gelöst ist. Wer sich solches Wasser nicht selbst herstellen kann, erhält es für wenige Pfennige in jeder Apotheke. Die Mischung selbst unterscheidet sich im Aussehen nach nicht von gewöhnlichem Seifenwasser, nur daß die Konsistenz des Gemisches eine weit dauerhaftere

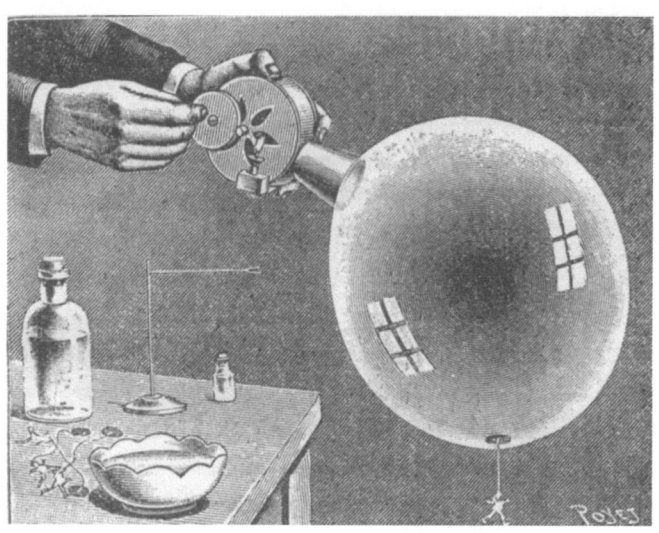

Die Seifenblase als Luftballon

und ausdehnungsfähigere ist. Der Apparat, den man zur Herstellung des Kunststückchens benötigt, ist als „Ventilator zur Erzeugung von Seifenblasen" in mechanischen Geschäften käuflich. Die an der Büchse des Ventilators befindliche Röhre wird in die vorstehend beschriebene Mischung getaucht und der Ventilator durch eine an ihm befestigte Kurbel in Bewegung gesetzt. Durch gleichmäßiges Drehen treiben die im Innern des Ventilators befindlichen Flügel die Luft durch die Röhre, und es bildet sich eine mit der Luftzuführung immer mehr wachsende Blase. Man kann Kugeln bis zu einem Durchmesser von 30–40 Zentimeter herstellen, also in Dimensionen wie sie niemals auf dem gewöhnlichen Wege und mittels des sonst üblichen Seifenwassers erzielt werden können. Um nun aber einen eigentlichen Luftballon zu gewinnen, brennt man ein kleines Lämpchen an, das sich vor den Luftlöchern des Ventilators befindet. Dadurch wird die Luft in dem Apparat verdünnt und die durch das Drehen der Kurbel entstehende Blase also leichter als die atmosphärische Luft. Will man die Täuschung noch größer machen, so schneide man sich eine kleine Scheibe aus Guttapercha und befestige in deren Mitte an einem Faden eine Figur oder ein Schiffchen aus Papier. Bringt man diese Scheibe nun in die Nähe der dünnen Blase und läßt die Scheibe los, so wird diese durch den starken Luftdruck rings um die luftverdünnte Blase an diese herangedrückt und haftet so fest an der glitzernden Oberfläche derselben, daß sie auch mit der „Montgolfiere" in die Höhe geht, sobald man mit dem Drehen der Kurbel am Ventilator aufhört, das Lämpchen verlöscht und die riesengroße Blase von der Röhre des Apparates abschnellt. Es macht einen überraschenden Eindruck eine solche mächtige Kugel in die Höhe steigen zu sehen, und der Ballon hält sich auch ziemlich lange, bis nämlich die Luft darin erkaltet, wodurch der Ballon immer kleiner wird und sinkt, um endlich wie eine gewöhnliche Seifenblase zu zerplatzen.

Der Fesselballon im Zimmer

Man stellt sich aus dünner Goldschlägerhaut, die streifenweise zusammengeklebt wird, die kugelförmige Ballonhülle her, überzeugt sich, daß nirgends Risse vorhanden sind, bindet ihn mit den spitz zulaufenden unteren Enden über einem Kautschukrohr fest und steckt dieses auf einen Gashahn. Der Hahn wird aufgedreht und durch das langsam einströmende Gas füllt sich der Ballon allmählich. Ist dies erreicht, so dreht man den Gashahn zu, schnürt das spitze Ende des Ballons über dem Kautschukröhrchen zusammen und entfernt letzteres. Solche Ballons aus Goldschlägerhaut gibt es übrigens auch fertig zu kaufen, doch muß man die Füllung natürlich ebenfalls selbst besorgen. Eventuell kann man auch einen der gleichfalls im Handel befindlichen Kollodiumballons zu dem nämlichen Zwecke verwenden. Der erhöhten Sicherheit halber wird der Ballon mit einem

Der Fesselballon im Zimmer

dünnen Seidennetz umkleidet, an das man unten einen Draht einhängt, der eine Schachtel aus Kartonpapier trägt. Der Boden dieser Schachtel,

„der Gondel", trägt in der Mitte nach unten eine dünngeflochtene Schnur, die man sich um die Hand wickeln kann oder, was den Effekt noch steigert, um eine Welle zwischen zwei Holz- oder Metallböcken laufen läßt. Um den Ballon stets in vertikaler Richtung zu erhalten, befestigt man in dem Tisch, auf dem das Gewinde aufgestellt ist, eine Schraube und zieht durch deren Öffnung den Faden, der zu dem Ballon hinaufführt, und wickelt den Faden dann erst auf die Winde auf. Der kleine Apparat dient dazu, um ein allzu rasches Aufsteigen des Ballons zu verhindern, und zwar kann man dies noch besonders durch eine Uhrfeder mit zwei Hemmungen derselben (A und B) regulieren. Um den Ballon direkt oder in beliebigen Abständen herunterkommen zu lassen, dreht man die Kurbel rechts an dem Apparate. Ist der letztere stabil gebaut, so kann das Kunststück auch auf einer Veranda, überhaupt im Freien ausgeführt werden, doch ist in jedem Falle, im Freien sowohl als im Zimmer darauf zu achten, daß sich keine Flamme in der Nähe des Ballons befindet, da der Ballon sonst explodieren würde. Je länger die Schnur, desto höher steigt der Ballon.

Der freie Luftballon

Die Beschreibung dieses und des folgenden Versuches entnehme ich dem bekannten ausgezeichneten „Spielbuch für Knaben" von Hermann Wagner, das ich jedem meiner kleinen Leser empfehle.

Um einen kleinen Luftballon zu machen, braucht man sechs Bogen Seidenpapier, in welchem aber keine Löcher sein dürfen. Man kann das Papier von verschiedener Farbe wählen, je nachdem der Ballon buntstreifig aussehen soll. Die Bogen schneidet man der Mitte nach auseinander in 12 Stücke und gibt diesen eine solche blattförmige Gestalt, daß sie sich zu einer Kugel zusammenfügen lassen. Nunmehr klebt man zwei solcher ungleichen Streifen mit ihren gleich breiten Seiten zusammen, dann die erhaltenen langen Streifen wieder unter sich. Oben wird zwar eine Öffnung bleiben, diese läßt sich aber leicht dadurch schließen, daß man ein kreisrundes Papierstück darauf klebt. An die untere, etwas größere Öffnung, fügt man einen Papierring von etwa 5 Zentimeter Breite und befestigt darin einen Drahtring mit einem Drahtkreuz. An die Mitte des letzteren wird ein wenig Baumwolle gehängt, die mit Spiritus getränkt ist.

Beim Aufsteigen des Ballons – es darf dies nicht in der Nähe von

Das Luftschiff über Worms am 4. August (1908). Im Vordergrund Turm und Bogen der festen Reheinbrücke

Gebäuden oder an Stellen geschehen, wo durch den Ballon etwa Feuersbrunst entstehen könnte – sind besondere Vorsichtsmaßregeln zu treffen. Soll der Ballon steigen, so wird er zunächst mit einem Fädchen an seiner Spitze aufgehangen und dann der Spiritus der Baumwolle angezündet. So wie die Luft in ihm heiß und dünn wird, bläht er sich auf und fängt an, sich zu heben; dann löst man ihn vom Faden und er tritt seine Reise nach den Wolken an.

Der Luftschirm

Daß eine Flaumfeder rasch emporsteigt, wenn man sie neben den heißen Stubenofen hält, ist bekannt. In ganz ähnlicher Weise steigt auch die Luft an den Wänden der Häuser in die Höhe, welche im Sommer von den Sonnenstrahlen stark erhitzt werden. Mit Hilfe jenes aufsteigenden Luftstromes kann man eine Botschaft von der Straße aus in ein oberes Stockwerk des Hauses senden. Ein Luftschirm, wie man ihn hierzu bedarf, ist sehr leicht aus einem Seidenpapier gemacht. Man schneidet daraus ein kreisrundes Stück, ungefähr 30 Zentimeter im Durchmesser, bindet an den Rand in gleichen Abständen 3 oder 4 feine, leichte Fäden von gleicher Länge, knüpft unten ihre Enden zusammen, und befestigt an diese einen Korb oder ähnlichen leichten Körper. Hält man den Schirm unten an die Hauswand, so bläht der aufsteigende Luftstrom das Papier auf wie eine Glocke, und der Schirm steigt so hoch, wie die Luftströmung überhaupt reicht. Bricht man das Papier des Schirmes in Falten zusammen, die sich alle im Mittelpunkte vereinigen, so daß ein spitzes Wurfgeschoß entsteht, so läßt sich der Schirm auch ziemlich hoch emporwerfen. Beim Herabsinken breitet sich durch den Widerstand der Luft das Papier aus, wird glockenartig gewölbt, und der Schirm sinkt wie ein richtiger Fallschirm langsam zur Erde.

Der aufsteigende Fallschirm

Eine der beliebtesten Beschäftigungen, namentlich im Freien bei leichtem Wind, ist das Fliegenlassen des Fallschirmes aus Papier. Hierzu schneidet man ein regelmäßiges Zwölfeck aus leichtem, dauerhaftem Papier, leimt von je einer Ecke bis zur gegenüberliegenden dünne Bindfäden, die man überall gleichweit und genügend lang über den Schirmrand hinausragen läßt, und befestigt die Fäden mit ihren Enden an einem glatten Bein-, Metall- oder Pappring. Ein dünner Stab über den der Ring mit Leichtigkeit gleitet, bekommt am unteren Ende einen Knopf, an dem eine Rinne zur Aufnahme einer starken Gummischnur angebracht ist, während das obere Ende des Stabes, nachdem er durch den Ring geschoben wurde, am Mittelpunkte des Fallschirms angebracht wird. Zum Emporschnellen des Schirmes fertigt man eine runde, an beiden Seiten offene Papphülle an, deren Innenwand ganz glatt sein muß. Die Röhre hat dann die richtige Weite, wenn der zusammengefaltete, am Knopfe gehaltene Fallschirm von oben nach unten bequem hindurchrutscht. Jetzt befestigt man an der einen Seitenöffnung des Zylinders eine lose gespannte Sehne aus starker Gummischnur, hält die Röhre mit der einen Hand fest, führt den geschlossenen Fallschirm von oben nach unten so ein, daß die Rinne am Knopfe des Schirmstockes auf die Gummischnur zu stehen kommt, zieht den Knopf mitsamt der Sehne straff und läßt den Schirm gleich einem Pfeile in die Höhe schießen. In der Luft entfaltet sich das Papier und der Schirm sinkt ganz allmählich zur Erde nieder. Bemerkt sei noch, daß man die Hülle beim Abschnellen des Schirmes in der Windrichtung etwas vornüber beugt, damit sich die Luft im sich aufblähenden Schirme verfängt.

Der aufsteigende Fallschirm

Russisches Seifenblasen-Karussell

Diese reizende Spielerei ist etwas mühsam aus Strohhalmen herzustellen, aber sehr lohnend, da man an ihr sowohl die Adhäsion, als auch die Interferenz und Molekularkraft beobachten kann. Aus drei Strohhalmen von 44, 45 und 46 Zentimeter Länge fertigt man drei Rechtecke an mit 5 ½, 5 und 4 ½ Zentimeter Breite und einer Länge von je 16 Zentimeter. Die überstehenden schwachen Enden verwendet man zum Verschluß, indem man sie in die dicke Seite des Halmes einschiebt. Die so gewonnenen Rahmen werden nun, der breiteste nach außen, der schmälste nach innen, in Winkeln von 60 Grad angeordnet, so daß sie die Diagonalen eines regelmäßigen Sechseckes bilden, und werden untereinander mit Siegellack, der bei der Herstellung des Karussells als die Bindemittel verwendet wird, zu einem Rade befestigt. Die Unterlage, zu der man ein Stück lackierte Pappe oder ein Brettchen benutzen kann, nebst den beiden Spannstreben sind, wie ein Versuch ergibt, mit Leichtigkeit herzustellen. Die vertikalen Teile des äußeren Rahmens müssen eine Höhe von ca. 28 Zentimeter bekommen und werden in 18 Zentimeter Höhe, von der Unterlage aus gerechnet, mit einem glühenden dünnen Eisenstift durchstochen. Auf gleiche Weise durchbohrt man den Mittelpunkt des fertigen Rades auf beiden Seiten. Ein am Ende zu einer Kurbel gebogener Draht wird als Achse durch Rahmen und Rad geführt und das letztere an der Achse mit Siegellack befestigt. Sechs kleine kreisrundgeschnittene dünne Kartonblättchen werden an den Schmalseiten der Radspeichen mit Hilfe ganz feinen Drahtes an kleiner Öse locker aufgehängt und vor der Benutzung mit Seifenwasser angefeuchtet. Jetzt hängt man sechs Seifenblasen mit ca. 4 Zentimeter Durchmesser an die Kartonstückchen und setzt das Karussell in Bewegung. Der Anblick der in allen Farben schillernden luftigen Kugeln ist ein prächtiger.

Das in die Flasche getriebene Ei. Dieses interessante Kunststückchen liefert einen Beweis und eine deutliche Anschauung für die Erscheinungen des Luftdrucks. Zur Ausführung gebraucht man eine Wasserkaraffe, ein hartgekochtes, glattabgeschältes Ei und einen Fidibus. Nachdem man sich das Ei handlich zurechtgelegt hat, zündet man den Papierstreifen an und wirft ihn hellbrennend in die Flasche. Durch die Wärme wird die Luft in der Flasche ausgedehnt und entweicht zum Teil, so daß nur eine kleine Menge verdünnte, warme Luft im Flaschenraum zurückbleibt. Jetzt setzt man das geschälte Ei, mit der Spitze nach unten, ohne jeglichen Druck wie einen Pfropfen auf den Flaschenhals auf. Nach dem Verlöschen der Flamme kühlt die Luft im Flaschenraum allmählich ab und verdichtet sich wieder etwas. Nun kann man beobachten, wie das Ei von dem Drucke der äußeren dichten Luft durch den Flaschenhals in den mit verdünnter Luft gefüllten Raum nach und nach hindurchgezwängt wird, und endlich mit lautem Aufschlagen auf den Flaschenboden zu liegen kommt. Gelingen muß das Experiment stets, wenn man den rechten Zeitpunkt zum Auflegen des Eies auf die Flasche abgepaßt hat.

Otto v. Guerickes Versuch mit den Halbkugeln durch zwei Trinkgläser nachgeahmt.

Im Jahre 1954 machte Otto v. Guericke, der Bürgermeister von Magdeburg, einer der bekanntesten Physiker seiner Zeit, der auch schon elektrische Experimente angestellt haben soll, auf dem Reichstage in Regensburg zur Unterhaltung der dortigen Diplomaten eine interessante Vorführung. Er zeigte dort nämlich die erste von ihm konstruierte Luftpumpe: eine Kupferkugel, aus der er mittels einer Wasserpumpe die Luft möglichst entfernt hatte. Um das Resultat noch augenfälliger zu machen, benutzte er zwei gut aneinanderpassende Halbhohlkugeln, von denen die eine ein Loch besaß, in welches die Röhre der Wasserpumpe eingeführt wurde und das Guericke nach der Luftentleerung schnellstens verschloß. Der Druck der atmosphärischen Luft war nun so stark, daß dreißig vor und hinter die Kugel gespannte Pferde die Halbkugeln nicht voneinander zu trennen vermochten. Das Experiment des Magdeburger Bürgermeisters im Zimmer nachzuahmen, ist nun mit weniger Umständlichkeit und doch mit nicht minder drastischer Wirkung möglich. Es genügen dazu zwei einfache Trinkgläser, ein Lichtstümpfchen und eine Postkarte. Und zwar wird das Lichtstümpfchen in dem einen Glase angebrannt; die Postkarte wird stark angefeuchtet über das Glas gelegt, und dann das andere Glas mit der Öffnung nach unten auf die nasse Postkarte gestellt. Es dauert nicht lange, so ist der Sauerstoff in dem unteren Glase verzehrt, und die Flamme erlischt. Es ist auf diese Weise ein ziemlich luftleerer Raum entstanden, und wenn man jetzt das obere Glas vorsichtig in die Höhe hebt, folgt auch das untere dieser Bewegung. Der Luftdruck in dem oberen Glase und der äußere Luftdruck um das untere Glas herum bewirken es, daß die beiden Gläser trotz des sie trennenden Postkartenblattes stets zusammenhängen. Hauptsache ist nur, daß die Postkarte immer gehörig feucht gehalten wird, damit keine Luft seitwärts eindringen kann. Sobald nur das geringste bißchen

Luft Eintritt findet, fallen die Gläser auseinander. Mit etwas Geschicklichkeit kann man sogar den ganzen Apparat umdrehen, indem man das untere luftleere Glas ergreift und das mit Luft gefüllte dann nach unten bringt. Diese Manipulation wirkt am verblüffendsten.

Das lenkbare Luftschiff Zeppelins

Sowie Montgolfier und Charles den Weg gezeigt hatten, wie sich der Mensch in die Luft erheben und dort erhalten könne, tauchte auch das Problem der Lenkbarkeit des Luftballons auf. Blanchard, dessen erste Überfliegung des Ärmelkanals wir in einem frühen Kapitel geschildert haben, war auch der erste, der sich an die große Aufgabe wagte. Er brachte an seinem Ballon künstliche Flügel und ein Steuerruder an. Wie er behauptete, gelang es ihm auch, eine Zeitlang dem Winde entgegenzufahren; indessen kann man Zweifel in diese Behauptung setzen.

Den ersten großen Fortschritt brachte erst Henry Giffard, der im Jahre 1855 mit einem lenkbaren Luftschiff auftrat. Sein Ballon war spindelförmig und hatte 44 Meter Länge, 12 Meter im Durchmesser und 2500 Kubikmeter Inhalt. Er trug eine Dampfmaschine von 3 Pferdekräften, die durch einen Schraubenpropeller dem Luftschiff eine Geschwindigkeit von 3 Meter in der Sekunde geben konnte. Das Luftschiff brachte in der Tat einige Bewegungen zustande, allein dem Erfinder gelang es nicht, seinen Apparat im Gleichgewicht zu halten und sicher zu handhaben, so daß er nach kurzer Zeit in rascher und gefährlicher Niederfahrt landete.

Getreu den bisherigen Traditionen waren die Pariser auch weiterhin besonders tätig, das System der Luftschiffahrt weiter zu entwickeln.

Namentlich war Dupuy de Lomes neu konstruiertes lenkbares Luftschiff als ein wichtiger Fortschritt auf diesem Gebiete zu bezeichnen. Dupuy, Mitglied der Pariser Akademie und genialer Schiffsingenieur, hatte sich schon im Herbste des Jahres 1870 mit der Frage der Herstellung lenkbarer Ballons beschäftigt; seine Projekte wurden von der Akademie günstig aufgenommen, und es wurde ihm ein Staatskredit von 40 000 Franken zur Ausführung seiner Pläne bewilligt. Da trat der Ausstand der Kommune (während der Belagerung von Paris) den Arbeiten Dupuys hindernd in den Weg; ja, er mußte sogar den Ballon vor den Spähern der Kommune verborgen halten, und erst als die Ruhe wiederhergestellt war, konnten seine Arbeiten wieder aufgenommen werden. Dieselben wurden 1871 beendigt, und am 2. Januar 1872 hatte Dupuys neues Luftschiff mit Steuerruder seine erste Fahrt gemacht. Das Aufsteigen fand unter Dupuys eigner Leitung vom neuen Fort zu Vincennes aus statt. Eine ungeheure Menschenmenge jubelte dem genialen Techniker zu. Majestätisch erhob sich der Ballon in die Lüfte, mit ihm in dem Nachen 13 Personen außer

Dupuy, darunter auch 8 Mann Bedienung für die Schraubenmaschine des Nachens, welche in Verbindung mit einem am Hinterteile des Nachens befestigten viereckigen Segel dazu bestimmt war, den Ballon zu lenken. Zur Füllung des Ballons hatte Dupuy reines Wasserstoffgas benutzt, dessen Herstellungskosten etwa 7500 Mark betrugen. Die Luft war warm, meist 60 Grad Celsius, der Wind blies von Süden mit einer Geschwindigkeit von fast 9 Meilen die Stunde.

Bei der Stärke ließ sich im voraus berechnen, daß es nicht möglich sein würde, eine große Abweichung von der Luftrichtung durch die Steuermotoren des Ballons zu erzielen. Es gelang aber wirklich, ein der Zusammensetzung der Kräfte entsprechendes Maß der Abweichung von der Windrichtung zu erreichen; ja die Wirkung der Lenkkraft war noch größer, als man nach den Resultaten der Rechnung hätte annehmen dürfen. Ein weiteres wichtiges Ergebnis der zweckmäßigen Konstruktion Dupuys bestand darin, daß die große Achse des elliptisch geformten Nachens während der Fahrt stets in horizontaler Lage blieb, während die früher benutzten Ballons, namentlich die von sphärischer Form, durch ihre fortwährende Rotation die Beobachtung des Erdbodens sehr behinderten. Auch das Steuersegel des Nachens operierte meist vortrefflich. Was außerdem den Dupuyschen Ballon von anderen Ballons besonders unterscheidet, ist die Anbringung eines kleineren Ballons, der durch eine Luftpumpe mit gewöhnlicher Luft angefüllt ist, innerhalb der Hülle des großen Ballons. Der erstere soll denjenigen Raum einnehmen, der beim Entweichen des Gases nach dem Gesetze der Ausdehnung in der großen Ballonhülle entsteht; seine Wirksamkeit zeigt sich namentlich vorteilhaft beim Niedersteigen mit dem Ballon, weil der mit atmosphärischer Luft angefüllte Ballon vermöge des größeren Gewichts derselben nach unten drückt. Andererseits mußte freilich befürchtet werden, daß das Gewicht dieses kleineren Ballons unter Umständen als Ballast ungünstig wirkte.

Der Ballon hatte sich meist in einer Luftschicht von 2400 Meter Höhe bewegt; zuweilen stieg er bis zu 3000 Meter auf, was etwa ein Dritteil der ungeheuren Kraft des Wasserstoffgases repräsentiert, die mit 1220 Gramm per Kubikmeter nach oben strebt. Nach zweistündiger Fahrt, etwa um 3 Uhr nachmittags, befanden sich die Reisenden in der Gegend von Noyon, etwa 20 Meilen nördlich von Paris. Lenkseile und Anker wurden ausgeworfen; mit Hilfe zweier Knaben, welche die Anker auf der Erde ergriffen, gelang die Landung vollkommen gut. Der Ballon war völlig unversehrt geblieben.

Noch Besseres als Dupuy de Lome leisteten 1884 die Franzosen Renard und Krebs. Ihr Ballon erwies sich bei völliger Windstille in der Tat als lenkbar. Bei mittlerem Winde versagte er indessen ganz und außerdem erreichte er nur eine Geschwindigkeit von 6 Meter in der Sekunde. Wenn man ihn damals also als die Lösung des Problems der Lenkbarkeit ausgab, so war dies eine Täuschung. Versagte er doch bei Gegenwind, und außerdem konnte er sich in höhere Regionen aus Furcht vor stärkeren Strömungen nicht hinaufwagen. Auch im Kriegsfalle besaß er nur geringen Wert, da ihn jede Radfahrerabteilung einholen mußte.

So wurde es auch nach dem Ballon von Renard und Krebs bald wieder ruhig, ja die Technik der Luftschiffahrt erfuhr wider Erwarten von dieser letzten Konstruktion keine wesentliche Förderung.

So standen die Dinge bis zum Auftreten jenes Mannes, dessen Namen heute im Munde jedes Deutschen, ja aller Gebildeten auf der Erde ist – des Grafen Zeppelin. Überall war ein Suchen und Tasten, freilich mit unverkennbaren Fortschritten, aber nirgend ein entscheidender Erfolg. Diesen heißersehnten, viel umworbenen Erfolg errang erst Zeppelin.

Die so oft gehörte Behauptung, daß die Gegenwart mit ihrer nüchternen Prosa des Gewerbes, mit ihren Alltagssorgen und den parteipolitischen Tendenzen für Heroismus und Romantik keinen Raum mehr biete, daß Poesie und Erfolg im 20. Jahrhundert unvereinbare Begriffe seien, dies alles wird durch das einzig dastehende Lebensschicksal des genialen Grafen Ferdinand von Zeppelin in geradezu verblüffender Weise widerlegt. Dem großen deutschen Dreigestirn Luther, Goethe und Bismarck, den Reformatoren auf religiösem, schöngeistigem und politischem Gebiete, hat sich der Techniker Zeppelin als Vierter beigesellt, ein Bahnbrecher in des Wortes verwegendster Bedeutung – der Erschließer des Reiches der Lüfte für militärische und verkehrstechnische Zwecke. Für alle Zeiten wird der Name des württembergischen Edelmannes auf das glänzendste mit der Entwickelung der Luftschiffahrt verbunden sein, und mit Recht redet man heute von einer „Ära Zeppelin". Sie bildet einen Markstein in der Geschichte der menschlichen Kultur, einen Ruhmestitel für das deutsche Volk, und unübersehbar sind die Folgen – das läßt sich heute schon sagen –, die sich voraussichtlich bereits für eine nahe Zukunft an die Luftfahrten Zeppelins von der kleinen Station Manzell am Bodensee knüpfen.

Das Staunenswerte an dem Wirken des Grafen Zeppelin ist aber vielleicht weniger noch der großartige Erfolg, als vielmehr der Umstand, daß sich der Held trotz jahrzehntelanger Mißerfolge, trotz alles Hohnes und Spottes nicht von seinem als richtig empfundenen Wege abwendig machen ließ. Weiter wirkt auch die Tatsache ganz eigentümlich erhebend und anspornend, daß Graf Zeppelin in seinen besten Jahren bereits auf einem ganz anderen Gebiete, als Militär, als schneidiger Reiterführer sich hohen Ruhm verschafft hatte, und daß es ihm an der Schwelle des Greisenalters beschieden war, die Träume seiner Jugend zu verwirklichen, das technische Ideal, an dessen Ausführung ganze Generationen von Ingenieuren und Mechanikern verzweifelt waren.

Ein Blick auf die Lebensbahn dieses merkwürdig doppelseitigen Mannes zeigt eine fast romanhafte Fülle von Ereignissen.

Graf Zeppelins Leben

Geboren ist Ferdinand Graf von Zeppelin am 8. Juli 1838 in Konstanz am Bodensee. Sein Vater war der Fürstlich hohenzollern-hechingische Regierungsrat Friedrich von Zeppelin († 1886); seine Mutter, die einer wegen Aufhebung des Ediktes von Nantes aus Frankreich nach der Schweiz ausgewanderten altadeligen Familie entstammte, hieß Amelie Macaire d'Hogguer (†·1852). Seit dem 16. Jahrhundert haben sich die Vorfahren Zeppelins, die zum Uradel Mecklenburgs gehörten, in den Kriegsdiensten Dänemarks und Schwedens, Hannovers und Preußens, Württembergs und Österreichs ausgezeichnet; und am 18. Juni 1815 war es ein Graf Zeppelin, der als preußischer General der Infanterie Grouchy bei Mawre verhinderte, Napoleon in der Schlacht bei Belle-Alliance zu Hilfe zu kommen, und damit wesentlich zum Siege der Verbündeten über den korsischen Imperator beitrug. Heute noch nehmen die Zeppelins im preußischen und dänischen Militär- und diplomatischen Dienst hohe Stellungen ein, und dasselbe gilt auch für Württemberg und Baden von den Nachkommen jenes Grafen Zeppelin, der in der zweiten Hälfte des 18. Jahrhunderts in Süddeutschland ansässig geworden war.

Der Vater des jungen Ferdinand, ein Mann von hoher Bildung und praktischer Welt- und Menschenkenntnis, leitete die Erziehung seiner beiden Söhne nach den Grundsätzen eines Rousseau und Pestalozzi in der abgeklärt liberalen Form, wie sie damals in der Schweiz und im Süden Deutschlands gepflegt wurde und so viele tüchtige Männer für den Staat und für die Kirche, für Wissenschaft und Kunst heranbildete. Im Sinne des großen Genfers wurde das Hauptgericht der Erziehung an dem jungen Adeligen bis zu seinem zwölften Jahre auf die Aneignung körperlicher Tüchtigkeit gelegt: er lernte Turnen, Fechten und Reiten und namentlich auch Schwimmen und brachte es in letzterem besonders zu außerordentlicher Vollkommenheit. Seine geistige Bildung aber umfaßte kaum mehr als die elementarsten Kenntnisse im Lesen, Schreiben und Rechnen. Durchaus im Einklang mit dem System Rousseaus und Pestalozzis stand es auch, daß er sich eine ziemliche Handfertigkeit erwarb. Als Drechsler und Schreiner, sowie in allerlei mechanischen Hantierungen erlangte er ziemliche Gewandtheit. Nach dem 12. Jahre kam ein aufgeklärter Theologe namens Robert Moser aus Stuttgart in das gräfliche Haus nach Konstanz, und unter dessen Leitung wurden nunmehr auch die Wissenschaften eifrig gepflegt. Die Sommermonate verbrachte die Mutter mit den Kindern und deren Erzieher meist auf dem ihr gehörigen, idyllisch gelegenen Gute Giersberg im Kanton Thurgau. (Noch heute ist Graf Zeppelin Besitzer dieses herrlichen Fleckchens Erde.) Graf Ferdinand bezog alsdann, nach jeder Richtung wohlvorbereitet, auf einige Semester das Polytechnikum in Stuttgart und besuchte darauf die Kriegsschule in Ludwigsburg, 1855. Mit 20 Jahren wurde er Leutnant im 8. württembergischen Infanterieregiment, fand aber wenig Gefallen an dem einförmigen Garnisondienst und setzte es, dank dem Einflusse seines Vaters, durch, daß man ihn zur Weiterführung seiner Studien nach der Universität Tübingen beurlaubte. Später trat er wieder in die Front ein, ward bald zum Ingenieurkorps nach Ulm versetzt und danach in den Generalquartiermeisterstab des württembergischen Heeres. Hier beteiligte er sich in hervorragendem Maße an der Organisation der Spezialwaffen der Armee und trieb auch eifrig kriegsgeschichtliche Studien. Beim Ausbruch des nordamerikanischen Sezessionskampfes ging er mit einer Anzahl Kameraden auf den Kriegsschauplatz ab, nahm an zahlreichen gefährlichen Expeditionen auf seiten des nordamerikanischen Milizheeres teil und fand reiche Gelegenheit, seine Kenntnisse im Geniewesen und auf artilleristischem Gebiete zu vertiefen. Mehr als einmal wagte er sich dabei so nahe an den Feind heran, daß er nur wie durch ein Wunder den gegnerischen Kugeln oder der Gefangenschaft entging. Damals auch unternahm er seinen ersten Aufstieg in die Lüfte, und zwar in einem Fesselballon bei St. Paul in Kanada, als es galt, einen möglichst erhöhten Standpunkt zu Rekognoszierungszwecken zu gewinnen.

Neben eigentlich militärischen Berichten, die sehr wertvollen Charakter hatten, sandte der kühne Reiteroffizier auch sehr anschauliche Schilderungen von seinen Kreuz- und Querzügen, von Land- und Leuten, von den staatlichen und gesellschaftlichen Einrichtungen jenseits des Ozeans nach Europa und erregte dadurch in weiteren Kreisen Aufmerksamkeit. Auch nachdem er sich von den strategischen Operationen getrennt hatte, die namentlich zuletzt in die Belagerung einiger wichtiger Plätze ausliefen, setzte er seine Beobachtungen in den einzelnen Staaten der Union fort. Auch die Niagara-Fälle besuchte er, die damals noch in ihrer ganzen wilden Schönheit prangten und noch keinen Teil ihrer Kraft zu industriellen Zwecken abgegeben hatten. Um das wunderbare Naturschauspiel aus nächster Nähe zu schauen, warf er sich verwegen in die schäumenden Wassermassen und ließ sich die Fälle hinabtreiben. Es gelang ihm, wenn auch zerschlagen und halb ohnmächtig, einen Felsen mitten in dem sprudelnden Gischt zu erreichen. Hier sammelte er neue Kräfte, studierte die verschiedenen Richtungen, die die Wogen nach der amerikanischen und der kanadischen Seite einschlagen, warf sich dann aufs neue in den Strudel und gewann glücklich das Ufer. So manche Abenteuer bestand er auch auf Wanderungen mit Trappern und Indianern, und das ganze wilde Leben an der Grenze zwischen Kultur und Urwald, die an Gegensätzen so reiche Naturszenerie der südlichen Breiten lernte er auf das genaueste kennen. Schon war er gewillt, sich einer militärischen Expedition nach Mexiko anzuschließen, da rief ihn ein Befehl seines Königs in die Heimat zurück. Hier hatte die politische Lage inzwischen ein sehr drohendes Ansehen erhalten. Der Krieg Preußens und Österreichs 1864 gegen Dänemark hatte mit einem Siege der verbündeten Mächte geendet. Der Vertrag zu Gastein, am 18. August 1865, aber vermochte die Waffenentscheidung zwischen den beiden Großmächten über die Oberhoheit in Deutschland nur aufzuschieben, nicht zu beseitigen. Alles trieb zum Kriege, und da konnte man den erfahrenen, überaus tüchtigen Offizier im württembergischen Heere sehr gut brauchen. Sofort nach seiner Rückkehr im Jahre 1865 ward er zum Hauptmann und zum Flügeladjutanten des Königs Karl ernannt. Am Feldzug des Jahres 1866 nahm Graf Ferdinand von Zeppelin, nachdem er sich schon bei den Kriegsvorbereitungen in den Spezialwaffen hervorgetan, rühmlichen Anteil. Am 14. Juli fand das Treffen bei Aschaffenburg statt, in dem das 8. Bundesarmeekorps, bei dem sich auch die Württemberger befanden, nach heftigem Widerstande geschlagen wurde. Die hessische Division stand auf dem linken Mainufer, die württembergische auf dem rechten. Die Brücken bei Aschaffenburg und Stockstadt waren vom Feinde besetzt, und Graf Zeppelin erhielt den Auftrag, die Verbindung zwischen beiden Korps zwecks gemeinsamen Operierens um jeden Preis herzustellen. Nach einem großen Umwege, um nicht von den preußischen Vorposten gefangen genommen zu werden, erreichte er nach anstrengendem Ritt das Ufer des Mains. Von der Hitze und den Strapazen des Weges aber war sein Pferd völlig erschöpft, so daß er es nicht wagen konnte, das Tier in die reißenden Wogen des Stromes zu treiben. Jede Minute aber war kostbar, begann doch der Feind bereits, sich für die Schlacht zu entwickeln. Da warf sich Graf Zeppelin in voller Uniform, mit hohen, bis zum Oberschenkel reichenden Stiefeln und dem schweren Pallasch an der Seite, in die Fluten. Mitten im Fluß verließen ihn die Kräfte; er sank in die Tiefe. Es gelang ihm indes, sich vom Grunde wieder abzustoßen und an der Oberfläche frische Luft zu schöpfen. Dieses Manöver führte er mehrmals aus, bis er dem andern Ufer so nahe gekommen war, daß er, bis zum Halse im Wasser sitzend, sich erholen konnte. Er erreichte dann auch glücklich die hessische Division, übergab dem Oberstkommandierenden derselben die ihm anvertrauten wichtigen Papiere und kehrte auf demselben Wege über den Fluß zurück, um an dem Gefechte selbst noch wackrer teilzunehmen. Sein mutiges Verhalten wurde vom Könige von Württemberg mit dem Ritterkreuz des Militär-Verdienstordens belohnt.

Der Friede von Prag, am 23. August 1866, machte dem deutschen Bruderzwist ein Ende, und es begann nunmehr in Süddeutschland die große militärische Reorganisation im engen Anschluß an die preußische Armeeverfassung, und auch hier wirkte Graf von Zeppelin aus Kräften mit. Als dann Napoleons Verlangen nach einer „Grenzberichtigung" zum Abschluß eines Schutz- und Trutzbündnisses der Südstaaten mit Preußen geführt hatte, als die Wahrscheinlichkeit eines Krieges mit Frankreich immer näher rückte, da gehörte Graf Zeppelin zu jenen wenigen Offizieren, die erfolgreich von ihren geheimen Exkursionsfahrten, die sie unter allerlei Verkleidungen in das französische Gebiet unternahmen, zurückkehrten. Ihm war es beschieden gewesen, das für den bevorstehenden Feldzug zu allererst in Frage kommende östliche und südöstliche Gebiet Frankreichs genau zu erkunden. Mehr als einmal schwebte er in Gefahr, trotz seiner

Verkleidung erkannt zu werden; er wußte sich aber immer wieder selbst aus den bedenklichsten Situationen herauszuwinden, dank seiner Geschicklichkeit und infolge der Erfahrungen, die er im Kleinkrieg und auf seinen Streifereien in den Felsengebirgen und auf den Prärien Amerikas gesammelt hatte. Mit den wichtigsten Aufschlüssen über die Bodenbeschaffenheit des Landes, über die Verteilung der feindlichen Garnisonen, die Eisenbahnverbindungen, die Stärke der Festungen usw. kam er wieder heim und fand nunmehr als Referent im württembergischen Kriegsministerium Gelegenheit, die erlangten Kenntnisse bei der Aufstellung des neuen Feldzugsplanes nutzbringend zu verwerten. Naturgemäß kam er dabei vielfach mit dem Grafen Moltke und dem preußischen Kriegsministerium in Berührung. Im Jahre 1868 ward er selbst zum Großen Generalstab nach Berlin kommandiert und gewann hier einen Einblick in die großartige Schaffenstätigkeit dieser Zentrale der gewaltigen Heeresmacht des norddeutschen Bundes.

Am 7. August 1869 vermählte sich Graf Zeppelin mit der aus Livland stammenden Freiin Isabella von Wolff. Nach zehn Jahren ward beiden das erste Kind geboren, das zugleich das einzige bleiben sollte: die Komtesse Helene. Gattin und Tochter haben, wie gleich hier bemerkt sei, in der Folgezeit, als sich Graf Zeppelin ganz der Lösung des flugtechnischen Problems hingab, ihm mutig beigestanden und ihn immer wieder bei Fehlschlägen seiner Versuche im rüstigen Weiterstreben bestärkt.

Nur eine kurze Zeit stillen Eheglückes war dem Zeppelinschen Paare zunächst beschieden, da rief die Kriegserklärung Napoleons das gesamte deutsche Volk zu den Waffen. Naturgemäß waren die Badenser und Württemberger die ersten, welche zum Einmarsch nach Frankreich Order erhielten. Zum Oberbefehlshaber der württembergischen Truppen ward der preußische Generalmajor von Obernitz in Stuttgart ernannt, und von ihm erhielt Graf Zeppelin, der als Dragonerrittmeister im Generalstabe der württembergischen Armee mit ausrückte, den Befehl zu jener Unternehmung, die Zeppelins Namen auf immer in den Annalen der Kriegsgeschichte mit Ruhm bedecken sollte. Es galt nämlich nichts geringeres, als in schnellster Weise zuverlässig festzustellen, ob der Vormarsch der französischen Truppen bis in die Gegend von Wörth erfolgt sei. Stand die feindliche Armee noch weiter zurück, so war dies von großer Wichtigkeit für den Aufmarsch der Süddeutschen, und man gewann Zeit, die Angriffskolonnen deutscherseits um Mainz für den ersten Vorstoß zu konzentrieren.

Nur ein so kühner Reiter, wie Graf Zeppelin, konnte sich getrauen, ein so schwieriges Unternehmen, bei dem es um Kopf und Kragen ging, auszuführen. In der Morgenfrühe des 24. Juli hatte Zeppelin die Order erhalten, und eine halbe Stunde danach befand er sich bereits auf dem Ritt. In seiner Begleitung waren vier badische Leutnants und sieben Dragoner. In scharfem Trabe ging es von Hagenbach aus über die Grenze hinüber nach der ersten französischen Stadt, nach Lauterburg. Wohl war die Kriegserklärung bereits am 19. Juli übergeben worden, doch befand sich der gesamte östliche Grenzstreifen Frankreichs noch weit von irgend welcher Kriegsbereitschaft. Man rechnete dort allerdings auf das baldige Eintreffen starker französischer Streitkräfte und hielt es überhaupt nicht für möglich, daß sich der Feldzug auf französischem Terrain abspielen könnte. In größter Verwirrung floh daher alles beim Herannahen der säbelrasselnd einherjagenden deutschen Dragoner, die man für den Vortrab mindestens einiger Regimenter hielt. Mit lautem Hurra umritt Zeppelin mit seiner Kolonne den Marktplatz, und dann ging es im Galopp zum entgegengesetzten Ende des Städtchens wieder hinaus aufs freie Feld. Nunmehr freilich galt es größere Vorsicht, und man mußte auch darauf bedacht sein, bei einer höchstwahrscheinlichen Verfolgung die Pferde in so kräftigem Zustande zu haben, daß es möglich wurde, die deutsche Grenze wieder zu erreichen. Von besonderer Wichtigkeit war es, die telegraphische Verbindung, die das starke französische Straßburg mit Weißenburg und Wörth besaß, zu zerstören, und dies gelang auch in der Nähe des kleinen Ortes Hunspach und weiterhin noch an einigen Stellen. Wie bedauerte es Graf Zeppelin, daß es ihm nicht möglich war, den Bahndamm selbst auf eine Strecke zu zerstören; es fehlte indes an allem Werkzeug dazu, und Hacken und Schaufeln aus den umliegenden Ortschaften zu besorgen, erschien unausführbar, da man jedes Aufsehen vermeiden und ungehindert möglichst weit in Feindesland vordringen mußte. In einem Gehölz bei Sulz ward das Nachtquartier aufgeschlagen, und Offiziere wie Mannschaften stärkten sich an den mitgeführten Vorräten. Beim Morgengrauen des nächsten Tages sandte Graf Zeppelin einen der Leutnants und zwei Dragoner zurück und gab dem Offizier eine Skizze der bisher durchrittenen Gegend nebst verschiedenen Notizen mit. Diese kleine Kolonne trat den Rückmarsch schnellstens an, umging das Städtchen Lauterburg, wo auf das Ertönen der Lärmglocke die ganze Einwohnerschaft sich bewaffnet hatte, und erreichte auf Schleichwegen glücklich die deutschen Vorposten.

Zeppelin mit seiner Schar war alsbald wieder aufgesessen, und in flottem Trabe ging es auf Wörth zu. Dieses selbst ward ebenso schnell und ohne Widerstand durcheilt, wie vorher Lauterburg, nur daß in der weit größeren Stadt der Wirrwarr, den das Erscheinen der deutschen Reiter hervorrief, weit erheblicher war, als in dem kleinen Grenzorte. Von jetzt an aber galt es doppelte Vorsicht. Abgesehen von einigen in den Feldern arbeitenden französischen Bauern, die entsetzt den dahinjagenden Reitern nachblickten, traf man niemanden unterwegs. Sorglich wurden alle Dörfer vermieden, die in jener Gegend überhaupt weit auseinanderliegen, und nur, wenn es galt, die Pferde zu tränken, machte man an einem der zahlreichen kleinen Bäche halt.

Kaum hatten indes die deutschen Reiter Wörth verlassen, so sprengte ein französischer Gendarm verhängten Zügels nach Niederbronn, wo mehrere französische Regimenter lagen, und erstattete dort Bericht von dem Erscheinen der „Prussiens" und von dem Wege, den sie weiter genommen. Alsbald machten sich starke Detachements zur Verfolgung aus.

Mehr als 50 Kilometer hatte man deutscherseits bereits aus französischem Gebiet zurückgelegt; da stellte es sich heraus, daß die Pferde dringend einer längeren Rast bedurften. Graf Zeppelin, der die Gegend dort genau kannte, lenkte mit seiner Kolonne seitab von der Straße nach dem Weiler Scheuerlenhof (oder Schirlenhof). Ein Posten ward auf die Straße ausgestellt, und die übrigen Teilnehmer an der gefahrvollen Expedition begaben sich in das Dorfwirtshaus, das ein gewisser Jakob Lienhard führte. Zuerst wurde selbstverständlich für die armen Gäule gesorgt, und dann erfrischten sich die Offiziere und die Mannschaft im Staatszimmer des Gasthofes, im ersten Stockwerk, an Milch und kalter Küche, bis die Mittagsmahlzeit fertig war. Kaum aber stand diese auf dem Tische, als draußen ein Schuß ertönte, sich das Getrappel von Pferden vernehmen ließ und laute französische Kommandorufe ertönten. Eine starke Abteilung französischer Chasseurs rückte auf das Haus zu, und nur der wohlgezielte Schuß des deutschen Wachtpostens, der den französischen Wachtmeister Pagnier aus dem Sattel geworfen hatte, hielt die Feinde einen Moment auf. Bei dem Versuche, zu den Pferden zu gelangen, wird einer der badischen Leutnants, namens Winsloe, erschossen, und in dem engen Hausflur und auf der schmalen Treppe entspinnt sich ein wütender Kampf. Da ertönen auch auf der Rückseite des Gasthofes französische Signale, und Graf Zeppelin erkennt, daß nur schleunigste Flucht hier noch Rettung bringen kann. Gedeckt vom Pulverdampfe erreicht er durch eine Hintertür den Hof, durchquert ungesehen mehrere Gärten und gewinnt die Landstraße. Ein glücklicher Zufall will es, daß nicht weit davon eine Bauernfrau das Pferd des getöteten französischen Wachtmeisters am Zügel hält. Er wirft ihr einige Geldstücke zu, schwingt sich auf das Pferd und rast über Wiese und Bach hinweg dem nahen Walde zu. Wohl sausen französische Kugeln ihm um die Ohren, doch Roß und Reiter kommen unversehrt in das schützende Dickicht. Er treibt das Tier immer weiter in den Wald hinein, bindet das Pferd an einem Baume fest, eilt weiter in das Gehölz und erklettert einen der höchsten Bäume. Im Laubdach desselben verborgen, wird er Zeuge davon, wie man die Mitglieder seiner Kolonne gefangen abführt, nachdem sie drei Mann und vier Pferde verwundet hatten. Dann wird das Gehölz vom Feinde durchstreift, doch findet man weder den deutschen Offizier, noch das französische Kavalleriepferd. Nach drei Stunden, als alles ruhig geworden, klettert Graf Zeppelin von seinem luftigen Sitze herab, entdeckt das Pferd wieder, das sich inzwischen an dem frischen Laubwerk gütlich getan hat, und findet in den Satteltaschen außer einer Flasche Rotwein und einem Revolver mehrere Karten und Aufzeichnungen über die letzten Bewegungen der französischen Vorhut. Bei Einbruch der Dunkelheit verläßt Graf Zeppelin den Wald und reitet auf der Landstraße nach Langensulzbach zu. Vor einem einsamen Gehöft in der Nähe des Ortes macht er halt, gibt sich in barschem Tone als französischen Wachtmeister aus, der nach Weißenburg unterwegs sei und für die Nacht mit seinem Pferd ein Unterkommen fordert. Der Bauer selbst ist noch nicht zu Hause, nur die Frau mit einigen Mägden. Diese sorgen zunächst für das französische Reiterpferd, und der deutsche Offizier streckt nach einem guten Abendbrot die erschöpften Glieder in den dicken Federbetten des gastlichen Erbfeindes aus. Spät in der Nacht kommt der Bauer heim, sieht im Stalle das französische Kavalleriepferd stehen und hegt ebensowenig Verdacht, wie seine Frau oder das Dienstpersonal. Am frühen Morgen gibt Graf Zeppelin der Magd, die das Vieh besorgt, Befehl, ihm das ausgeruhte Pferd vorzuführen; eine Karaffe roten Landweins hat er sich vom Abendbrot aufgespart, und so brauchte er wenigstens nicht nüchternen Magens fortzureiten. Eiligen Schrittes gewinnt er den Hof, nicht ohne vorher ein schönes blitzendes Zwanzigfrankenstück auf dem Tische seines Zimmers für die gute Bewirtung zurückgelassen zu haben. Eben, wie er sich in den Sattel schwingt, reißt der Bauer das Fenster auf und starrt wie auf ein

Gespenst auf den deutschen Offizier, der mit fröhlichem „Guten Morgen" auf dem französischen Chasseurpferde zum Tore hinausjagt. In einem vielstündigen Dauerritt, währenddessen er sich wieder von allen Ortschaften klüglich fernhielt, erreichte Graf Zeppelin bei Schönau in der Pfalz das deutsche Gebiet und überbrachte seine eigenen Wahrnehmungen und die wichtigen Notizen und Karten des französischen Wachtmeisters dem preußischen General Obernitz.

Zahlreiche hohe Orden, darunter auch das Eiserne Kreuz lohnten dem wackeren Offizier sein mutiges Verhalten. Graf Zeppelin nahm im ferneren Verlaufe des Krieges noch an einer ganzen Anzahl Schlachten teil und zeichnete sich überall durch todesmutiges Draufgehen aus. Nach dem Frieden ward er Kommandeur der Königsulanen, ging dann als württembergischer Gesandter und militärischer Bevollmächtigter zum Bundesrat nach Berlin, wurde 1888 General à la suite des Königs von Württemberg, 1890 Generalleutnant und Brigadekommandeur in Saarburg und schied 1891 aus der aktiven Armee.

Zeppelins Erfindung

Graf Zeppelin war 54 Jahre alt, als er 1891 seinen Abschied aus dem aktiven Heeresdienstes nahm, wo er so Hervorragendes geleistet hatte. Schon während des letzten Jahrzehnts seiner Zugehörigkeit zur Armee war der Reitergeneral, einer Lieblingsneigung folgend, gewissermaßen als Amateur vielfach auf technischem Gebiete tätig gewesen, und nunmehr wandte er sich, von den Verpflichtungen des militärischen Dienstes gänzlich frei, mit allem Scharfsinn seines Geistes der Lösung flugtechnischer Probleme zu und fand hierbei die treueste Unterstützung an dem Oberingenieur L. Dürr. Ab und zu tauchte eine Notiz in der Tagespresse auf, daß sich Graf Zeppelin mit einer ganz neuen Idee zur Konstituierung eines Luftschiffes trage, bei dem eine Verschmelzung des alten Luftballon-Prinzips mit dem maschineller, motorischer Kraft Platz greifen solle. Man lächelte in weiten Kreisen nicht nur über die Tatsache, daß ein Laie, ein Reitergeneral unter die Erfinder gegangen sei und damit sozusagen etwas Aussichtsloses unternähme, sondern auch über die „Schrulle", daß jene Kombination jemals zu etwas Ersprießlichem führen könnte. Es wurden die abenteuerlichsten Gerüchte über Art und Aussehen des Zeppelinschen Luftschiffes kolportiert, und selbst die Witzblätter bemächtigten sich in Wort und Bild des anscheinend so dankbaren Stoffes. Graf Zeppelin aber ließ die Leute lächeln, spotten und räsonieren und arbeitete im stillen unverdrossen an seinen Versuchen fort, die sich freilich vorerst nur in kleinem Maßstabe durchführen ließen und mehr theoretischer, als praktischer Natur waren.

Erst mit der Entwicklung des Automobilismus, mit der Vollendung des Benzinmotors bot sich dem Grafen Zeppelin die Möglichkeit, die Idee, die ihm vorschwebte, wirklich zu realisieren. Auch die Vervollkommnung der Technik, namentlich die gesteigerte Verwendung des leichten, elastischen Aluminiums waren weitere günstige Vorbedingungen für des Grafen Konstruktionsversuche.

Im Jahre 1895 legte Zeppelin ein bis in die kleinsten Einzelheiten ausgearbeitetes Projekt dem deutschen Kaiser vor. Dieser interessierte sich sehr für die Sache und ernannte eine Kommission von Ingenieuren, bzw. technischen Offizieren, von deren Urteil es abhängen sollte, ob der Graf auf Unterstützung in seinen ferneren Unternehmungen vornehmlich beim preußischen Kriegsministerium rechnen könnte. Im Gegensatz zu der Ansicht des berühmten Physikers Helmholtz, der sich sehr günstig über Zeppelins Entwürfe ausgesprochen hatte, kam jene Kommission zu einem völlig absprechenden Urteil. Es lag dies in der Hauptsache daran, daß sich damals die Meteorologie, die Wissenschaft von den Luftströmungen in den höheren Regionen der Erdatmosphäre, noch ganz in ihren Anfängen befand, und man außerdem befürchtete, daß der ganze Apparat zu wenig Stabilität, eine zu geringe Druckfestigkeit gegenüber der hohen Belastung zeigen würde. Ja, man bezweifelte es überhaupt, ob das „Monstrum" so viel Antriebsgeschwindigkeit durch seine beiden Motoren erhalten könnte, um sich nur 20 Meter über die Erdoberfläche zu erheben und sich auch nur einige Zeit in solcher Höhe zu halten. Die üblen Erfahrungen, die man seinerzeit in Frankreich mit einem ganz aus Metall bestehenden Luftschiff nach den erwähnten Richtungen gemacht hatte, trugen auch wesentlich zum Verwerfen des Zeppelinschen Projektes seitens der Sachverständigenkommission bei. Leider starb Helmholtz um jene Zeit und so verlor Graf Zeppelin die wichtigste wissenschaftliche Autorität, die seinen Weg zweifellos geebnet hätte.

So sah sich denn der Graf wieder ganz auf sich allein angewiesen, ließ aber den Mut nicht sinken, sondern arbeitete und experimentierte ruhig weiter. Die Aufmerksamkeit des großen Publikums, sowie der Militärbehörden und Techniker richtete sich damals, im Gegensatz zu Zeppelins „starrem" System eines Luftschiffes auf die bei weitem rationeller erscheinenden Versuche, die man in England und Amerika und namentlich in Frankreich mit „unstarren" Motorballons machte. Der kühne Luftschiffer Santos Dumont machte damals seine ersten, Aufsehen erregenden Fahrten mit solchen Ballons und wußte insbesondere durch immer neue Verbesserungen am Motor und am Steuerruder die Landungs- und Manövrierungsfähigkeit dieser Vehikel bedeutend zu steigern. Auch zahlreiche andere Ingenieure in Frankreich und Italien machten weitere Versuche mit derartigen Ballons, und man glaubte das Zeppelinsche System bereits gänzlich abgetan, obwohl der Graf große Reisen durch ganz Deutschland unternahm, um trotz des negativen Spruches jener Sachverständigenkommission und trotz der übrigen, erwähnten ungünstigen Umstände Anhänger für seine Idee zu werben und größere Mittel für die Durchführung seiner Pläne zu gewinnen. Dies gelang ihm auch nach großen Mühen, und er konnte in Stuttgart eine Aktiengesellschaft zur Förderung der Luftschiffahrt gründen.

Am 28. Juni 1898 wurde diese Gesellschaft in das Handelsregister des dortigen Amtsgerichts eingetragen. Das Betriebskapital betrug annähernd eine Million Mark. Von großem Werte für den Fortgang der Zeppelinschen Versuche war es, daß der König von Württemberg in der Enklave Manzell am Bodensee dem Grafen ein umfangreiches Terrain zur Verfügung stellte, auf dem nunmehr die nötigen Bauten usw. ausgeführt werden konnten. Im Frühjahr 1899 wurde ein großer Werkschuppen am Seeufer errichtet und bald darauf die eigentliche Ballonhalle, die auf 75 Pontons im See selbst verankert war. Hier nun wurde Zeppelins erstes Luftschiff gebaut, dessen im Querschnitt vierundzwanzigeckiges Gerippe aus Aluminiumgitterwerk 128 Meter lang war und einen größten Durchmesser von 11,65 Meter besaß. Das Ganze machte etwa den Eindruck einer riesigen Spargelstange und lief auch an beiden Enden spitz zu. Diese Form, die sich durchaus bewährte, ist auch bei den späteren Neubauten des Zeppelinschen Luftschiffes beibehalten worden, desgleichen auch die Anbringung der beiden Gondeln 3 Meter unterhalb des eigentlichen Ballonkörpers am vorderen und hinteren Ende, und in den Gondeln die Aufstellung je eines Daimler-Benzinmotors. Diese Motoren waren beim ersten Luftschiff, entsprechend dem damaligen Stande der Technik, nur je 14,7 Pferdekräfte (PS) stark, während die Motoren des neuesten Luftschiffes Zeppelins je 110 PS aufweisen. Beide Gondeln waren durch ein Brett, das links und rechts eine Barriere trug, miteinander verbunden. Rechts und links von den Motoren befanden sich vierflüglige Schrauben mit einem Durchmesser von 1 Meter und 1100 Umdrehungen in der Minute. Ein 100 Kilogramm schweres Laufgewicht hing 26 Meter unter dem Ballonkörper an einem stählernen Tau und konnte 7 Meter vor und rückwärts bewegt werden, um die Gleichgewichtslage des ganzen Apparates jederzeit aufrechtzuerhalten und je nachdem die Spitze des Ballons höher oder tiefer zu stellen. Der Ballon hatte 4 Steuerruder: je eines ober- und unterhalb der Spitze und links und rechts am hinteren Ende. Das ganze Gerippe des Ballons war durch Querwände in 17 Abteilungen zerlegt, deren jede einen kugelförmigen Gasballon erhielt. Jeder dieser Ballons hatte ein Sicherheitsventil, und für 5 dieser Ballons war überdies noch je ein besonderes Ventil vorgesehen, um das Gas gleichmäßig ablassen zu können. Die 17 Ballon faßten 11000 Kubikmeter Gas, waren zusammen mit dem Aluminiumgerippe von einer sehr festen aber leichten Seidenhülle umgeben und hatten, nach Abzug des Gewichtes der Aluminiumgondeln und der Motore, der Bemannung und des Eigengewichts des gesamten Ballons noch eine Tragkraft von ungefähr 2000 Kilogramm.

Die erste Auffahrt mit diesem ersten Zeppelinschen Luftschiff fand am 2. Juli 1900, abends 8 Uhr 3 Minuten statt. Leider geriet die Befestigung des Laufgewichts in Unordnung; dieses selbst rutschte nach vorn; auch die Leinen am hinteren Ende des Ballons verfilzten sich, und so mußte man schon nach 17 Minuten mit dem Ballon wieder herunter kommen. Graf Zeppelin ließ sich mit dem Ballon selbst auf dem See nieder, und das Luftschiffs schwamm mittels seiner Schrauben glatt auf die Ballonhalle zu. In der Dunkelheit bemerkte man indes einen aus dem Wasser hervorragenden Pfahl nicht; die Hülle des Ballonkörpers wurde von diesem durchstoßen und eine der Aluminiumspanten beschädigt. Trotzdem aber gelang die Bergung des Ballons ohne weitere Schwierigkeit.

War also auch der erste Aufstieg des Zeppelinballons nicht absolut geglückt, so hatte sein kühner Konstrukteur den Beweis dafür geliefert, daß sein Apparat sehr wohl imstande war, sich durch eigene Antriebskraft von der Erdoberfläche zu erheben, und daß er auch in der Höhe durchaus gleichmäßig dem Steuerdrucke seitlich und auf- und abwärts gehorchte. Auch Kurven und Kreise beschrieb der Ballon nach Wunsch und ebenso hatte es sich ergeben, daß er eine glatte Landungsmöglichkeit gewährte.

Die verhältnismäßig geringen technischen Unvollkommenheiten, die sich bei dem ersten Aufstieg ergeben hatten, wurden alsbald verbessert, bzw. beseitigt. Vor allem galt dies von der Befestigungsart des Laufgewichts. Man ersetzte den Laufsteg zwischen den Gondeln durch eine Art Kiel, und an diesen befestigte man direkt das Laufgewicht beweglich, und zwar hatte man es um 50 Kilogramm vermehrt. Die beiden Steuer am hinteren Ende des Ballons wurden unmittelbar hinter die zweite Gondel gerückt, und außerdem gab man dem Ballon noch ein fünftes Steuer zwischen der vordern Gondeln und der Spitze, das speziell dazu dienen sollte, bei der Aufwärtsbewegung des Ballons die Fortbewegung zu regeln. Man hatte bereits den zweiten Aufstieg ins Auge gefaßt, da stürzte infolge Bruches einiger Aufhängevorrichtungen in der Ballonhalle während der Nacht zum 25. September der mittlere Teil des Aluminiumgestelles herab, und es dauerte drei Wochen, bis die auf diese Weise entstandenen Schäden wieder ausgeglichen waren. Am 17. Oktober, nachmittags ¾ 5 Uhr erfolgte der zweite Aufstieg des Zeppelinballons, geführt vom Luftschifferhauptmann von Sigsfeld, der auch schon den ersten Aufstieg geleitet hatte. Der Ballon blieb beinahe 1 ½ Stunden in der Luft, doch mußte er dann herabgelassen werden, da eins der großen Gasventile nicht recht funktionierte und annähernd 750 Kubikmeter Gas aus dem Ballon entwichen waren. Dadurch hatte sich das Gleichgewicht des Apparates derart verschoben, daß auch die Steuerruder in Unordnung kamen, und so sauste der Ballon, anstatt sich allmählich mit den Gondeln auf das Wasser niederzulassen, mit dem spitzen Ende zuerst gewaltsam tief in den See und erlitt dadurch weitere Beschädigungen. Auch diesmal aber bot die eigentliche Bergung des Ballons keine weiteren Hindernisse. Am 21. Oktober konnte bereits der dritte Ausstieg erfolgen, nachdem an den Steuerrudern noch verschiedene Verbesserungen vorgenommen worden waren. Der Ballon blieb diesmal mehrere Stunden in der Luft, erreichte eine durchschnittliche Geschwindigkeit von 9 Meter in der Sekunde, gehorchte vollständig dem Steuerdruck nach allen Richtungen und erfuhr auch keinerlei Mißgeschick in mechanischer Beziehung. Damit hatte die Zeppelinsche Konstruktion sozusagen ihre Feuerprobe bestanden.

Der Bau der ganzen Anlage, die Kostspieligkeit des Materials und die Kosten für die mehrfachen Änderungen und Verbesserungen hatten indes die dem Grafen, bzw. der Aktiengesellschaft zur Verfügung stehenden Gelder fast ganz aufgezehrt, und es war nicht möglich, die Aktionäre zu neuen

Einzahlungen zu bewegen, besonders auch deshalb nicht, weil seitens der Gegner des Zeppelinschen Systems in der Tages- und Fachpresse eine sehr lebhafte Agitation wider den Grafen und seine Pläne unternommen wurde. Selbst die bisher begeistertsten Anhänger Zeppelins wurden auf diese Weise kopfscheu gemacht, und die Aktiengesellschaft in Stuttgart löste sich aus Mangel an Kapital auf. Damals, in jenen schweren Stunden, als das ganze Unternehmen des Grafen wegen des Fehlens weiterer Mittel in Frage gestellt schien und die Bauten in Manzell zu zerfallen drohten, da hielten die Gattin und die Tochter Zeppelins die Tatkraft des tiefgebeugten Mannes aufrecht und ließen ihn nicht verzweifeln.

In der „Woche" veröffentlichte er in dieser Notlage am 3. Oktober 1903 jenen Aufruf, der in so beredten Worten an den Idealismus und die Opferfreudigkeit des deutschen Volkes appellierte. Der Aufruf lautete folgendermaßen:

„Ein Heer falscher Propheten ist mit dem selbstbewußten Ton des eingebildeten, überlegenen Wissens daran, der Welt weiß zu machen, die sichere Durchquerung der Luft auf die weitesten Strecken werde mit Ballonschiffen wohl niemals, eher noch mit dynamischen Flugmaschinen möglich werden. Das Scheitern oder die ungenügenden Erfolge einer großen Anzahl von Flugschiffen scheinen ihnen recht zu geben.

Wenn die öffentliche Meinung weiterhin ohne Widerstand mißtrauisch gemacht wird und die nächstjährige Weltschau in St. Louis ohne Vorführung eines sicher, schnell und lange fahrenden Luftvehikels vorübergeht, so wird für absehbare Zeit niemand mehr Aufwendungen zur Lösung des Problems machen können. Rettung vor diesem bedauernswerten Untergang ist nur noch möglich, wenn es gelingt, in dieser letzten Stunde der Welt das Vertrauen zur Sache wiederzugeben. Bei meinem Versuch dazu werde ich mich bemühen, die Richtigkeit dieser Behauptung in einer auch dem Laien verständlichen Weise darzutun.

Was erreicht werden muß, besteht darin, mit einer dem allgemeinen Verkehr genügenden Sicherheit und Häufigkeit sehr lange Fahrten durch die Luft zurücklegen zu können. Das Überfliegen engerer, von Eisenbahnen, Automobilen, Dampfbooten usw. durcheilter Gebiete kann angenehm und auch nützlich sein, einem dringenden Bedürfnis würde damit allein aber außer für untergeordnete Kriegszwecke keineswegs entsprochen.

Vermag das starre Luftschiff zum ersehnten Ziele zu führen?

Daß dieses den Ansprüchen, die die brauchbare Flugschiffahrt stellen muß, in vollem Maß genügt, ist durch lauter wirkliche Tatsachen erwiesen: mein Luftschiff hatte bei Bemannung und Ausrüstung für zehnstündige Fahrt noch 1200 Kilogramm überschüssigen, also zur Ausstattung für längere Fahrt oder zur weit höheren Erhebung – als die 700 Meter Meereshöhe, in der es manövrierte – verwendbaren Auftrieb. Durch Prüfung aufgeführter Teile ist festgestellt, das bei einem Neubau noch weitere 1200 bis 1500 Kilogramm Auftrieb gewonnen würden. Dieses gibt die Möglichkeit, Betriebsmaterial für mehrtägige Fahrten auch bei Anwendung weit stärkerer Motoren, als die früher benutzten, mitzuführen.

Aus der bei den Aufstiegen gezeigten Geschwindigkeit meines Flugschiffs haben die beiden Herren Prof. Dr. Hergesell und Dr.-Ing. Müller-Breslau für dasselbe schon mit den in Aussicht genommenen mäßig starken Motoren eine Fahrt von 14 Meter in der Sekunde berechnet. Diese Geschwindigkeit ist bereits ausreichend, um an etwa 95 v. H. aller Tage das Ziel auch dann zu erreichen, wenn der Luftstrom, in dem das Flugschiff fährt, sich in der der Fahrt entgegengesetzten Richtung bewegt.

Das mit Stoff überzogene starre Gerippe gewährleistet die Erhaltung der äußeren Gestalt bei allen Veränderungen des Gasvolumens ohne Inanspruchnahme von Maschinenkraft. Jene Veränderungen sind überdies sehr eingeschränkt durch das Vorhandensein eines Abstandes zwischen dem Außenstoff und den Gashüllen.

Erprobte Anordnungen ermöglichen das Auf- und Absteigen wie das Einhalten gleichmäßiger Höhe ohne Opferung von Ballast oder Gas. Zwei weit getrennte Triebwerke mit eigenen Motoren bieten die größtmögliche Sicherheit, daß man nie oder doch nie bedenklich lange ganz ohne treibende Kraft sein wird. Die Möglichkeit der Entzündung des Gases hat sich bei den getroffenen Schutzvorkehrungen so gut wie ausgeschlossen erwiesen. Der seitlichen wie der Höhensteuerung folgte das Fahrzeug tadellos.

Zu sehr weiten und meist schnellen Fahrten tauglige Flugschiffe mit großer Betriebssicherheit können also gebaut werden.

Daß sie völlig gefahrlos auf Wasserflächen herabgehen können, hat mein Flugschiff gleichfalls erwiesen. Es ist um so weniger zu bezweifeln, daß sie, so gut wie die Fahrzeuge von Renard, Santos-Dumont, Lebaudy und anderen, auch auf festem Boden landen können, als gerade ihre Größe sie vor zu schnellem Fallen bewahrt und sie Hilfsmittel zur gefahrlosen Gestaltung der Landung besitzen, die jene entbehren.

Gern hätte ich es vermieden, auf den von mir selbst erdachten und erprobten Typ von Flugschiffen als den zurzeit allein den Anforderungen der wirklichen Luftschiffahrt entsprechenden hinzuweisen. Wen meine Ausführungen aber überzeugt haben, der wird anerkennen, daß ich um der Sache willen, die ich vertrete, nicht anders vorgehen konnte.

Aus dem gleichen Grunde bin ich zu einer weiteren Ausführung genötigt: mit der Verallgemeinerung der Erkenntnis, daß und wie brauchbare Flugschiffe gebaut werden können, ist deren wirkliche Schaffung keineswegs gesichert. Bis einer imstande ist, solch ein Ding zu bauen und dann zu führen, muß er selbst durch jahrelange, nur darauf gerichtete Studien und Übungen sich vorbereiten und bei seinen Gehilfen in den verschiedenen Arbeitszweigen das Verständnis für ihre besonderen Ausgaben geweckt haben. Prüfungen von Metallen, von Maschinen, Schrauben, Stoffen usw. müssen vorangegangen, sodann eine Werft an einer für die ersten Fahrübungen darüberhin geeigneten Wasserfläche erbaut, Arbeitsmaschinen, Gasbehälter, Motorboote usw. müssen beschafft sein.

Die Ausgaben für diese unerläßlichen Vorbereitungen und Vorarbeiten betragen das mehrfache der Kosten des Fahrzeugbaus selbst. Die Mittel für jene flüssig zu machen, ist unendlich schwieriger als für den Bau. Zurzeit bin ich der einzige, der bereits alles besitzt, an Erfahrungen und Übung, an Hilfspersonal, an Zeichnungen, Material, Booten, Werftanlagen usw., um unmittelbar zum Bau eines sicher schon tauglichen Flugschiffes schreiten zu können. Jener, der durch geistige und praktische Zusammenarbeit mit mir vorbereitet war, mich in der Leitung jederzeit ersetzen zu können, weilt nicht mehr unter den Lebenden.

Eine kurze Spanne Zeit – und Witterung, Sturm und Wellen werden mein lagerndes Material unverwendbar gemacht haben, meine letzten geschulten Gehilfen werden mir nicht mehr zur Verfügung stehen – die letzten Mittel, die ich selbst zu diesem Zweck zu opfern vermag, werden erschöpft sein – und die Gebrechen des Alters oder der Tod werden meinem Schaffen ein Ziel gesetzt haben.

Wer wagt zu hoffen, daß in naher Zukunft die Gunst des Schicksals und die Förderung durch seine Mitmenschen einem andern so weit helfen werden wie mir geholfen wurde?!

Findet sich jener andere aber nicht, so fällt mit mir die Aussicht dahin, jene Flugschiffe zu erhalten, die nach klar vorgezeichneter Entwicklung das Innerste des feindlichen Landes, seine Festungen und Häfen erkunden, die als fliegende Funkentelegraphenstationen die weitesten Verbindungen improvisieren lassen, die die entlegensten Posten mit der Kulturwelt verbinden, die Pole gefahrlos erreichen, die unerforschten Gebiete erschließen und endlich das sicherste, schnellste und zugleich behaglichste Reisemittel werden.

Darum eilet, die ihr solche Flugschiffahrt haben wollet, dem die Mittel zu bieten, der allein sie euch schaffen kann! Eilet! Sonst werdet ihr das in die Tiefe versinkende Kleinod nicht mehr erfassen können!"

Dieser und ein im nächsten Jahre erlassener Aufruf brachten dem Grafen eine Summe von etwa 50000 Mark ein, und da die Aluminium- und sonstigen Fabriken ihm ihre Bereitwilligkeit erklärt hatten, die Materialien für ein zweites Flugschiff kostenlos, bzw. zu sehr ermäßigtem Preise zu überlassen, so begann der Graf den Bau dieses zweiten Ballons. Im Spätherbst 1905 war das neue Luftschiff fertig. Es hatte 126 m Länge und einen stärksten Querschnitt von 11,7 m. Die Zahl der Gasabteilungen belief sich diesmal auf nur 16, das Gesamtvolumen an Gas, das sie enthielten, betrug 10400 cbm. Mit den inzwischen eingegangenen Geldern hatte der Graf auch einen Neubau der großen Ballonhalle ausgeführt und sie 50 m weit in den See hineingeschoben, wo sie auch nicht mehr auf schwimmenden Pontons ruhte, sondern auf tief eingerammten Pfählen. Am 30. November 1905 war der erste Aufstieg dieses neuen Luftschiffes schon im Werke, als das starke Seil, an dem man das Luftschiff aus der Halle gezogen hatte, an dem Ballonkörper hängenblieb, so daß das Luftschiff kurz vor der Halle mit dem Vorderteil ins Wasser stürzte und stark beschädigt wurde.

Der neue Aufstieg erfolgte am 17. Januar 1906 und war ebenfalls von Unglück begleitet. Es geriet in einer Höhe von 450 m in starke Luftströmungen, die es weit von der geplanten Richtung verschlugen; die Steuer und Motore kamen in Unordnung, und nur mit Mühe konnte der Graf landen. Ein Orkan vernichtete das Luftschiff in der folgenden Nacht vollständig.

Aber auch dieser schwere Schlag entmutigte den Grafen nicht; er baute ein neues, größeres und verbessertes Luftschiff – Modell Nr. III, das eine Länge von 128 m besaß und Motoren von je 85 PS. Der Gesamtgasinhalt des Ballonkörpers betrug 11430 cbm. Der neue Ballon hatte am hinteren Ende rechts und links je eine breite Steuerflosse erhalten, außerdem waren die Steuerruder für die seitliche Fortbewegung paarweise unter der vorderen und hinteren Spitze des Ballonkörpers angebracht, und auch die Höhensteuer hatte man nunmehr paarweise angeordnet. Am 9. und 10.

Oktober 1906 unternahm der Graf mit diesem neuen Luftschiff zwei Aufstiege, bei denen eine Geschwindigkeit von 54 km in der Stunde und eine Höhe von 850 m erreicht wurden. An der zweiten Auffahrt, am 10. Oktober, nahmen elf Personen teil, und Aufstieg, Dauerfahrt und Landung verliefen diesmal ohne den geringsten Unfall. Durch eine staatliche Lotterie waren dem Grafen neue Mittel zugeflossen, und das Reich gab auch die nötigen Gelder zum weiteren Ausbau und zur sonstigen Verbesserung der Ballonhalle. Im Laufe der nächsten Monate wurden wiederum neue Anordnungen im Bau und in der Form der Steuerruder getroffen, wie dies eben die Erfahrungen bei den einzelnen Aufstiegen rätlich erscheinen ließen. Mit dem dritten Ballon war bereits die Leistungsfähigkeit des französischen Kriegsballons, der zum Durchfliegen von 100 km 3 Stunden 23 Minuten gebraucht hatte, bei weitem in den Schatten gestellt.

Und auch die nächsten Fahrten, am 24., 25., 26., 28., 30. September und 8. Oktober 1907 bewiesen erneut, daß das Zeppelinsche starre System den Sieg über alle Konkurrenten zu behaupten verstand. Am 30. September dauerte die Fahrt über 8 Stunden, und es befanden sich 11 Personen an Bord. Nur eine einzige kurze Zwischenlandung wurde während dieser Fahrt unternommen, und zwar auf dem Bodensee.

Auch diesen großartigen Erfolgen stellte das Deutsche Reich dem Grafen Zeppelin die Summe von 400000 Mark zum Bau eines vierten, vergrößerten Luftschiffes zur Verfügung und erklärte sich bereit, ihm einen Betrag von mehr als zwei Millionen zu zahlen, wenn es ihm gelingen sollte, eine Dauerfahrt von mindestens 24 Stunden nach Mainz, sowie eine Höhenfahrt bis zu 1200 m glücklich zurückzulegen und einwandfrei auf festem Boden zu landen.

Das Luftschiff Nummer IV hatte ein Gasvolumen von 15000 cbm. 2 Motoren von je 110 PS., die den Schrauben eine Umdrehungszahl von 950 in der Minute gewährten und bei einer Länge von 136 m einen stärksten Durchmesser von 13 m.

Ende Mai 1908 war der Bau des Modells Nr. IV vollendet, und am 20. und 23. Juni nachmittags 3 Uhr erfolgten die ersten sogenannten „Werkstattfahrten" über der Fläche des Bodensees. Die beiden Gondeln waren durch einen fest am Ballonkörper montierten Laufsteg verbunden, der sich in seiner Mitte zu einem Aufenthaltsraum mit Fenstern aus Glimmerglas erweiterte. Von diesem Raum aus ging in senkrechter Richtung mitten durch den Ballon zwischen zwei Abteilungen für die kleinen Wasserstoffballons hindurch eine schmale Treppe bis zu einer kleinen Plattform auf der Oberfläche der Umhüllung des ganzen Ballons. Auf dieser Plattform befanden sich meteorologische und astronomische Instrumente. An den beiden spitzen Enden des ungeheuren Ballonkörpers waren vertikale Steuerungen angebracht, ähnlich wie bei gewöhnlichen Wasserschiffen. Nicht weniger als 17 Personen hatten in den Gondeln und in dem beschriebenen mittleren Raum Platz genommen, und Graf Zeppelin dirigierte an beiden Tagen die ganze Fahrt des Ballons. Der Aufstieg vollzog sich ganz glatt, und ebenso vorzüglich gelangen in einer Höhe von 70 bis 150 Meter über der Ballonhalle die Kurven und Kreise, die das Luftschiff 20 Minuten lang nach dem Willen seines genialen Lenkers auf den leisesten Druck der Steuervorrichtungen beschreiben mußte. Beim Herabsinken trafen die Gondeln des Ballons so leise auf die Oberfläche des Sees auf, daß das Wasser nicht einmal emporspritzte. Laute Hurras und Bravos ertönten von einem Dampfer herüber, an dessen Bord die Offiziere des preußischen Luftschifferbataillons jede Bewegung des leuchtenden Riesenluftfahrzeuges mit höchster Spannung verfolgt hatten. Von dem Dampfer aus nahm man auch das Schlepptau auf, das Graf Zeppelin von der vorderen Gondel auswarf und bugsierte den Ballon geschickt wieder in seine Halle.

An der Steueranlage wurden für die Fahrt am 23. Juni noch einige Änderungen vorgenommen.

Am 1. Juli 1908 erfolgte dann die großartige Fahrt des Grafen mit 12 Personen an Bord nach dem Vierwaldstätter See, über den Bulacher Berg, nach Luzern, Küßnacht, über den hohen Felsrücken von Horgen und den Zuger See, über den Paß in Höhe von 840 Meter am Züricher See, über Zürich selbst, nach Winterthur und zurück zum Bodensee. Ohne dort zu landen, machte er mit seinem Ballon noch einen Abstecher nach Morschach und Bregenz und landete nach zwölfstündiger ununterbrochener Fahrt glatt bei Manzell. Die Schwierigkeiten auf diesem Wege, während dessen sich der Ballon oft durch schmale Felsschluchten hindurchwinden mußte, Gewitter und starke Windströmungen zu besiegen hatte und den wechselndsten Temperaturverhältnissen unterworfen war, konnten den Flug des Luftschiffes nicht aufhalten, von dessen Gondeln aus die Insassen wunderbare Ausblicke auf die Berge und Seen tief unter ihnen genossen. Von dem Eindrucke, den der Ballon von der Erde aus gewährte, gibt ein Augenzeuge, der das Luftschiff in Salenstein am Bodensee beobachtete, folgende Schilderung: „Ein leises, melodisches Surren steigt zum Fenster

Der Aeroplan Ader

herein. Es ist gegen 9 Uhr morgens. Der See blaut herauf. Die Sonne funkelt in den grünen Obstbäumen. Das Surren rührt doch wohl von keiner Hummel her. Es ist stärker geworden, konzentrierter, straffer angezogen und metallisch. Da kommt hinter dem vorgeschobenen dunkelgrünen Hügel des nahen Arenenberges ein langes, gelbleuchtendes Tier am blauen Himmel dahergezogen. Er kam in geradem, niedrigem Flug heran, und die Überraschung des großen neuen Bildes stürzte über einen mit Schauern. . . Die Luft war so klar und der Flug des Luftschiffes so niedrig, daß man die Personen in den Gondeln deutlich zählen konnte.

Nach Beendigung der imposanten Fahrt wurden abermals an den Steuerrudern Veränderungen vorgenommen und an der oberen und unteren Längsseite des Schiffes senkrechte Steuerflächen eingesetzt, um die Manövrierfähigkeit des Apparates namentlich in vertikaler Richtung noch sicherer zu gestalten. Am 14. Juli begann dann Graf Zeppelin die große Dauerfahrt nach Mainz, mußte aber schon über Konstanz wieder umkehren, da ein Defekt an den Motoren eingetreten war. Am Tage darauf erlitt der Ballon bei der Ausfahrt aus der Halle Beschädigungen, die indes rasch ausgebessert werden konnten.

Obwohl die Beschädigungen, die das Zeppelinsche Luftschiff am 15. Juli erlitten hatte, vollständig wieder ausgebessert waren, war es dennoch nicht zu erwarten, daß der Graf die 24stündige Fahrt nach Mainz ohne weiteres antreten würde. Man hoffte günstigstenfalls auf eine gute Probefahrt. Höchlichst überrascht war man daher, als nach und nach die Meldungen einliefen, Zeppelin befände sich auf der großen Dauerfahrt. Der neue Aufstieg begann Dienstag, den 4. August, früh 6 Uhr 45 Minuten. Das Luftschiff schlug zunächst von Friedrichshafen die Richtung nach Konstanz ein.

Als Teilnehmer an der Fernfahrt Zeppelins vom 4. August 1908 befanden sich in der vorderen Gondel außer Zeppelin der Reichskommissar Baron Bassus, Oberingenieur Dürr, zwei Unterkapitäne und drei Monteure; in der mittleren der Neffe des Grafen Ferdinand; in der hinteren Ingenieur Stahl und zwei Monteure.

Aus allen Orten, die Zeppelin passierte, liefen Telegramme ein. Um 7 Uhr passierte der Ballon Konstanz und weiter bei prachtvollem Wetter und vollständiger Windstille in einer Höhe von ungefähr 150 bis 200 Meter Basel. Der Flug war überraschend regelmäßig und sicher.

Kurz nach 10 Uhr vormittags hatte das Luftschiff Zeppelins von Mühlhausen aus den Rhein gesichtet mit dem Kurs rheinabwärts.

11 Uhr 50 Minuten kam der Ballon Zeppelins oberhalb Straßburgs an und 12 Uhr 10 Minuten fuhr das Luftschiff an dem mit Fahnen geschmückten Straßburger Münster vorüber. Es bewegte sich anfangsetwas niedriger als die Plattform, ging dann aber etwas höher und fuhr in der halben Höhe des Baumes zwischen der Plattform und der Turmspitze an dem Turm langsam vorüber, begrüßt von den jubelnden Zurufen einer vieltausendköpfigen Menschenmasse, die die Straßen dicht bevölkerte, die Dächer füllte und selbst die Schornsteine erkletterte. Dann beschrieb das Luftschiff hinter dem Münster einen Bogen dem Rhein zu, um die Richtung stromabwärts einzuschlagen.

Um 2 Uhr 20 Minuten wurde das Luftschiff südlich von Mannheim gesichtet. Man sah zuerst nur einen kleinen schwarzen Strich. Plötzlich wurden dann seine Umrisse vollkommen sichtbar. Um 2 Uhr 45 Minuten fuhr es über die Rheinbrücke hinweg. Auf beiden Seiten des Rheins waren Tausende von Menschen. Die Dächer der Häuser waren dicht besetzt. Auch auf dem Dache des großherzoglichen Schlosses wie der Sternwarte standen Zuschauer. Als das Luftschiff über die Stadt fuhr, wurden zahllose Böllerschüsse gelöst. Auf den Schiffen im Rhein ertönten die Dampfsirenen. Die Leute schwenkten ihre Hüte und riefen begeistert Hurra! Der Ballon schwebte in einer Höhe von etwa 250 Meter.

Von den Mittagsstunden an wartete die Welt auf die Meldung aus Mainz, daß dieser Wendepunkt der großen Fahrt erreicht sei. Aber sie kam nicht. Dafür eine andere, mit der man zuerst nichts Rechtes anzufangen wußte: „Das Luftschiff ist bei Oppenheim auf dem Rhein gelandet."

Was sollte das heißen? War es Absicht oder Zwang? Motordefekt? Nun überstürzten einander die Meldungen, widersprachen, bestritten einander. In Stunden war keine Klarheit zu erreichen. Mit sechs, sieben Stellen wird telephoniert. Alle wissen etwas, die meisten nichts Bestimmtes.

Graf Zeppelin war 5 Uhr 15 Minuten bei Oppenheim gelandet. Das Gouvernement beorderte sofort eine Abteilung Pioniere nach dem Landungsplatz. Am Rheinstrom warteten Zehntausende von Menschen. Alles begab sich auf dem Wege nach Oppenheim. Die Fahrt mußte unterbrochen werden, da der vordere Propeller defekt geworden war. Die Landung erfolgte an einer Fähre, die die beiden Rheinufer verbindet.

An 60000 Menschen erwarteten in Mainz um ½ 3 Uhr die Ankunft

Zeppelins. Die Häuser und Schiffe hatten reich geflaggt. Um 4 ½ Uhr kam die Nachricht, daß Zeppelin auf einer Wiese bei Oppenheim wegen Motordefektes gelandet sei.

Bald kam aber die Nachricht, daß die Fahrt Zeppelins noch während der Nacht fortgesetzt würde. Der Ballon hatte bei der Landung keinerlei Beschädigung erlitten. Und in der Tat setzte das Luftschiff nach Ausgabe verschiedener Ersatzteile um ½ 11 Uhr abends seine Fahrt fort. Um 11 Uhr passierte es Mainz, drehte dort um und fuhr dann über Mannheim nach Stuttgart. Hier mußte Zeppelin aus dem gleichen Grunde wie am Tage vorher die Fahrt unterbrechen. Das Weißmetall eines Lagers war geschmolzen. Auf einer einsamen Wiese landete Zeppelin bei Echterdingen und zwar so sanft, wie er es immer behauptet hatte.

Während der Defekt ausgebessert worden, fuhr Zeppelin von Echterdingen nach dem nur 12 Kilometer entfernten Stuttgart. Stürmisch wurde er vom Publikum begrüßt. „Überall herrschte eine freudige Erregung," schildert ein Augenzeuge weiter, „weil anscheinend die Vorbereitungen zur Wiederauffahrt bald vollendet waren. Man erwartete bereits bald wieder die Ankunft des Grafen, und die Motorführer hatten zum Teil bereits die Gondeln bestiegen. Da ereignete sich ganz plötzlich das Entsetzliche. Es war windig. Ich stand an der Spitze des Luftschiffes, an der vorderen Gondel, als sich von Westen her eine starke Staubwolke näherte und den ganzen Horizont bedeckte. Zu gleicher Zeit machte sich ein außerordentlich scharfer Windstoß bemerkbar, kräftiger als alle vorhergehenden. Das Luftschiff war nur so verankert, daß der Hauptanker den Ballon an der Spitze am Boden festhielt, so daß sich das ganze Luftschiff nach der Windrichtung bewegen konnte. Durch einen überaus scharfen Windstoß wurde nun das Luftschiff auf die Seite geneigt. Die Anker rissen und die am Luftschiff postierten Grenadiere konnten den gewaltigen Koloß nicht mehr halten. Innerhalb 5 Sekunden war das Schicksal des Luftschiffes entschieden, nachdem einmal die Anker gerissen waren. Ein Teil der Maschinisten, die bereits in den Gondeln saßen, konnte sich nur durch Herausspringen retten."

Zwei Monteure erlitten schwerere Verletzungen, ebenso ein Grenadier. Die Verletzten wurden im Automobil nach Bernhausen gebracht, wo ihnen ärztliche Hilfe zuteil wurde. Von dem umstehenden Publikum wurden von dem losgerissenen Anker mehrere Personen zu Boden gerissen und ein Mann am Bein verletzt.

Graf Zeppelin kam etwa eine halbe Stunde nach der Katastrophe an der Unglücksstelle an. Er stand tieferschüttert da, das Auge voll Tränen. Um 6 Uhr 5 Minuten fuhr er mit dem Zuge nach Friedrichshafen. Es wurden ihm und dem Oberingenieur Dürr lebhafte Ovationen bereitet und Blumen überreicht. Bei der Abfahrt hatte der Graf Tränen in den Augen; auch der größte Teil des Publikums war tief erschüttert.

„Wer den heutigen Dienstag in Stuttgart als Verehrer Zeppelins miterlebt hat," schrieb ein Augenzeuge unterm 5. August dem Leipziger Tageblatt, „ist um einen der schönsten, wunderbarsten Eindrücke und um einen der wirklich schmerzlichen, erschütternden im Leben reicher. Es war ein unvergeßlicher Moment, wie nach banger Nachtwache und nach Durchkosten der verschiedenen erfreulichen und deprimierenden Empfindungen unserseits das heißersehnte Luftschiff ganz plötzlich hinter einem der westlichen Bergrücken erschien und im Morgensonnenschein silbern schimmernd und leuchtend, langsam, aber mit unerschütterlicher Sicherheit direkt gegen den nicht schwachen Wind hoch über der in herrlicher Sommerpracht sich ausbreitenden weiten Stuttgarter Talmuschel dahinzog. Hier empfand man die unbeschreibliche Größe der Tat Zeppelins; die Sehnsucht von Jahrtausenden, sie war erfüllt, und wie im Traume sah man dem wunderbaren „Fisch" da oben in der Höhe nach und staunte ihn an wie ein Bild aus Märchenlanden. Aber schon am Vormittag kam bereits die Nachricht, daß Zeppelin nach dem Oppenheimer einen zweiten Aufenthalt hätte, angeblich wegen eines Motordefekt, welche Version nach Ansicht der Fachleute auch die wahrscheinlichste unter den vielen Meldungen ist. Zeppelin fährt sehr vorsichtig und hielt auch gegen die Meinung der mitfahrenden Ingenieure eine Unterbrechung für nötig. Und er landete dicht bei Echterdingen, südlich von Stuttgart auf dem weiten Filderplateau, einem Dorf, das bisher nur durch sein vorzügliches Sauerkraut bekannt war, jetzt aber eine traurige Berühmtheit erlangt hat. Eins ist neben der an sich geglückten Fahrt bewiesen worden: die Möglichkeit der Landung auf dem Lande.

Auf die Kunde davon zogen die Stuttgarter zu Tausenden und Tausenden die etwa 12 Kilometer lange Strecke hinaus, eine Völkerwanderung, die von Mittwoch früh bis in den späten Nachmittag ununterbrochen fortdauerte: zu Fuß, zu Roß, mit dem Rad und dem Auto, mit der Bahn! Und draußen entwickelte sich auf dem weiten Wiesenfeld bald ein fröhliches Leben. In Scharen kamen die ‚Liliputaner', sich das Ungeheuer anzusehen.

Und man durfte auch im Gegensatz zur Gepflogenheit anderer Bundesstaaten, ganz dicht heran. Unten in der Nähe aber sah das mit den Gondeln knapp über dem Boden schwebende Luftschiff ganz harmlos aus, trotz seinen bekannten Riesendimensionen in der Länge. Und ungemein fein, zart, zierlich sind die ‚Flossen' des Riesenfisches, womit er sich fortbewegt. Das Ganze sieht in seinem Weiß äußerst elegant und sauber aus. Während nun all die tausend Leute lustig und guter Dinge sind – ein ganzes Bataillon Infanterie ist soeben freundlich begrüßt worden, lassen sich mit einem Male Stimmen vernehmen, die auf einen Regenschauer hinter Echterdingen aufmerksam machen. (Es war kurz nach 3 Uhr, um 6 Uhr wollte Zeppelin nach dem bekränzten Friedrichshafen.) Der Graf selber befand sich im Dorfe. Gleich darauf aber heißt es: Das ist kein Regen, das ist Sturm, Staubwolken. Und bereits braust der Windstoß heran. Da hebt sich das Luftschiff, das in voller Breitseite vom Winde gefaßt wird, ganz leicht und ohne besondere Erschütterungen und fliegt mit dem Winde davon. Einen Augenblick Totenstille, der Atem stockte, man weiß nicht, was werden wird, was das in Wahrheit bedeutet, ein paar spannende Augenblicke der Fassungslosigkeit. Dann setzt sich die tausendköpfige Masse in Bewegung. Während die einen flüchten, auseinanderstieben, sich zu Boden werfen, um dem nur ganz wenig über der Erde fliegenden Schiffe mit seinen Gondeln und Steuerflügeln zu entgehen, verfolgt die andere Partei zu Hunderten und Hunderten das fliehende Schiff. Der einzige Mann an Bord, den ich sehe, läuft verzweifelt von der hinteren Gondel durch den langen, verdeckten Gang über die Brücken zur vorderen Gondel. Und jetzt senkt sich auch die Spitze des Schiffes. Wird die Menge die Enden der nachschleppenden, gerissenen Ankertaue fassen können? Da scheint das Schiff mit der Spitze auf den Erdboden aufzustoßen. Ein Loch in der Ballonhülle? Nein, es ist die Flamme! Hat der Aufstoß die Explosion des Gases herbeigeführt? Eine schwache Detonation, neue Flammen ballen sich aus der Hülle des Riesenleibes heraus, eine zweite, dritte Detonation, Flammen, eine große, schwarze Rauchwolke vermischt mit Staub und Schmutz– und Zeppelins Luftschiff ist nicht mehr. Der Eindruck auf die Tausende ist unbeschreiblich. Ein Schrei, wie wilde Verzweiflung und Verwünschungen, Schluchzen, Weinen, Drohen! Man rennt zur ein paar hundert Meter entfernten Unglücksstätte oder ins Dorf zurück. Hurra, hurra, Graf Zeppelin, hoch! Der tobende Sturm schmeißt einem Staub in Haufen ins glühende Gesicht. Im rasenden Tempo fährt der Graf jetzt im

Automobil durch die Menge. Keine Miene verzieht sich in seinem Gesicht. Der ganze Mann ist wie zur Marmorsäule erstarrt. Haben seine Leute alles getan, der Gefahr des drohenden Unwetters vorzubeugen, das in wenigen Sekunden ein Lebenswerk vernichtete? Wo war das Bataillon, wo die Kavallerie? Das sind Fragen, die sich heute zur Stunde nicht beantworten lassen. Ebenso weiß ich nichts Sicheres über die Verwundeten zu sagen. Ich habe nur einen rauchgeschwärzten Mann halbtot in einem Automobil vorüberfahren sehen.‚

Und eine Stunde später lacht die Sonne wieder! Erfinderschicksale. Das Luftschiff ist verloren. Aber die Idee lebt und mit ihr Graf Zeppelin. Das deutsche Volk wird ihm nun ein neues Schiff bauen, des sind wir alle hier sicher."

Und nun erhob sich das deutsche Volk in allen seinen Teilen, vom Fürsten bis zum Arbeiter, zu Beweisen der Teilnahme und zu einer Opferfreudigkeit, wie sie seit den Tagen des großen deutsch-französischen Krieges nicht wieder erlebt wurde.

Am 6. August mußte das Telegraphenamt Friedrichshafen allein 300000 Wörter befördern, so groß war die Zahl der Depeschen, die Zeppelin erhielt. An demselben Tage machte schon der König von Württemberg einen Besuch bei dem Erfinder, um ihm seine Teilnahme auszusprechen. Der Kaiser und der Reichskanzler sandten sofort ermutigende, tröstende Telegramme und wie auf ein Zeichen forderten die Zeitungen zu Sammlungen auf. „Zeppelins Ballon, der Stolz eines ganzen Volkes," hieß es zum Beispiel im Leitartikel des Leipziger Tageblattes vom 7. August, „ist vernichtet. Eine Katastrophe hat das Werk jahrelangen Mühens in Fetzen zerrissen. Die Jubelfahrt hat als Tragödie geendet. Gewiß, die Explosion, die der Gewittersturm bei Echterdingen verursacht hat, beweist nichts, gar nichts gegen den Grafen Zeppelin, nichts gegen sein Ingenium, nichts gegen sein Werk. Und wäre es ein vollendetes, reifes Werk und nicht eine Versuchsmaschine gewesen, so hätte des Schicksals Tücke doch das gigantische Fluginstrument ereilen und vernichten können. Aber durch die ins Riesenhafte gesteigerte laute Begeisterung, durch die Posaunenstöße, die Zeppelin als Sieger der Lüfte ausriefen, noch ehe die Fahrt vollendet war, kann jetzt der Niederschlag der enttäuschten Hoffnungen eine Stimmung erzeugen, um die uns diesmal das Ausland nicht beneiden würde. Zeppelin bliebe ein Held, auch wenn ihm die wetterwendische Laune der Menge ihre Gunst jetzt entziehen sollte. Aber wir wollen hoffen, daß so viel Kern im deutschen Volke steckt und so viel echtes Gefühl in den Böllerschüssen sich kundgab, um dem seltenen, vom Unglück verfolgten Manne die Treue mit Anstand zu wahren.

Die Summen, die in diesen Stunden das Interesse von hunderttausenden spielend verstreut hat, würden ausreichen, um mehr als einen Ballon zu bauen, wie er bei Echterdingen vernichtet worden ist. Und es wäre eine wahrhaft große Tat, gewissermaßen eine Sühne für manches Zuviel und manche Unterlassungssünde, wenn jetzt den Leuten auch für die Sache die Opferfreudigkeit käme, die bisher nur für das Schauspiel sich eingestellt hat. Das erste, wahrhaft erschütternde Telegramm meldet: Graf Zeppelin blieb unverwundet, ist aber trostlos. – Nur zu begreiflich klingt diese lakonische Meldung, und doch hoffen wir, daß sie nicht zutrifft, sondern nur den niederschmetternden Eindruck der ersten furchtbaren Augenblicke wiedergibt. Der Mann, der in jahrzehntelanger Arbeit, unter den schwierigsten Umständen, mit Aufopferung seiner Habe, den Ballon geschaffen hat, der von den vielen Unglücksfällen in seiner Erfindertätigkeit nicht zu Boden geschlagen worden ist, der sich noch in den letzten Wochen wie ein Herkules allen Widerwärtigkeiten des Geschickes gegenüber gezeigt hat, er sollte auch diesen Schlag überwinden können, um sein Werk von neuem erstehen zu lassen. Zeppelin, der Siebzigjährige, ist aus dem Holz jener seltenen Menschen, denen, wie Bismarck und Moltke, das Alter wenig anhaben kann. Seine siebzig Jahre hindern ihn nicht, zu denken, zu leben und zu arbeiten wie ein Mann in der Vollkraft seines Daseins. Wenn daher auch das Ereignis mit einer Wucht ohnegleichen auf ihn gewirkt haben mag, so hoffen wir doch, ihn nicht in der Trostlosigkeit verharren zu sehen, die das Zeichen der Schwachen oder der Gebrochenen ist. Jetzt sollte sich das so gern voreilige Gefühl der Menge zu einer Kundgebung von erhebender Bedeutung bewegen lassen. Das würde vielleicht der beste Trost für den Schwergeprüften und zugleich das beste Zeugnis für den Charakter des Volkes sein."

In dem gleichen Sinne schrieben fast alle Zeitungen und ihnen gesellten sich bald die Aufrufe unserer ersten Geister.

Am 7. August bildete sich ein Deutsches Reichskomitee zur Aufbringung einer Ehrengabe des gesamten deutschen Volkes für Graf Zeppelin zum Bau eines neuen Luftschiffes und an seine Spitze stellte sich der deutsche Kronprinz, der folgenden Aufruf erließ:

„Groß war der Jubel, als die Kunde von den erfolgreichen Fahrten des deutschen Luftschiffes unter seinem genialen Erfinder Grafen von Zeppelin die deutschen Lande durchdrang. Jetzt, da ein großes Unglück das Lebenswerk dieses unermüdlichen Vorkämpfers der deutschen Luftschiffahrt zu zerstören droht, ist es Pflicht eines jeden vaterlandliebenden Mannes, durch rasches Handeln helfend einzutreten.

Jeder Deutsche trage zur möglichst schnellen Beschaffung eines deutschen Luftschiffes bei, indem er einen Beitrag an die Sammelstelle des Deutschen Reiches in Berlin spende. Wir müssen den einmal gewonnenen Vorsprung im Kampfe um die Beherrschung des Luftmeeres unter allen Umständen behaupten."

Der Erfolg der Sammlungen und der Aufrufe war beispiellos. Schon am 7. August waren nicht weniger als 1 300 000 Mark gezeichnet; auf allen Dampfern, an allen Stammtischen wurde gesammelt, alle Zeitungen legten Subskriptionslisten auf, die Stadtverwaltungen bewilligten große Beiträge, die Industrie bot umsonst das nötige Material zum Baue neuer Luftballons an, kurz, einmütig stand das gesamte deutsche Volk hinter seinem großen Erfinder.

Getragen von der wahrhaft überwältigenden Fülle der Sympathiebeweise richtete sich der Mut Zeppelins sofort wieder auf. Schon kurze Zeit nach dem Unfall erschien der Graf wieder gefaßt und bekundete im Gespräch seine unverwüstliche Zuversicht und versprach, mit Begeisterung sich dem Auftrag des deutschen Volkes zum Weiterbau unterziehen zu wollen.

Am 8. August veröffentlichte Graf Zeppelin folgende Mitteilung: „Motorschaden und Mangel an Erfahrung in der Führung haben mich zweimal zum Landen auf dem begonnenen Dauerflug meines Luftschiffes genötigt. Auch die Landung auf festem Boden vollzog sich vollkommen glatt. Unerwartet aufgetretene elementare Gewalten haben dann das schöne Fahrzeug zerstört. Mittel und Wege sind bekannt, um solche Vorkommnisse immer seltener werden zu lassen, so daß die Luftschiffe bald zu den betriebsichersten Fahrzeugen zählen werden. Das ist auch der begeisterte Wunsch des deutschen Volkes. Nur ein Wille beherrscht alle, hoch und niedrig, alt und jung; alle verlangen, daß ich, ungebeugt durch den harten Schicksalsschlag, dem Vaterland ein neues Luftschiff bauen soll und alle spenden an Mitteln, was in ihren Kräften steht. Diese einmütige nationale Bewegung, die ihren Eindruck in der Welt nicht verfehlen wird, ergriff mich mit unwiderstehlicher Macht. Meine Wehmut ist in ein stolzes Glücksgefühl gewandelt und mit gerührtem Dank und in freudiger

Begeisterung übernehme ich den mir von der Nation gewordenen Auftrag zum Weiterbauen. Zur Sammlung für einen Luftschiffsneubau einkommende Spenden habe ich die Allgemeine Rentenanstalt in Stuttgart bestimmt, bei der eine besondere Rechnung unter dem Titel: ‚Nationaler Luftschiffbaufonds für den Grafen Zeppelin' geführt werden wird. Dahin bitte ich die Spenden richten zu wollen und werde ich die unmittelbar an mich gelangten leiten. Ich beabsichtige, den Herrn Reichskanzler um Bestimmungen einer Kontrolle über die Verwendung des Fonds im Sinne der Spender zu bitten."

Wenn überhaupt noch möglich, konnte diese Erklärung nur noch mehr entflammend auf den Opfergeist des deutschen Volkes wirken. War doch damit bewiesen, daß weder eine Unzulänglichkeit der Ballonkonstruktion, noch ein Versagen des technischen Personals das Unglück herbeigeführt hatte. Es galt also den Kampf gegen eine blinde Naturmacht, und so geschah das Wunderbare, daß derselbe Graf Zeppelin, der mit seinem Notruf im Jahre 1900 binnen Jahresfrist nur 16000 Mark erhalten hatte, jetzt binnen kaum 3 Monaten eine Nationalspende von 5 ½ Millionen bekam.

Das Geld, das dem kühnen Luftschiffer vom deutschen Volke dargebracht wurde, war ein Ehren- und Dankgeschenk dafür, daß er bei einem großen Kulturwerk die Führung des deutschen Volkes übernommen hat und ohne Rücksicht auf einen pekuniären Ruin, der ihm schon drohte, ohne Rücksicht auf sein Alter und auf Mißgeschicke jeder Art seinem großen Lebensziele treu geblieben ist und damit dem Volke einen unschätzbaren Dienst erwiesen hat. Es war selbstverständlich, daß dieses Ehrengeschenk ihm völlig zur freien Verfügung übergeben wird, wie es auch in den meisten Ausrufen zum Ausdruck gebracht wurde. Eine ähnliche Ehrengabe wurde bekanntlich seinerzeit Bismarck dargebracht. Und wenn das Wort „Belohnung" jemals im reinsten idealsten Sinne angewandt ist, so war es hier der Fall. Die Dankgefühle eines ganzen Volkes, die es einem seiner großen Männer schuldig ist, kamen in dieser materiellen Gabe zum Ausdruck.

Wie hoch übrigens von anderer Seite der Geldwert der Zeppelinschen Erfindung geschätzt wurde, geht aus der Tatsache hervor, daß die Amerikaner dem Grafen 20 Millionen Mark für den Aufbau eines fahrtüchtigen Luftschiffes boten. Das Kriegsministerium der Vereinigten Staaten hatte beschlossen, da es einen lenkbaren Ballon für ein unbedingtes Erfordernis hielt, sich an Zeppelin zu wenden. Der Ballon sollte eine Länge von höchstens 36 Meter haben. Er mußte imstande sein, ein Gesamtgewicht von 350 Pfund und 100 Pfund Ballast zu tragen. Die Geschwindigkeit, welche vom Kriegsministerium angefordert wurde, sollte im allgemeinen bei gutem Wetter und bei nichtwidrigem Wind mindestens in der Stunde 25 Kilometer betragen. Jedoch erwartete man eine Stundengeschwindigkeit von 32,2 Kilometer. Die Art und die Gestalt des Ballons sollten im übrigen dem Konstrukteur überlassen bleiben. Nur eine Bedingung war daran geknüpft, daß·das ganze Luftschiff ohne Schwierigkeit auseinanderzunehmen und zusammenzusetzen sei.

Da, wie man sieht, diese Forderungen der nordamerikanischen Staaten sowohl an Größe als auch an Geschwindigkeit weit hinter dem Zeppelinschen Ballon zurückbleiben, so hatte sich das Kriegsministerium auch bereit erklärt, in allen Hinsichten dem Grafen Zeppelin freien Spielraum zu lassen. Aber Zeppelin lehnte das Anerbieten unter allen Umständen ab.

Auch sind die Kosten eines Zeppelinballons sehr beträchtlich. Ein Zeppelinsches Luftschiff von der Größe des zerstörten kostet 600000 Mark, in mehrfacher Ausführung vielleicht 550 000 Mark. Bei Echterdingen ist übrigens nicht der Totalwert des Schiffes vernichtet worden, vielmehr repräsentieren die völlig intakt gebliebenen Motoren und die Gondeln sowie das wertvolle Aluminium, das eingeschmolzen wurde, recht erhebliche Werte. Die Motoren sind übrigens 600 Kilogramm schwer und leisten jeder 150 Pferdestärken. Die Gasfüllung von etwa 15000 Kubikmeter kostet inklusive Fracht Griesheim-Friedrichshafen rund 7000 Mark. Man bezieht das Gas in Stahlflaschen, die je etwa fünf Kubikmeter unter einem Druck von 150 Atmosphären enthalten. Da eine solche Flasche selbst 60 Mark kostet und reichlich 3000 Flaschen für die Füllung benötigt werden, steckt in dem leeren Flaschenlager, das am besten Eigentum des Unternehmens bleiben sollte, ein erheblicher Wert. Man sieht, daß es nicht schwer halten wird, auch bei sparsamster Verwendung des Zeppelinfonds diesen vollständig in einigen Ballons und Zubehör anzulegen.

Zunächst hat Graf Zeppelin mit der größern Hälfte der Nationalspende die „Luftschiffbau-Zeppelingesellschaft m. b. H." gegründet. Ihr Hauptinhaber ist der Graf selber, und ihr Zweck ist, den Bau von Luftschiffen und Hafen mit Nachdruck aufzunehmen. Die fertig gebauten Luftschiffe übernimmt das Deutsche Reich oder auch Private. Auf jeden Fall aber müssen sich die Käufer verpflichten, daß die Luftschiffe innerhalb Deutschlands bleiben und im Kriege dem deutschen Heere zur Verfügung stehen. Ohne diese Bedingung gibt Zeppelin kein Luftschiff ab.

Ende Oktober 1908 war Zeppelin bereits in der Lage, neue Probefahrten unternehmen zu können. Auch diesmal folgten ihm die Augen aller, und die Freude war groß, als die Nachrichten wieder günstig lauteten.

Am 27. Oktober stieg zum erstenmal ein Mitglied des deutschen Kaiserhauses, Prinz Heinrich, mit Zeppelin auf. „Hinter Hagenau hatte ich," so schrieb ein Augenzeuge dieser Fahrt dem Berliner Lokalanzeiger, „dem Luftschiff im Motorboot folgend, es aus den Augen verloren, aber bei Meersburg kam es noch einmal zum Vorschein. Wie ein Besuch aus einer fremden Welt brach es plötzlich aus dem grauen Nebel hervor, neigte die Spitze dem Wasser zu, als wolle es dem Bodensee seine Verbeugung machen, bog wieder nach rechts ein und schoß das Ufer entlang nach Westen. Bald ließ es das Motorboot wieder zurück. Der helle Bariton des Sanges der Lüfte drang nur noch gedämpft auf den See herab, getragen von dem frischen Winde, dem das Luftschiff entgegenfuhr. Es bedurfte guter Augen, um es gleich auf dem Grau des Horizontes zu finden, auf dem es ganz zuletzt, von einem neugierigen, den Nebel durchbrechenden Sonnenstrahl beschienen, nur noch wie ein dicker, silberner Strich aussah, bis es endlich in der Richtung von Überlingen verschwand. Bei meiner Ankunft in Konstanz lief bereits alles Volk am Ufer, und wo immer sich Aussicht bot, zusammen. Bald hörte man, daß das Luftschiff über Singen und nachher über Schaffhausen erschienen war; man berechnete, daß es vor zwei Uhr kaum über Konstanz sein könne. Die Menge der geduldig Wartenden wuchs und streckte sich, zwei lange Ketten bildend, die Rheinufer hinauf. Endlich hörte man aus der Ferne das Lied des Luftriesen.

Was noch in den Häusern war, stürzte auf die Straßen. Diese Leute, die doch schon manche Fahrt gesehen hatten, gebärdeten sich wie frohe Kinder und brachten dem Führer des Flugschiffes und seinem hohen Gaste die begeistertsten Ovationen dar. Inzwischen hatte die Sonne sich durchgerungen und dem nun goldig beschienenen Luftschiffe freie Bahn gemacht. Es kreuzte einigemal über dem Exerzierplatz in Konstanz, so daß die Menge unter dem Eindrucke der Meldung, daß dort eine Landung stattfinden sollte, wie rasend durch die Straßen nach dieser Richtung lief, aber es blieb bei einer Rekognoszierung. Das Luftschiff nahm die Richtung über den See; ich folgte wieder im Rennboote, das aber der überlegenen Geschwindigkeit des Riesen in der Luft gegenüber bald abermals versagte. An den

Der amerikanische Flugtechniker Wilbur Wright am Steuer seines Aeroplans

Ufern des Bodensees waren wieder Scharen von enthusiastischen Zuschauern. Natürlich gibt sich solche Begeisterung nicht bei jeder Übungsfahrt des Grafen kund, diesmal war es die Tatsache, daß der Bruder des deutschen Kaisers ihnen von oben zuwinkte, die den ganz erstaunlichen Gefühlsausdruck beim Schwabenvolk ausgelöst hatte. Schon in Konstanz war Prinz Heinrichs Name auf aller Lippen, und von Meersburg jubelten sie ihm vom Schloß, vom Seminar zu, die Winzer, die Nachernte auf den Abhängen des Sees hielten, befestigten bunte Tücher an Rebenstangen und wehten ihm ihren Gruß hinauf. Majestätisch rauschte das Riesenschiff vorüber. Es geht nach Manzell in die Halle, dachte man, aber wieder schien es plötzlich stillzustehen. Prinz Heinrich wollte gern die Manövrierfähigkeit des Luftschiffes noch weiter erproben. Sobald das Luftschiff zu manövrieren beginnt, steht es scheinbar einige Augenblicke still. Diesmal aber schwiegen tatsächlich die Propeller und es hing regungslos vom Himmel herab.

Dann begann der hintere Motor allein zu arbeiten, und mit dieser halben Kraft wurden nun alle jene komplizierten Bewegungen ausgeführt, die den rekonstruierten „Zeppelin I" so schnell berühmt gemacht haben. Der Prinz mußte wohl befriedigt sein, denn alsbald wendete sich das Luftschiff der Schweizer Küste zu, die es in großer Höhe entlang flog, um sich in dem am Horizont wieder verdichtenden Nebel in der Richtung nach Bregenz zu verlieren. Wie ich nachher hörte, war es richtig über diese Stadt hinweggeflogen, und die Österreicher hatten ihm einen nicht minder enthusiastischen Empfang bereitet als die Deutschen und Schweizer. Es war auch über Lindau ein wenig ins bayrische Land hineingeflogen.

Die Landung

Inzwischen waren von allen Seiten die Menschen zu Fuß, zu Wagen und im Auto nach Friedrichshafen geeilt und harrten der Ankunft des Luftschiffes. Morgens lagen schon einige Vergnügungsdampfer voller Zuschauer um die schwimmende Halle herum. Ihre Zahl hatte sich verdoppelt, und die Farben aller Bodenseeländer waren vertreten. Den See bedeckten zahllose kleinere Fahrzeuge, bei Manzell standen die Leute wie Mauern. Endlich um halb fünf Uhr sieht man einen Menschen wild gestikulierend außer Atem von der Höhe herabeilen: „Er kommt, er kommt!" Der Ruf pflanzt sich im Nu durch die Reihen, aller Augen richten sich gespannt nach dem Schlosse. Ja, der Ballon kommt, man hört ihn schon, und da fliegt er ganz niedrig am Schloß vorüber, um des Königs und der Königin Gruß erwidern zu können, dicht unter der am Horizont sinkenden Sonne vorbei. Mit dem Glas kann man den Prinzen, der freudig für die Ovationen der Menge dankt, erkennen. Im raschen Flug geht es jetzt der Halle zu, und mit dem Buge zuerst sinkt er auf die See herab. Glatt wie es ausgefahren ist, wird das Luftschiff in seine Halle eingebracht, und die „Kondwiramur" entführt den hohen Gast – bei einbrechender Dämmerung ist es beinahe 5 Uhr geworden – nach dem Schlosse.

Prinz Heinrich selbst wurde, wie ein Mitfahrer erzählt, nicht müde, immer wieder ganz überwältigt von den Eindrücken der Reise, seiner Bewunderung und seinem Entzücken über die Fahrtüchtigkeit des neuen Zeppelin-Ballons in begeisterten Worten Ausdruck zu verleihen. Strahlend noch voll Glück und Freude über das Erlebte, sahen wir ihn in die Halle zurückkehren. Dann wandte er sich an den Grafen Zeppelin, schüttelte ihm lange warm und herzlich die Hand und sagte nach vielen Worten des Dankes und der Verehrung dem alten Herrn: „Ich habe lange schon Ihr Luftschiff für vortrefflich gehalten, aber jetzt bin ich mehr, als ich sagen kann, überwältigt und entzückt von dem, was es mir bot. Dieser Tag ist einer der schönsten meines Lebens. Ich werde jetzt sofort nach Berlin an meinen kaiserlichen Bruder telegraphieren und ihm erzählen, was Sie uns gegeben haben."

Der Prinzadmiral hat das Schiff geprüft und sich entzückt über seine Leistungen geäußert. Er hat selbst die Steuer gehandhabt, im Nebel über dem Überlinger See den Weg nach dem Kompaß und durch vorsichtiges Niedergehen gesucht, Schwenkungen gemacht und die Motore geprüft und darauf geäußert, daß es kein Luftschiff, sondern ein wirkliches Schiff sei. Das ist das höchste Lob aus dem Munde eines erfahrenen Seemanns. Nicht müde wird der Prinz, den Kommissaren, die er in der Halle findet, zu versichern, wie köstlich diese Fahrt gewesen sei. Ein historischer Tag für ihn. Als er in der Königsjacht die Halle verläßt, schallen ihm tausendstimmige Hurrarufe nach, und als Graf Zeppelin etwas später abführt und sein Hotel erreicht, versammeln sich Hunderte vor seinem Fenster und singen: „Deutschland, Deutschland über alles."

Dem Prinzen Heinrich folgte als Fahrgast bald der zukünftige Träger der deutschen Kaiserkrone, und am 10. November 1908 erlebte Graf Zeppelin die überschwänglichste Anerkennung seines Werkes: der deutsche Kaiser selbst verlieh dem Grafen den schwarzen Adlerorden, umarmte und küßte ihn in seiner Bewunderung und nannte ihn den größten Mann des 20. Jahrhunderts.

Ballonschatten mit farbiger Aureole. Beobachtet und gezeichnet von Tissandier

Die Konkurrenten des Grafen Zeppelin

Es war nur natürlich, daß die mit so staunenswerter Ausdauer jahrelang fortgesetzten Versuche, besonders nachdem sie auch zu bedeutenden Erfolgen geführt hatten, den Erfinder- und Tätigkeitstrieb auf flugtechnischem Gebiete allgemein anstacheln mußten. Und dies um so mehr, als der ehemalige deutsche Militär von vornherein die Schaffung eines Militärluftschiffes bei seinen Versuchen ins Auge gefaßt hatte. Luftschifferabteilungen gab es ja schon bei allen modernen Armeen, doch wurde da fast ausnahmslos mit Fesselballons oder dem höchst unsicheren freien Ballon gearbeitet. Nunmehr also war das Problem zu lösen, ein wirklich brauchbares, zuverlässiges, an Schnelligkeit, Tragkraft und Steuerfähigkeit den höchsten Ansprüchen genügendes Kriegsluftfahrzeug zu bauen, das demjenigen Staate, der es sein Eigen nennt und danach eine beliebige Anzahl herstellen läßt, eine außerordentliche Überlegenheit im Felde dem Feinde gegenüber geben müßte. Daß der Weg, den Zeppelin bei seinem System gewählt: die Kombinierung einer Anzahl Gasballons in einem festen Aluminiumgestell und gemeinsamer Stoffhülle mit zwei Motoren, die Luftschrauben treiben – nicht der einzige war, den man hierbei beschreiben konnte, ist klar. Man ging bei diesen anderweitigen Versuchen vom alten Freiballon aus und kam so zu zwei vom Zeppelinschen Bau sich scharf unterscheidende Typen: dem „halbstarren" und „unstarren" System. Frankreich ging nach beiden Richtungen mit besonderem Eifer vor. Hier war es der Ingenieur Henri Julliot, der sich seit dem Jahre 1896 mit aeronautischen Versuchen befaßte und an seinen Chefs, den Gebrüdern Lebaudy, den Inhabern einer großen Zuckerraffinerie bei Paris, uneigennützige Förderer seiner Pläne fand. Der erste Motorballon wurde von Julliot im Oktober 1902 gebaut; er hatte einen Daimlermotor von 40 PS., ganz dünne, aber sehr elastische Rohre aus Nickelstahl und einen Überzug aus gelbem Baumwollenstoff. Danach nannte das Volk den Ballon „Le Jaune", d. i. „Der Gelbe"; sein Konstrukteur aber gab ihm zu Ehren seiner Mäcene die Bezeichnung „Lebaudy". Nicht weniger als 29 Aufstiege – die ersten an einem Sicherheitsseil – wurden bis zum Juli 1903 mit diesem halbstarren Ballon unternommen. Da trieb in der Nacht zum 28. August 1904 ein heftiger Windstoß den „Le Jaune", dessen Hülle man inzwischen bedeutend vergrößert hatte, von seinem verankerten Standort in Moisson bei Paris ohne Bemannung hinweg in die Lüfte, und der Ausreißer konnte erst nach vier Stunden wieder eingefangen werden, hatte aber keine wesentlichen Beschädigungen erlitten. Er wurde ausgebessert, erfuhr auch in der Anordnung des Steuers und in der Dichtmachung der gummierten Stoffhülle mehrfache Neuerungen und wurde nunmehr der französischen Regierung zu Versuchsfahrten überlassen. Für eine Erwerbung als Kriegsballon verlangte das französische Ministerium, daß der „Lebaudy" die Strecke Châlons –Toul – Verdun in einer einzigen Fahrt zurücklegen sollte; außerdem war Vorschrift, daß der Ballon drei Monate lang bei jedem Wetter in Tätigkeit bleiben und während dieser Zeit auch stets im Freien verankert werden sollte. Mit diesen Forderungen war wohl das Ideal des Kriegsballons der Zukunft bezeichnet, doch vermochte weder der Ballon „Lebaudy" diesen Vorschriften nachzukommen, noch kann dies von irgend einem andern Luftfahrzeug der Gegenwart, welcher Konstruktion es auch sei, geleistet werden. Julliots Ballon legte wohl am 6. Juli 1905 die 98 Kilometer betragende Strecke von Meaux nach Châlons einwandfrei zurück, mußte dann aber wegen schlechten Wetters an Bäumen verankert werden, wurde dann von einem heftigen Windstoß seitwärts erfaßt, eine große Strecke weit gegen Telegraphendrähte getrieben und an den Bäumen, die einen nahegelegenen Truppenübungsplatz einfaßten, zerschmettert. Drei Soldaten, die sich in der Gondel befanden, als der Sturm den Ballon losriß, kamen mit verhältnismäßig geringen Verletzungen davon. Trotz dieses Mißgeschickes ruhte man französischerseits nicht, sondern baute alsbald einen neuen und verbesserten „Lebaudy" und machte mit ihm mehr als 50 Fahrten, die nur selten von kleinen Unfällen begleitet waren. An einer längeren Luftreise des Ballons, am 24. Oktober 1905, beteiligten sich auch der französische Kriegsminister und dessen Adjutant. Auch die Ergebnisse dieses Aufstieges sollen recht befriedigend gewesen sein, doch hielt die französische Regierung die Erfahrungen, die sie mit dem Ballon gemacht, streng geheim, und auch bezüglich der weiteren Luftfahrzeuge nach dem System „Lebaudy" wurden die einzelnen technischen Verbesserungen auf das sorgfältigste gehütet. Bemerkt sei übrigens, daß der Ingenieur Julliot die Hauptidee des Fahrzeugs der Konstruktion der „La France" entlehnt hatte. Der französische Kapitän Renard baute die „La France", einen Ballon mit elektrischem Motorantrieb im Jahre 1884 und machte mit dem Fahrzeug sieben zum Teil gelungene Fahrten; doch wurde seine Idee damals nicht weiter ausgebaut.

In wesentlicher Verbesserung entstand nach dem zweiten „Lebaudy" die „Patrie" in einer Länge von 60 Meter und mit einem Gasvolumen von 3600 Kubikmeter. Die Versuche mit diesem Ballon gipfelten in einer Dauerfahrt von 52 Kilometer. Frankreich bestimmte darauf 5 Millionen Franken für den Bau von 7 neuen Motorluftschiffen. Von diesen sind bis jetzt die „Ville de Paris" und „République", sowie der „Dirigeable" auf zahlreichen Fahrten mit gutem Erfolge erprobt worden. „Ville de Paris" gehörte ursprünglich dem Herrn Deutsch de la Meurthe. Er überließ es dem französischen Staate, als die „Patrie", die eine Strecke von 240 Kilometer in 7 Stunden zurückgelegt hatte, bei Verdun am 30. November 1907 durch einen Sturm losgerissen und fortgetrieben wurde. Einige Maschinenteile des Ballons fanden sich an der Küste Irlands; er selbst ist vermutlich im Atlantischen Ocean untergegangen. Ein Baron Edmond de Marçery, der Ingenieur Kluytmans und der Luftschiffer Paul Leprince haben einen ganz neuen Typ durch ein Luftschiff aufgestellt, bei dem die Schraubenpropeller in der Mitte des Ballons angebracht sind, der dadurch in zwei gleiche Teile zerfällt, die beide durch ein Metallgestell im Innern versteift sind. Auch mit diesem Ballon sind mehrfach bereits erfolgreiche Aufstiege unternommen worden. Außer Moisson, Calais und Meudon sind Toul, Verdun, Belfort, Épinal und Lyon als Standquartiere für die französische Motorluftflotte ausersehen.

Auf deutscher Seite waren die günstigen Resultate der französischen Luftschiffe der größte Ansporn, hier ebenfalls Hervorragendes zu leisten. An zwei Namen, wenn man von Zeppelin absieht, knüpfen sich da die Versuche: an denjenigen des Majors Groß und an den des Majors Parseval. Der erste ist Vertreter des halbstarren Systems; der letzte des unstarren. Der Motorballon des Majors Groß war zunächst nur als Modell in 40 Meter Länge und 7 Meter Durchmesser bei 1800 Kubikmeter Gasvolumen gebaut und legte namentlich am 28. Oktober 1907 auf der Fahrt von Tegel nach Brandenburg und zurück – 8 Stunden 10 Minuten – eine glänzende Probe seiner Leistungsfähigkeit ab. Fast zu gleicher Zeit wurde der Motorballon des Majors Parseval erprobt, indem er von Reinickendorf aus nach

Berlin flog, die Kuppel des dortigen Schlosses umkreiste und den Weg nach seinem Ausgangspunkte zurücknahm. Bereits Ende der 90er Jahre des vorigen Jahrhunderts hatte übrigens Santos Dumont in Frankreich unstarre Motorballons gebaut und im Jahre 1902 mit solchen mehrfach den Eiffelturm umfahren. (Später wandte sich Santos Dumont dem Bau von Aeroplanen zu.)

Die Eigenart des Parsevalschen Ballons besteht darin, daß er eigentlich nur aus Stricken, Tuch und Luft konstruiert ist. Sehr sinnreich ist die Anbringung von zwei „Ballonetts", das sind zwei Luftsäcke, die am vorderen und hinteren Ende in der Ballonhülle liegen und durch Ventile abwechselnd oder gleichzeitig mit Luft gefüllt werden können, um den Ballon schräg nach oben oder unten oder ins Gleichgewicht zu stellen. Die Gondel ist frei schwingend aufgehängt und hat einen starken Motor.

Zunächst wurde die allgemeine Aufmerksamkeit von dem zweiten halbstarren Motorballon (System Groß) in Anspruch genommen, der ein Gasvolumen von 4500 Kubikmeter faßte und mit zwei Motoren ausgerüstet war. Nach einem kleinen Unfall am 1. Juli 1908, wobei er einige Beschädigungen erlitt, vollzog der Ballon eine große Anzahl Fahrten namentlich bei Nacht vom Tegeler Schießplatze aus, fuhr u. a. von Charlottenburg nach Spandau, und am 11. September 1908 über Stendal nach Magdeburg und zurück nach Tegel, insgesamt 300 Kilometer in Zeit von 13 Stunden und 2 Minuten und in einer Höhe von 1300 Meter. Damit waren alle Leistungen der französischen Motorluftballons und auch die großen Fahrten des Grafen Zeppelin übertroffen. Dagegen hat sich das Großsche Militärluftschiff auf einer Dauerfahrt nach Hannover und zurück nicht bewährt – am 12. November 1908 –, indem es infolge starken Nebels und widriger Winde von seiner Wegrichtung abgeriet, und nach dem Stettiner Haff getrieben wurde. Zwei Stunden lang schwebte es über dem Wasser; schließlich war das Niedergehen des Ballons unvermeidlich. Es gelang indes beim Bremsen nicht, den Aufprall auf das Wasser zu vermeiden, und die Gondel tauchte über 1 Meter tief in das nasse Element ein. Nur dadurch, daß die Insassen alle beweglichen Teile hinauswarfen, auch das Benzin auspumpten, war es möglich, die Gondel wieder 80 Centimeter über Wasser zu heben. Die Motoren fingen wieder an zu arbeiten; der vielfach umspringende Wind aber erschwerte die Fortbewegung des Ballons wesentlich. Die Luftschiffer mußten zuletzt in das Takelwerk hinaufklettern, und nur dem Umstande, daß der Wind landeinwärts zu wehen anfing, ist es zu danken, daß der Ballon gegen 3 Uhr morgens auf einer Wiese der Insel Wollin landete. Bei dieser Landung stieß der Ballon auf einen alten Weidenbaum und erlitt starke Beschädigungen; die Insassen blieben unverletzt. Es steht zu erwarten, daß Major Groß, der Kommandant der Militärluftschifferabteilung, trotz dieses Mißgeschickes seine Versuche mit einem neuen halbstarren Luftkreuzer fortsetzt.

Auch Major von Parseval ist mit seinem unstarren Ballon von Ausfällen nicht verschont geblieben. Wohl glückte auch ihm eine Dauerfahrt nach Magdeburg und zurück, doch wurde sein Flugschiff am Tage darauf im Grunewald bei Berlin von einer Bö erfaßt und auf das Dach und in den Garten einer Villa geschleudert und schwer beschädigt. Auch hier aber kamen die Insassen, der Major von Parseval und 4 Offiziere, unverletzt davon. Die Motorluftschiff-Studiengesellschaft in Berlin, als deren Geschäftsführer Major von Parseval jetzt fungiert, hat inzwischen zwei weitere unstarre Motorballons von 3200 und 5600 Kubikmeter Gasvolumen erbaut, den letztern auch mit zwei Motoren ausgerüstet, und die Versuche mit diesen neuen Luftschiffen werden eifrigst fortgesetzt. Eine Abnahme des Großschen oder des Parsevalschen Motorballons ist bis jetzt durch das Reich noch nicht erfolgt, während dies für das starre Aluminiumluftschiff Zeppelins inzwischen geschehen ist.

Erwähnt sei noch, daß auch die Firma Siemens & Schuckert einen mächtigen unstarren Ballon baut, der nicht weniger als 15000 Kubikmeter Gasvolumen erhalten soll. Ein besonderer Vorzug dieser Art Ballons besteht darin, daß sich die Kosten etwa auf die Hälfte derjenigen des Zeppelinschen Systems stellen; die Füllung läßt sich im Notfalle auch auf freiem Felde ausführen, und die Gondelausrüstung mit den Maschinen kann in einem Eisenbahnwaggon oder in zwei Wagen mit Pferden an den Ort des neuen Aufstieges gebracht werden. Dagegen ist es bis jetzt noch nicht gelungen, in den Gondeln eine so große Anzahl von Personen mitzuführen, wie dies Zeppelin in seinen mächtigen Aluminiumschiffen getan hat. Wenn die Systeme Groß und Parseval sich in militärischer Hinsicht bewähren sollten, so besteht die Absicht bei der deutschen Regierung, alle drei Typen im Kriege zu verwenden. Bemerkenswert ist übrigens der Umstand, daß sich der jüngste Friedenskongreß im Hang gegen das Herabwerfen von Explosivgeschossen aus Ballons ausgesprochen hat. Tatsächlich aber kehren sich die Militärverwaltungen schon jetzt nicht an jene theoretische Erklärung, indem sie darauf hinweisen, daß in diesen letzten zwei Jahren die

Verhältnisse im Bau der Luftschiffe eine derartige Entwicklung gefunden haben, daß die Voraussetzungen der Haager Konferenz dabei überhaupt nicht mehr zutreffen. Die Franzosen haben auch schon seit geraumer Zeit Versuche gemacht, aus ihren lenkbaren Luftschiffen Sprengstoffe auf bestimmte, engumgrenzte Terrains fallen zu lassen, namentlich auch gegen Forts, und die Wirkungen sind furchtbare gewesen. Selbstverständlich können da auch die übrigen Nationen nicht zurückbleiben und es kann höchstens erreicht werden, daß ganz bestimmte Sprengstoffe von besonders entsetzlicher Kraft von dem Gebrauche ausgeschlossen werden. Wie sich der Krieg überhaupt in Zukunft gestalten wird, wenn Luftflottillen den streitbaren Mächten zur Verfügung stehen, ist noch gar nicht abzusehen. Jedenfalls dürfte ein wirklich brauchbares Luftschiff eine völlige Umgestaltung des Seekrieges herbeiführen. Und selbstverständlich werden dann auch die Verkehrsverhältnisse im Frieden durch die endgültige Lösung des Luftschiffahrtsproblems im allerbedeutendsten Maße beeinflußt werden. Es ist dann an eine Aufrechterhaltung der Zollschranken zwischen den einzelnen Staaten nicht mehr zu denken, wenn das unbegrenzte Reich der Lüfte dem Verkehr der Nationen erschlossen ist. Auch für die Bewältigung wissenschaftlicher Aufgaben, an denen die Menschheit bisher vergeblich arbeitete, kann die Luftschiffahrt von größter Wichtigkeit werden. Man denke nur an die Auffindung des Nord- und des Südpols, an die Erschließung bisher schwer zugänglicher Gebiete in fernen Erdteilen, an die Höhenbestimmung mächtiger Bergriesen usw. Eine völlige Verschiebung in den wirtschaftlichen Lebensbedingungen der Völker, namentlich auch im Post-, Eisenbahn- und Dampfschiffwesen müßte eintreten, und es fragt sich, ob nicht der erste in jeder Beziehung einwandfreie lenkbare Luftballon der Frühlingsbote jener Ära des allgemeinen Weltfriedens sein wird, von dem die Dichter und Denker aller Völker und Zeiten geträumt haben. Wenn der leider unvermeidliche große Zukunftskrieg, gegen dessen entsetzliche Verheerungen die Schrecknisse des letzten japanischen Feldzuges ein Kinderspiel bilden dürften, stattgefunden haben wird, wenn es sich herausgestellt hat, daß nur die gegenseitige Vernichtung der kriegführenden Mächte als das schließliche Resultat zu Wasser, zu Lande und in der Luft zu erwarten ist, dann wird die Kriegsfurie doch wohl auf immer begraben sein.

Vorläufig freilich sind wir noch lange nicht soweit. Neben das unstarre, halbstarre und starre Luftballonsystem treten die eigentlichen

Luftmaschinen auf den Plan, und welcher von diesen Konstruktionen schließlich der Sieg bleiben wird, das läßt sich heute auch noch nicht im entferntesten sagen.

Einstweilen ist man auch in England, Italien, Österreich und Amerika eifrig mit dem Bau lenkbarer Luftschiffe für den Kriegszweck beschäftigt.

Bereits im Sommer des Jahres 1907 war man in Großbritannien nach längeren Versuchen zur Konstruktion eines Motorluftballons gekommen, der in einer Länge von 33 Meter und einem stärksten Durchmesser von 10 Meter eine verbesserte Ausführung eines von dem amerikanischen Ingenieur Cody gebauten Modells darstellte. Das Luftschiff führte die stolze Bezeichnung „Nulli Secundus". Von Farnborough aus erfolgten damit mehrere günstige Aufstiege, doch ging der Ballon im Oktober desselben Jahres noch bei einer Probefahrt über London, wo er vom Sturm gegen den Kristallpalast geschleudert wurde, zugrunde. Es wurde alsbald ein neuer „Nulli Secundus" in größeren Dimensionen hergestellt; dieser erlitt aber schon bei seinem ersten Aufstieg in Höhe von 350 Meter einen Unfall, indem eine Kette, die mit den Schraubenflügeln in Verbindung stand, brach, so daß der Ballon schleunigst wieder zur Erde gelassen werden mußte. Inzwischen sind mit dem neuen „Nulli Secundus" weitere Versuchsfahrten unternommen worden, die angeblich günstiger ausfielen, doch hält die englische Regierung die Ergebnisse dieser Fahrten streng geheim.

In Italien hat der Graf Amerigo da Schio das erste lenkbare Luftschiff erbaut, das den Namen „Italia" führt und in seiner nach vorn und hinten stark zugespitzten Gestalt und in der Anbringung der Gondel, wie des Motorantriebes sehr an den Parsevalschen Ballon erinnert. Es sind in Italien nach dem System Schio zwei weitere Ballons im Bau begriffen, und man gedenkt, sich dort namentlich zur Verteidigung der nördlichen Festungsgrenze und in der Marine solcher Luftschiffe mit Erfolg bedienen zu können.

In Amerika hat der Kapitän Baldwin ein lenkbares Luftschiff hergestellt, das nach acht Probefahrten, die günstige Resultate erzielt hatten, auch von der Unionsregierung übernommen worden ist. Bei dem Baldwinschen Luftschiff sitzt der Lenker in Reitstellung hinter dem Motor; die Höhensteuerung erfolgt durch Verschieben des Motors und des Sitzes nach vorn und hinten auf einer Art Schiene, die, links und rechts von einem Sicherheitsnetz umgeben, hier die Gondel vertritt. An den beiden Enden der Schiene befinden sich das Steuerruder und jalousieartig übereinander geordnete Rechtecke, die mechanisch vom Sitze des Lenkers aus verstellt werden können und dazu dienen sollen, den An- oder Abstieg des Ballons, der Zylinderform mit vorn abgerundeter Spitze hat, zu erleichtern.

In Österreich ist man bis jetzt noch am weitesten zurück mit praktischen Versuchen auf dem Gebiete der Flugtechnik. Die österreichische Heeresverwaltung hat überhaupt noch kein eigenes Flugschiff, interessiert sich aber sehr für die verschiedenen Systeme der Flugmaschinen. Der Wiener Flugtechnische Verein unter v. Lössels Leitung nimmt sich in jüngster Zeit, durch Privatkapital kräftig unterstützt, jedoch auch des Baues von Motorluftballons an. Und so steht zu erwarten, daß auch hier sehr bald das eine oder andere Modell, verbessert auf Grund der Erfahrungen, die man anderwärts gemacht hat, in die Erscheinung tritt.

Japan soll bereits eine ganze Anzahl lenkbarer Luftballons besitzen; doch verlautet über deren Konstruktion und die Ergebnisse der mit ihnen vorgenommenen Probefahrten nichts Näheres.

Neuerdings will auch Spanien den Bau eines lenkbaren Luftschiffes ausführen, doch fehlt es dort vorläufig noch am Nötigsten dazu – am Gelde.

Der Vogelflug und die Flugmaschinen

Der Vogel fliegt; wird – so lautet die Frage –, auch der Mensch jemals imstande sein, zu fliegen wie der Vogel? Schon seit uralten Zeiten haben die Menschen darauf gedacht, sich nach Art der Vögel in die Luft zu erheben. Man ahmte den Bau der Flügel nach, man machte rohere oder sinnreichere Versuche; man wagte Leib und Leben. Allein mit alledem kam man nicht weiter; kaum gelang es etwa einem Verwegenen, sich von einem höheren Punkte nach einem niedriger gelegenen hinabzuschwingen, so daß die künstlichen Flügel eigentlich bloß dazu gedient hatten, das Fallen zu verlangsamen. Wie ein Vogel zu fliegen, sich vom festen Boden in das Luftmeer zu erheben und es in ungehemmter Freiheit zu durchschweifen: das hat bis in die allerletzte Zeit niemand vermocht.

Aber immer wieder tauchte von neuem der alte Gedanke auf, die Luft mit Hilfe von Maschinen zu durchschiffen, welche schwerer als die Luft und von dem Ballon wesentlich verschieden, durch mächtige Triebkräfte in Bewegung gesetzt würden.

Ja, die Fortschritte der Mechanik schienen geradezu hierauf hinzuweisen, und in der Tat meinte man, daß auf diesem Wege die Lösung des großen Problems am ehesten gefunden werden könne, wofern nicht etwa unsere Kenntnis der atmosphärischen Strömungen sich derart erweiterten, daß dadurch die Luftschiffahrt aufhört, eine Sache des Zufalls zu sein. Der geflügelte Mensch oder die Flugmaschine wird aber immer schwerer sein als die Luft. Sehen wir daher, welches Mittel der Vogel anwendet, um sich in die Luft emporzuheben und frei darin zu schweben.

Betrachten wir ihn in dem Augenblicke, da er eben im Begriff steht, von der Fläche des Bodens aufzufliegen. Er nimmt einen kürzeren oder längeren Anlauf, hüpft vielleicht ein paarmal empor, schlägt die Flügel und erhebt sich dann, indem er mit den Füßen die Erde gleichsam zurückstößt und mit den Flügeln die Luft ergreift. Würde aber der Vogel dann infolge irgend welcher Ursache verhindert sein, durch fortgesetzte Flügelschläge auf die elastische Luftwelle einzuwirken, so würde er auch alsbald wieder zur Erde niederfallen. Erst allmählich und durch wiederholte Schwingungen gelangt er zu der vollen Geschwindigkeit und zu der bestimmten Richtung seines Fluges.

Wodurch aber wird es nun dem Vogel möglich, sich mit jener sprichwörtlich gewordenen Leichtigkeit und Sicherheit in seinem Elemente zu erhalten? Durch den Bau des Flügels, denn dieser wirkt in der Tat wie ein Hebel, bei welchem der Stützpunkt zwischen der „Kraft" und dem „Widerstande" liegt, und zwar letzterer fünf- bis zehnmal näher als ersterer. Indem sich der Vogel von Zeit zu Zeit mit den Flügeln auf die unter ihm kreisende Luft stützt, schnellt er sich eben dadurch gleichsam fort; der Schwanz aber leistet die Dienste des Steuerruders und bestimmt wesentlich die Richtung des Fluges.

In ähnlicher Weise verhält es sich bei den Fischen, welche oft nur einer schwachen Bewegung des Schwanzes bedürfen, um einen verhältnismäßig langen Weg in einer bestimmten Richtung fortzusetzen.

Die eigentliche Springfeder der bewegenden Kraft ist freilich auch bei dem Vogel keine andere, als bei allen belebten Wesen: sie liegt ebenfalls im Willen, unter dessen Machtgebot die Muskeln sich in augenblicklicher Schnelle strecken oder zusammenziehen und das Spiel der Glieder beginnt.

Wie der Wille des Menschen auf die Muskeln der Arme, Beine usw. wirkt, so und nicht anders wirkt der Wille des Vogels auf die Muskeln des Flügels ein.

Der Mensch hat es aber allein unter allen anderen belebten Wesen verstanden, wenn auch nicht den Willen, so doch die diesem gehorchende Kraft in gewisser Weise durch mechanische Mittel zu ersetzen. Die Lokomotiven, die Dampfschiffe bewegen sich durch das geregelte Spiel der Dampfkraft; der Zeiger und die Nadel des Telegraphen durch den elektrischen Strom; und durch Anwendung einer ähnlichen Triebkraft dürfte es vielleicht dem Menschen auch gelingen, einen Flugapparat herzustellen.

Um selbst zu fliegen, müßte er sich Schwingen anheften, welche nicht bloß ebenso fest als leicht, sondern auch der größten Ausdehnung fähig wären. Diese Flügel müßten eine genügende Fläche darbieten, um bei gezwungenem oder freiwilligem Niedersteigen einen Fallschirm zu bilden. Sie müßten seitlich am Körper bis auf die Fersen herabreichen und durch die Arme in Bewegung gesetzt werden. Übrigens müßte das Gewicht des Körpers durch Ballast in der Art ausgeglichen sein, daß derselbe stets in horizontaler Lage bliebe oder doch immer zu derselben zurückkehrte.

Wären alle diese Bedingungen erfüllt und nehmen wir an, unser „Geflügelter" wöge alles in allem 250 Pfund, so müßte er doch noch immer mit einer ungeheuren Körperkraft ausgestattet sein, um sich einen Weg durch die Luft zu bahnen. Denn erst dann, wenn er vermöchte, je vier

Wilbur Wrights Rekordflug von 1 Stunde 31 Min. 23 Sek. auf dem Truppenübungsplatz Auvours bei Le Mans

Flügelschläge in jeder Sekunde zu tun und sich jedesmal dadurch um mehr als 30 Zentimeter zu heben, erst dann würde man sagen können, er sei imstande zu fliegen. Schwerlich wird sich jemand zu dem Glauben überreden lassen, daß dies ausführbar sein werde.

Und würde nicht auch der künstlichste Flugapparat gegen die Schwingen des Vogels immer ein Stümperwerk bleiben müssen? Man beachte z. B. nur die untere hohle Seite des Bogenflügels. Wie dicht greift dieser Fächer, auch wenn er ausgespreitet ist, ineinander! Streiche mit dem Finger darüber hin: er ist weich wie Samt und doch läßt er kaum irgend welche Luft hindurch. Wer etwa zweifeln sollte, braucht nur eine große Adlerfeder in die Hand zu nehmen, um sich zu überzeugen, daß es unmöglich ist, mit derselben einen raschen Streich durch die Luft zu führen; so groß ist der Widerstand dieser mit tausend mikroskopischen Häkchen zusammenschließenden Fasern.

Zu allem Überfluß führe ich noch den Ausspruch eines der geistreichsten Physiker an. Babinet sagt: „Wenn die Kraft eines Pferdes hinreicht, um einen Mann von mittlerem Gewicht – etwa von 150 Pfund – in einer Sekunde 1 Meter hoch zu heben, so wird dagegen die um das Vier- oder Fünffache geringere Kraft des Menschen nicht ausreichen, sein eigenes Gewicht in einer Sekunde um mehr als ¼ oder ☐ Meter zu heben. Nun aber sinkt unser Körper in derselben Zeit zufolge des Gesetzes der Schwere um 5 Meter und es bedürfte deshalb für uns einer zwanzig- oder fünfundzwanzigmal größeren Kraft, wenn wir imstande sein sollten, uns in der Luft zu erhalten. Deshalb ist es mathematisch unmöglich, daß der Mensch jemals fliege, und er müßte sich zu diesem Zwecke andere Kräfte dienstbar machen."

Ponton d'Amécourt und de la Landelle haben mittels eines sinnreichen elastischen Apparats leichte Massen bis zu einer mäßigen Höhe erhoben und, so lange die Wirkung der Federkraft dauerte, in derselben erhalten. Wohlan, man vertausche diese geringen Lasten mit dem Gewichte des Menschen und die Kraft der Springfeder mit der des Dampfes oder der Elektrizität!

Werfen wir nochmals einen Blick auf den sinnvollen Mechanismus der Natur, wie er sich im Vogel- und Insektenfluge zeigt

Eine 3 Milligramm wiegende Mücke nimmt mit ausgebreiteten Flügeln eine Fläche von 30 Quadratmillimeter ein, und ein ähnliches Tier von 1 Kilogramm Gewicht würde eine Gesamtfläche von 10 Quadratmeter haben.

Ein 20 Zentigramm wiegender Schmetterling mißt mit ausgespannten Flügeln 1663 Quadratmillimeter. Ein ähnliches Tier, welches 1 Kilogramm wöge, würde eine Gesamtfläche von 8 ⅓ Quadratmeter haben.

Eine Taube, welche 290 Gramm wiegt, hat mit ausgebreiteten Flügeln eine Totalfläche von 750 Quadratzentimeter. Ein ähnliches Tier, welches ein Kilogramm wöge, würde eine Totalfläche von 2586 Quadratzentimeter, also etwas mehr als ¼ Quadratmeter haben.

Ein Storch, welcher 2 Kilogramm 265 Gramm wiegt, nimmt eine Fläche von 4506 Quadratzentimeter ein. Ein ähnliches Tier von nur 1 Kilogramm Gewicht würde eine Totalfläche von 1988 Quadratzentimeter, also weniger als ☒ Quadratmeter, haben usw.

Je größer sonach das Gewicht des Tieres ist, desto geringer ist im Verhältnis die Flügelfläche, deren es bedarf, um sich in der Luft schwebend zu erhalten, obschon andererseits die Schnelligkeit der Flugbewegung mit dem steigenden Gewichte des Tieres abnimmt. Eine Mücke wendet, um zu fliegen, im Verhältnis weit mehr Kraft auf, als ein Adler.

Wenn daher der Mensch die Herstellung von Flugapparaten versuchte, so würde auch er die Erfahrung machen, daß das erforderliche Maß der Kraft mit der zunehmenden Größe des Apparates geringer wird.

Bei den meisten Insekten sind die Bewegungen der Flügel von einer Schnelligkeit, welcher das menschliche Auge nicht mehr zu folgen vermag. Die Mücke schwirrt ohne Aufhören; sie schwebt dicht vor uns hin, ohne daß sie einen Flügel zu regen scheint. Dasselbe gilt von der Fliege, der Biene usw. Will man daher die Zahl der Schwingungen ermitteln, so kann dies nur durch eine Art Kombination geschehen. Man wendet etwa die akustische Methode an, die sich auf den durch den Flug erzeugten Ton gründet. Wie bekannt, lassen nämlich viele Insekten beim Fliegen ein mehr oder weniger lautes Summen hören, und die Höhe dieses Tones, die durch irgend ein musikalisches Instrument erzeugt werden kann, bietet einen Maßstab für die Schätzung der in einer Sekunde ausgeführten Flügelschläge. Anschaulicher und deshalb noch sicherer ist jedoch die graphische Methode. Hier wird das Insekt auf eine Nadel gespießt, so daß es mit der Spitze des Flügels die rauchgeschwärzte Fläche eines rasch umschwingenden Zylinders berührt und dort selbst die Spuren seiner zitternden Schwingen zeichnet. Auf diese Weise läßt sich wenigstens eine nahezu richtige Zahl gewinnen.

Beispielsweise beträgt die Zahl der in einer Sekunde getanen Flügelschläge:

230 bei der gemeinen Fliege, 290 bei der Biene, 240 bei der Hummel, 140 bei der Wespe, 75 beim Wolfsmilchschwärmer (Nachtfalter), 28 bei der Libelle, 8 beim gewöhnlichen Weißling (Tagfalter).

Die Zahlen bezeichnen jedoch doppelte Vibrationen, indem Hebung und Senkung des Flügels immer nur als eine Vibration gerechnet sind.

Übrigens erfolgen die Schläge der beiden Flügel stets völlig gleichzeitig.

In bezug auf den Flug der Vögel behauptete Liais, zufolge seiner vielfach angestellten Untersuchungen, daß der sich aufwärts bewegende Flügel keinem Widerstande begegne. Wenn dagegen der Vogel den Flügel senken wolle, sei dieser letztere ein wenig von vorn nach hinten geneigt, so daß der Widerstand, den die Luft der Vorwärtsbewegung des Tieres entgegensetzt, dazu dienen müsse, seinen Körper emporzuheben.

Überhaupt aber arbeite der Vogel bei jeder abwärts gerichteten Bewegung durch die verschiedenartigsten Wendungen der Flügel der niederziehenden Schwere entgegen. Andere Mathematiker haben den Kraftaufwand bestimmen wollen, dessen der fliegende Vogel bedürfe, und sie haben meist ihre Berechnungen darauf begründet, daß sie den Widerstand der Luft gegen eine gleichmäßige Bewegung in Anschlag gebracht haben.

Allein die Bewegung des Vogels ist eben eine beschleunigte, jedenfalls keine dauernd gleichmäßige, und da man dies außer acht gelassen, konnte man auch nur zu halbrichtigen Schlüssen kommen.

Übrigens scheint die Lösung dieser Frage sicherer durch Messung als durch Berechnung gefunden zu werden, und demgemäß hat auch Liais das Gewicht einer großen Anzahl Vögel ermittelt, die Oberfläche ihrer Flügel, die Geschwindigkeit ihrer Bewegung usw. gemessen.

Das allgemeine Ergebnis dieser Untersuchungen ist folgendes: Der zum Fluge erforderliche Kraftaufwand eines Vogels entspricht für die Sekunde noch nicht dem dritten Teil seines um 1 Meter hoch gehobenen Körpergewichts, und das Gewicht eines Vogels steht zu der Fläche seiner Flügel in einem Wechselverhältnis, d. h. die Flügelweite wächst mit dem wachsenden Gewichte, oder anders ausgedrückt: je größer der Vogel, desto leichter wird ihm das Fliegen. Wenn dies auch seine Gültigkeit hat für den bereits in der Atmosphäre schwebenden Vogel, so gilt es doch nicht für den mittelbaren Aufflug von der Erde, denn die Mehrzahl der kleinen Vögel erhebt sich bekanntlich weit leichter vom Boden als die großen.

Ein Kinderspielzeug: Der mechanische Vogel von Pénaud. Nach Tissandier

*Die Flugmaschine de Groofs, in der der Erfinder seinen Tod fand.
Nach Tissandier*

Wir sagten schon früher, daß der Vogel, um sich über dem Boden zu erheben, emporhüpfe. Während nun der Sprung der kleineren Gattungen meist hoch genug ist, um den Boden nicht mehr mit den Flügeln zu berühren, verhält es sich dagegen mit den großen langbeschwingten Vögeln, wie dem Fregattvogel, dem Albatroß usw. anders. Diese sind, wenn sie auf flacher Erde stehen, genötigt, erst eine ziemliche Strecke weit zu laufen, bevor sie sich aufzuschwingen vermögen. Haben sie dadurch eine gewisse horizontale Geschwindigkeit erlangt, so breiten sie plötzlich die Flügel, als ob sie schweben wollten, und nun hebt sie der Druck der unter diesen zusammengedrängten Luft bereits etwas empor. Dies ist der Moment, in welchem sie aufspringen, und da ihr Sprung infolge der eben angedeuteten Erleichterung höher ist, so können sie jetzt auch die volle Kraft der Flügel entfalten. Andere große Vögel, wie z. B. der Adler und der Kondor vermeiden gewöhnlich, sich auf den Boden niederzusetzen, sondern lassen sich auf Bäumen oder Felsenhöhen nieder, von wo sie sich mit Leichtigkeit in den Luftraum hinausschwingen können. (Nach Flammarion.)

Betrachtungen dieser Art und das genaueste Studium des Vogelfluges brachten die Frage des Fliegens, die die Menschheit ja seit den ältesten Zeiten beschäftigt hat, seit etwa 30 Jahren wieder in lebhaften Fluß und wurden die Grundlage für die Konstruktion mechanischer Flugmaschinen, für die Aviatik, wie man diesen Zweig nennt (vom lateinischen avis, der Vogel). Bald kamen Kinderspielzeuge auf, die tatsächlich kleine Flugmaschinen darstellten (z. B. der hier abgebildete mechanische Vogel von Vénaud), und bald vertrauten sich auch Menschen ihren selbstersonnenen Flugapparaten an. De Groof war wohl der erste, der sich mit einer Flugmaschine tatsächlich in die Lüfte erhob, aber auch der erste, der dabei seinen Tod fand (am 9. Juli 1874). Nicht viel glücklicher war der Deutsche Lilienthal. Ihm gelangen zwar Kunstflüge, aber er stürzte sich am 9. August 1896 zu Tode.

In ein neues Stadium trat erst die Aviatik, als die moderne Automobilindustrie einen Motor von überaus großer Leistungsfähigkeit und geringem Gewicht geschaffen hatte. Nun überstürzten sich förmlich die Erfindungen von Flugmaschinen, die Aeroplane, Doppeldecker, Schraubenflieger, Schwingenflieger und wie die verschiedenen Systeme alle heißen. Und so brachte das nämliche Jahr 1908, das uns Zeppelins Ballon beschert hat, auch die denkbar größten Fortschritte. Das sensationellste Ereignis war der Aufstieg der Gebrüder Wright am 9. August, über den das

„Leipziger Tageblatt" folgenden Bericht seines Pariser Korrespondenten brachte: „Alle Augenzeugen dieses Flugversuches erklären, daß sie geradezu begeistert waren, und daß alle Aviatoren, die bisher bei Paris sich in die Lüfte schwangen, neben dem weißen Riesenvogel der Amerikaner wie ein Kinderspiel erscheinen. Endlich ist also das langjährige Rätsel der Wrights vor aller Augen enthüllt. Sie fliegen nicht mehr über die Steppen des Wildwest, von wo nur sehr wenig glaubwürdige Zeugnisse ihre Erfolge bestätigten, sie haben ihr Können endlich von den vornehmsten Sportsleuten Frankreichs kontrollieren lassen. Schon vor Wochen ist der eine der Brüder, Wilbur, in Mans eingetroffen, um auf dem Reiterfeld von Hunaudières den Apparat vorzuführen, den sie drüben in den Vereinigten Staaten mit so unendlicher Sorgfalt geheimgehalten. Es wurden ihnen für den Monopolverkauf 500000 Franken angeboten, wenn sie eine Stunde lang vor Augenzeugen fliegen würden. Schon seit zwei Monaten stand der Aeroplan in Mans bereit, aber Wilbur verbrannte sich bei einer Petroleumexplosion äußerst schwer den rechten Arm, so daß man anfangs glaubte, eine Operation wäre nötig. Als Woche um Woche verging, ohne daß der Yankee jemandem den Einblick in seine Bretterhütte gestattete, begann man sich auch in Frankreich über den „Bluff" lustig zu machen, als den man schon lange in Amerika die Wrightsche Erfindung kennzeichnete. Es waren in Mans eingetroffen der Millionär-Archedeacon, der den Luftsport durch viele Preise gefördert hat, der Erfinder eines Monoplan-Aviators, Blériot, und eine Reihe von Ingenieuren, sowie zwei von der russischen Regierung entsandte Offiziere. Der erste Aufstieg sollte morgens um 5 Uhr beginnen. Aber Wilbur Wright schloß sich in seine Hütte ein und weigerte sich, mit seinem Aeroplan herauszukommen, weil an die zwanzig Reporter mit photographischen Apparaten draußen auf ihn lauerten. Erst als nachmittags die Reporter versprochen, ihre Kameras abzugeben, ließ er sich zu einem Aufstieg vor den Journalisten bewegen. Der „große, weiße Vogel" wurde herausgezogen und mitten auf das Manöverfeld gefahren, wo bereits eine drei Meter hohe Säule errichtet war, an der ein sehr schweres Eisengewicht, das an einem Seil hing, die Neugierde der Zuschauer erregte. Der Aeroplan Wrights ist nicht auf Pneumatikrädern befestigt, wie der Farmans und Delagranges; er ruht auf einer Art Schlitten, mit dem er auf die schiefe Ebene zweier Wagen gezogen wird, die an die drei Meter hohe Säule dicht herangefahren werden, um das Seil mit dem Gewicht an dem

Apparat zu befestigen; über beide Wagen, die zusammen zwölf Meter lang sind, führt eine Schiene, in die sich ein Rad des Aeroplans einpaßt.

Als man den Aviator gestern heranbrachte, versank er in einem Erdloch, wobei ein großer Riß in einem der weißen Tuchflügel entstand, den aber Wright selbst rasch auszubessern vermochte. Ein zweiter Unfall, Kurzschluß, der einem mit metallischem Lack bestrichenen Verbindungsstück in der Maschinerie zuzuschreiben war, schien abermals das Experiment unmöglich zu machen, doch besserte auch hier Wright eigenhändig mit größtem Phlegma vor der ungeduldigen Menge den Defekt aus. Die Schraube, die von einem nur 25 Pferdekräfte starken Motor getrieben wird, begann zu arbeiten, Wright prüfte nochmals aufmerksam alle Teile des Mechanismus, setzte sich dann vollkommen ruhig ans Steuer, und endlich begriff man, was der Zweck des Eisengewichts war: ein Hebelgriff des Erfinders, und das Eisengewicht fiel mit einem Schlag zu Boden, das Seil mit sich reißend, das in äußerst schneller Bewegung das Rad des Aeroplans auf der Schiene die schiefe Ebene hinab fortrollen ließ, wodurch Wright augenblicklich mit unbeschreiblichem Elan in die Lüfte gehoben wurde. Er steuerte dann in Kreisform dreimal seinen Vogel über das Manöverfeld und erhob sich bis zu zwölf Meter Höhe, was Farman noch nicht gewagt, um dann, nachdem er eine Strecke von etwa 2000 Meter in 1 Minute 46 Sekunden zurückgelegt hatte, ganz dicht beim Aufstiegspunkt sanft niederzugehen. Der Enthusiasmus der Zuschauer war so groß, daß sie dem Yankee, der phlegmatisch von seinem Sitz stieg, entgegenstürzten und ihn abküßten. Alle waren überzeugt, daß Wright die Wahrheit sprach, als er versicherte, er hätte ebensogut eine Stunde den Flug fortsetzen können, da er genügend Essenz und Wasser mit sich führte. Aber der Amerikaner will wohl den großen Flug, der ihm eine halbe Million einbringen soll, an einem Tag machen, wo weniger Reporter da sind. Erst das Geld in der Tasche, dann das Publikum! Am Ruhm scheint ihm weniger zu liegen. Ganz außer sich vor Freude war der Freund Wrights, Hart O. Berg, seit langem der eifrigste Verteidiger der Brüder, wenn man sie als Schwindler hinstellen wollte, und Léon Bollée, ein sehr bekannter Industrieller, in dessen Werkstätte Wright jeden Teil seines Apparates persönlich hergestellt hatte, da er nur die komplizierteren Stücke aus Amerika mitgebracht hat. Der Sportberichterstatter des „Figaro" schreibt dazu: „Dieser glückliche Versuch Wrights ist ein Ereignis. Es ist nicht zum erstenmal, daß ein Mensch auf einer Maschine, die schwerer als Luft ist, die Erde verläßt. Gewiß! Aber das Experiment von gestern stellt eine historische Wahrheit fest und macht eine Ungerechtigkeit gut. Bis jetzt hatte man Santos Dumont die Ehre zugeschrieben – und sein Verdienst braucht darum nicht herabgesetzt zu werden –, als erster im September 1906 einen Flug mit einem Aeroplan gemacht zu haben. Die ersten Flugversuche der Brüder Wright stammen aber aus dem Jahre 1901 und setzten sich bis 1905 fort. Doch begegneten sie in Europa und Amerika nur Ungläubigkeit, wenn auch ein Chicagoer Professor, Chanute, sich als Zeuge verbürgte. Man stellte sie als Schwindler hin, weil sie zu äußerst hohen Preisen die Patente ihres Apparates verkaufen wollten. 1906 wurde zwischen den Brüdern Wright und den Franzosen Letellier und Desouche ein Vertrag abgeschlossen, doch intervenierte die französische Regierung, weil nach Rapporten des Kapitäns Ferber der Kriegsminister Etienne es für nötig hielt, eine Mission nach Amerika zu senden, die den Brüdern Wright 600 000 Franken anbieten ließ, wenn sie in 300 Meter Höhe einen Flug von 50 Kilometer zurücklegen würden. Doch diese Bedingungen waren selbst den viel versprechenden Wrights zu schwer, und die Verhandlungen wurden abgebrochen. 1908 trat der große französische Industrielle Lazare Weiller mit den Wrights in Verbindung, und dabei kam der Vertrag zustande, der sie jetzt nach Europa führt. Sie sollten vor Ende 1908 500000 Franken für die französische Ausbeutung erhalten, wenn sie mit ihrem Aeroplan, der zwei Personen oder eine Person und einen Sack Sand tragen müßte, 50 Kilometer fliegen würden. Der gestrige Versuch hat gezeigt, daß der Apparat der Brüder diese Bedingungen erfüllen kann. Der Flug hat zwar nur 2000 Meter mit 68 Kilometer Geschwindigkeit erreicht, aber das Fahrzeug trug bereits außer Wright einen Sack Ballast an Stelle des zweiten Reisenden. Der Erfinder zweifelt auch nicht an dem Erfolg und erklärt mit einem Selbstvertrauen, das Eindruck macht, daß er sicher ist, wenn er will, mehr als eine Stunde fliegen zu können. Was wirklich das Bewundernswerteste an dem gestrigen Experiment war, ist die unendliche Zuversicht, mit der es durchgeführt wurde" ... Und kaum hatte sich die Welt von dem Erstaunen über die Tat der Wrights etwas erholt, da kam schon wieder eine neue überraschende Botschaft!

„Von Châlons bis Reims die erste praktische Luftreise im Aeroplan zurückgelegt zu haben, heißt es in dem ausgezeichneten Bericht des „Leipziger Tageblattes", wird das in den Annalen der aeronautischen Historiker mit großen Lettern verzeichnete Verdienst Herrn Farmans bleiben, dieses jungen Engländers, der in Frankreich seit mehr als Jahresfrist unermüdlich an der Verbesserung seines Drachen-Zellenapparates arbeitet und erst jüngst durch die glänzenden Leistungen der Brüder Wright etwas in den Schatten gestellt worden war. Farman hatte seinen Apparat nach Châlons transponieren lassen, weil ihm dort größere Exerzierplätze zur Verfügung standen und ein weniger großer Andrang von Neugierigen zu befürchten war, die ihn in der Umgegend von Paris bei seinen Fahrversuchen immer sehr geniert hatten. Donnerstag schon hatte er in größerer Höhe, als selbst Wright sie erreichte – man sprach von 70 und gar 75 Meter – , in gerader Linie eine weite Fahrt über Land zurückgelegt, ohne sich an Bäume und Häuser zu kehren. Gestern sagte er zu seinen Freunden, sie möchten ihr Rennautomobil besteigen und, so schnell sie könnten, auf der Landstraße von Châlons nach Reims fahren, da er in einer halben Stunde dort zu sein gedenke. In der Luftlinie ist der Schuppen, in dem der Aeroplan bei Châlons untergebracht wurde, 25 Kilometer von der Champagnerstadt Reims entfernt. Die Freunde taten, wie Farman ihnen geheißen, doch schüttelten sie die Köpfe, denn sie konnten nicht glauben, daß der Engländer den tollkühnen Versuch wagen werde, die große Stadt zu erreichen. Aber noch waren sie nicht auf halbem Wege angelangt, als sie mit dem Fernglas am Horizont hinter sich den Aeroplan in den Lüften sahen. Sie fuhren darauf mit größter Schnelligkeit, aber in wenigen Minuten hatte Farman sie eingeholt, flog in etwa 50 Meter Höhe über sie hinweg, schwebte adlergleich über die Dörfer Mourmelon, Septsaux, Brunay, über das Fort de la Pompella und Bitry, einen Vorort von Reims, und landete sanft ganz dicht vor den Sektkellereien Pommerys, auf einem Platz, 200 Meter vom Akzisebureau an der Stadteinfahrt. Die Bauern liefen entsetzt davon, als sie über sich das surrende Geräusch des Motors hörten und dann den enormen Vogel sahen, wie sie nie zuvor einen in den Lüften geschaut. In Reims aber verbreitete sich die Nachricht von der Ankunft Farmans mit Blitzesschnelle, und der Oberst der Garnison entsandte schleunigst eine Abteilung Infanterie, die den kostbaren Apparat vor dem begeisterten Andrang der Menge schützen mußte. „Als Farman seinen Aeroplan in Sicherheit wußte, entzog er sich den Ovationen und eilte in die Stadt, um auf dem Telegraphenamt lakonisch seinem in Paris lebenden greifen Vater die Nachricht zukommen zu lassen, daß alles gut gegangen wäre. Gern hätte er die Rückfahrt nach Châlons auf demselben Wege im Aeroplan angetreten, aber er fühlte sich doch von der großen Nervenanspannung etwas ermüdet und beschloß, den Drachenflieger zusammenzulegen und auf einem Automobil damit nach Châlon zurückzukehren.

Er sandte an den „Matin" telegraphisch einen Bericht über seine Empfindungen auf der ersten Luftreise quer über Land, dem wir folgendes entnehmen: „Zuerst war ich etwas erregt, und das läßt sich wohl verstehen. Wenn man Ihnen so ohne weiteres sagen würde: ‚Steigen Sie in diesen Aeroplan und fahren Sie frank und frei über all die natürlichen und von Menschenhand errichteten Hindernisse hinweg, die nichts sind, wenn Sie in der Ruhe des Äthers planen' –, dann würden Sie vielleicht doch einen Augenblick zögern. Man weiß nicht, was kommen kann, und ich gestehe, daß der Antritt dieser ersten Reise doch einigen Eindruck gemacht hat. Als ich mich nach einigen Minuten allein in der Atmosphäre befand und nur auf das Gleichgewicht meines Apparates und auf die Regelmäßigkeit des Motors zählte, sagte ich mir: ‚Was werde ich tun, wenn ich mich vor diesen großen Pappeln befinde, die dort unten das Gelände abschließen? Jetzt geht alles gut. Der Boden ist flach ...' Und während diese Gedanken meinen Kopf durchkreuzten, wuchsen die Pappeln in ganz überraschender Weise. Die Raben, die dort eine lärmende Versammlung abhielten, flogen bei meiner Annäherung entsetzt davon. Ach, diese Pappeln von 30 Metern! Sollte ich nach rechts oder links abbiegen? Mein Entschluß ist rasch gefaßt, denn ich bin kaum 50 Meter von dem breiten und hohen ‚Gebüsch' entfernt. Drauf und dran! Ein Ruck am Höhensteuer und der Apparat erhebt sich schnell und gleitet darüber hinweg. Und doch sehe ich unruhevollen Auges unter mich, ob wir nicht die höchsten Zweige streiften. Alles geht gut. Um so besser! Doch ich bin nur einen Augenblick beruhigt; denn jetzt habe ich schon die Mühle von Mourmelon und das Dorf Mourmelon selbst vor mir. ‚Bah,' denke ich, man stirbt nur einmal!' Die Mühle, das Dorf, die Eisenbahn, ich fahre darüber hinweg ... Der Wind zaust im Wirbel die Bäume unter mir, meinem Apparat hat er nichts an. Wenn man einmal die Wirkungen der Windströmungen ganz genau kennen wird, wird das Reisen im Aeroplan nur noch ein Kinderspiel sein. Aber fürs erstemal darf man schon etwas aufgeregt sein. Auch wird man sich nicht recht über die Höhe klar. Es wird mir gesagt, daß ich 50 Meter hoch flog; das kann richtig sein, denn ich erhob mich so hoch wie möglich, damit mich die Pappeln nicht auffingen. Trotz der Aufmerksamkeit, die ich dem Lenken und dem Geräusch des Motors, dessen Aussetzen mich mitunter erschreckte, schenken mußte, genoß ich die schönste Freude meines

Lebens; den Reiz, über meinesgleichen hinwegzufliegen, während die Bauern in Scharen davonliefen und andere, ganz kleine Menschen, herzueilten, während die Eisenbahn rauchspeiend ihrem Geleiseweg folgte und die Autos in Staubwolken verschwanden. Ich befand mich in reiner Luft, wurde von einer sanften Brise umschmeichelt, und die Sonne erhellte mir den unbegrenzten Weg, den ich nahm."

Diese Freude kann man Farman nachfühlen, der bisher, wie Wright, eine eigentliche, wirklich praktische Fahrt noch nicht gemacht, sondern sich auf Kreisflüge über flache Manöverfelder beschränkt hatte. Auch die Zweifler müssen jetzt mehr und mehr zugeben, daß die Aviatoren in gar nicht ferner Zeit als Verkehrsmittel dienen werden, denn selbst mit dem Automobil legt man Entfernungen, wie die Strecke von Châlons nach Reims, nicht in 20 Minuten zurück, was Farman fertigbrachte.